高等职业教育新形态一体化系列教材

大数据财务分析

主 编 张 琪 王子国 李 艳
副主编 陈丽丽 陈 驰 刘丽杰

北京理工大学出版社
BEIJING INSTITUTE OF TECHNOLOGY PRESS

版权专有 侵权必究

图书在版编目（CIP）数据

大数据财务分析 / 张琪，王子国，李艳主编．
北京：北京理工大学出版社，2024.11.
ISBN 978-7-5763-4593-3

Ⅰ．F275

中国国家版本馆 CIP 数据核字第 202532D44U 号

责任编辑：钟　博	**文案编辑**：钟　博
责任校对：周瑞红	**责任印制**：施胜娟

出版发行 / 北京理工大学出版社有限责任公司
社　　址 / 北京市丰台区四合庄路 6 号
邮　　编 / 100070
电　　话 /（010）68914026（教材售后服务热线）
　　　　　（010）63726648（课件资源服务热线）
网　　址 / http：//www.bitpress.com.cn

版 印 次 / 2024 年 11 月第 1 版第 1 次印刷
印　　刷 / 河北盛世彩捷印刷有限公司
开　　本 / 787 mm×1092 mm　1/16
印　　张 / 18.5
字　　数 / 446 千字
定　　价 / 58.00 元

图书出现印装质量问题，请拨打售后服务热线，负责调换

Preface 前言

本书是在数字经济背景下为推进产业数字化进程,培养财务岗位综合职业能力而编写的理实一体数字化活页式教材。本书适用对象是具有一定财经专业基础知识的学生。本书借助厦门网中网软件有限公司的智能财务分析可视化平台,主要以数据准备与处理、资产负债表分析、利润表分析、现金流量表分析、各方面财务能力分析等典型工作任务的数字化、智能化处理为依据,采用项目任务驱动的教学模式。本书的主要任务是掌握数据采集、加工、挖掘,财务分析,数据可视化,分析报告撰写等。本书的目的是培养学生具备根据财务分析需求,运用现有原始数据进行数据加工、分析、挖掘及数据可视化的大数据全链路处理流程,并结合财务报表分析输出财务分析结果进行汇报的能力。

本书以财务分析为核心,结合大量案例,精心设计了 9 个项目,主要包括大数据财务分析概述、资产负债表分析、利润表分析、现金流量表分析、偿债能力分析、营运能力分析、盈利能力分析、发展能力分析、财务综合分析与评价等内容。本书的内容选取和表现形式贴近学生学习,贴近会计实务,符合专业发展方向。

本书的主要特色如下。

(1) 体用并举,理论与实操相结合。本书借助厦门网中网软件有限公司的智能财务分析可视化平台进行案例实操,加深学生对知识点的理解,使学生感受大数据财务工具在财务工作中的作用。

(2) 立体配套,教学资源丰富。本书包括重点内容讲解、业务操作视频、教学 PPT、习题等资源,可提高学习效率和效果。

(3) 德技并修,融入课程思政元素。本书精心选用育人引导案例,在提高学生的学习兴趣的同时引导学生学习新技术,培养爱国、敬业、奉献的价值观和工匠精神。

本书旨在促进教育教学观念转变,引领教学内容和教学方法改革,推动学校优质课程教学资源通过现代信息技术手段共建共享,提高人才培养质量,服务学习型社会建设,满足师生和社会学习者的多样化需求。

本书由辽宁职业学院张琪、王子国、李艳担任主编,辽宁职业学院陈丽丽、陈驰,厦门网中网软件有限公司刘丽杰担任副主编。张琪、王子国负责编写大纲的审定和样章的设计，陈丽丽、刘丽杰负责校企合作立体化教学资源设计。本书具体编写分工为：项目一由张琪编写；项目二由王子国编写；项目三、项目八由李艳编写；项目四、项目七由陈丽丽编写；项目五、项目六由陈驰编写；项目九由张琪和陈驰共同编写，其中陈驰编写第一讲，其余部分由张琪编写；张琪负责全书的统稿工作。

  本书在编写过程中参阅了大量同行专家的有关教材、著作及案例，在此特向相关作者表示衷心的感谢。由于编者水平有限，书中难免有疏漏之处，敬请广大读者批评指正，以便我们及时改进。

编 者

目录

项目一　大数据财务分析概述 ·· 001

　　第一讲　认识大数据财务分析 ·· 002
　　第二讲　利用大数据工具进行财务分析的基本步骤 ············· 004
　　第三讲　大数据财务分析的基本方法 ································· 017

项目二　资产负债表分析 ··· 053

　　第一讲　资产负债表分析的意义与内容 ······························ 054
　　第二讲　资产负债表水平分析 ·· 055
　　第三讲　资产负债表垂直分析 ·· 062
　　第四讲　资产负债表重要项目分析 ······································ 068

项目三　利润表分析 ·· 105

　　第一讲　利润表分析的意义与内容 ······································ 106
　　第二讲　利润表水平分析 ·· 107
　　第三讲　利润表垂直分析 ·· 109
　　第四讲　利润表单项分析 ·· 111

项目四　现金流量表分析 ··· 133

　　第一讲　现金流量表概述 ·· 134
　　第二讲　现金流量表水平分析 ·· 135
　　第三讲　现金流量表垂直分析 ·· 138
　　第四讲　现金流量表单项分析 ·· 141

项目五　偿债能力分析 ··· 167

　　第一讲　偿债能力分析概述 ··· 168

第二讲 短期偿债能力分析 …………………………………………………… 169
第三讲 长期偿债能力分析 …………………………………………………… 173

项目六 营运能力分析 ……………………………………………………………… 197

第一讲 营运能力分析概述 …………………………………………………… 198
第二讲 流动资产营运能力分析 ……………………………………………… 200
第三讲 固定资产营运能力分析 ……………………………………………… 204
第四讲 总资产营运能力分析 ………………………………………………… 205

项目七 盈利能力分析 ……………………………………………………………… 223

第一讲 盈利能力分析概述 …………………………………………………… 224
第二讲 与销售有关的盈利能力分析 ………………………………………… 226
第三讲 企业资产经营盈利能力分析 ………………………………………… 228
第四讲 企业资本经营盈利能力分析 ………………………………………… 230
第五讲 上市企业盈利能力分析 ……………………………………………… 232

项目八 发展能力分析 ……………………………………………………………… 249

第一讲 发展能力概述 ………………………………………………………… 250
第二讲 企业单项发展能力分析 ……………………………………………… 251
第三讲 企业整体发展能力分析 ……………………………………………… 255

项目九 财务综合分析与业绩评价 ………………………………………………… 271

第一讲 财务综合分析与业绩评价概述 ……………………………………… 272
第二讲 杜邦财务分析体系 …………………………………………………… 273
第三讲 沃尔评分法 …………………………………………………………… 276

参考文献 …………………………………………………………………………… 290

大数据财务分析概述

学习目标

知识目标：
(1) 了解大数据财务分析的发展历程。
(2) 熟悉大数据财务分析的主体和目的。
(3) 掌握利用大数据工具进行财务分析的步骤。

能力目标：
(1) 培养学生站在不同利益相关者的角度进行财务分析的能力。
(2) 培养学生灵活运用财务分析的方法解决实际问题，实现财务分析目标的能力。
(3) 培养学生熟练操作大数据财务分析平台工具进行数据处理和分析的能力。

素养目标：
(1) 培养学生自觉遵守国家各项经济政策、法规、制度。
(2) 培养学生遵守"诚信为主，操守为重，坚持准则，不做假账"的良好职业道德规范。
(3) 培养学生增强民族文化自信和民族自豪感。

任务导入

维克托·迈尔·舍恩伯格被誉为"大数据商业应用第一人"，他曾在牛津大学、哈佛大学、耶鲁大学、新加坡国立大学等多个互联网研究"重镇"任教，早在2010年就在《经济学人》上发布了长达14页对大数据应用的前瞻性研究。

维克托·迈尔·舍恩伯格前瞻性地指出，大数据开启了一次重大的时代转型，大数据带来的信息风暴正在变革人们的生活、工作和思维。

大数据时代已经来临，作为新时代的财务工作者不仅要掌握财务分析的理论知识，还要具备利用大数据工具进行财务分析的能力。

第一讲　认识大数据财务分析

财务分析是以会计核算和报表资料及其他相关资料为依据，采用一系列分析技术和方法，对企业等经济组织过去和现在有关筹资活动、投资活动、经营活动的偿债能力、盈利能力、营运能力和增长能力状况等进行分析与评价，为企业的投资者、债权人、经营者及其他关心企业的组织或个人了解企业的过去、评价企业的现状、预测企业的未来，做出正确决策提供准确的信息或依据的经济应用科学。

微课1：走进大数据财务分析

一、财务分析的发展历程

（一）手工处理阶段

在手工处理阶段，会计人员对数据的采集、存储、加工、传递都是依靠纸张和算盘等计算工具进行的，这种手工方式的处理需要阅读大量的会计资料，在整个处理过程中，会计人员很容易出现差错，除此之外，手工处理的效率也相对低下。

（二）计算机处理阶段

在计算机问世之后，财务分析进入计算机处理阶段。财务数据的分析与处理效率得到极大提高，但借助计算机的财务分析只是对手工方式的模拟，即一种程序只能完成一项业务的分析，会计资料、信息的交换与分享仍主要经由光盘、软盘等存储介质。在这一阶段，计算机处理的信息具有很大的局限性，各部门对资料的决策参考不能实现充分交流，及时性和准确性有待进一步提升。

（三）网络处理阶段

在网络处理阶段，互联网的普及使财务资料和信息能够借助网络进行处理和传递，会计实现了业务流程和信息流程的集成处理，彻底消除了以往"信息孤岛"的现象，极大地提高了企业的信息共享性。在这一阶段，对数据的总结、归纳、提炼仍不够精确，数据的使用价值有待进一步提高。

（四）大数据分析阶段

大数据分析是建立在云计算基础上的一项新型技术。在大数据分析阶段，数据的抽取与分析更为便捷，数据的结构、内涵更加复杂、多样，财务分析方法更加精确、更加智能，财务分析的时效性与决策的参考价值都得到了很大程度的提升。

传统的财务分析是指相关利益主体以会计报表所提供的数据及相关资料（如行业资料、宏观经济资料、国家政策、法律资料等）为基础，采用科学系统的技术与方法，对企业财务状况、经营成果和现金流量等情况进行全面分析和评价，目的在于判断企业的财务状况，考察企业经营活动的利弊得失，以便进一步预测企业未来的发展趋势，为相关决策提供信息支持。

相较于传统财务分析而言，大数据财务分析可利用大数据平台和技术实现数据的自动采集、处理、分析和可视化的全过程，它的目标是促进财务工作效率的提升，更好地服务于业务工作和管理工作。

二、大数据工具对财务工作的作用与挑战

（一）大数据工具对财务工作的作用

（1）大数据工具提升了财务数据的质量。在传统模式下，基于谨慎性原则，大部分资产采用历史成本计量，极少允许上调资产价值。但市场的瞬息万变导致财务报表与企业真实的经营情况出现偏差，无法反映真实的情况。在大数据时代，财务人员与审计人员可以获得市场上多方面来源的信息，相互验证，公允价值等数据变得更加准确、透明和公开，使财务报表的编制在遵循谨慎性原则的同时变得更加公允。

（2）大数据工具提高了财务管理的效率。在传统模式下，一般按月汇总报告信息，难以实现财务数据的实时统计和分析；在大数据时代，能够实时一体化汇总企业决策所需的信息，如库存数据、生产数据、销售数据、资金运作数据等，为财务决策带来更加高效的数据支持。

（3）大数据工具提高了财务管理的维度。在传统模式下，财务分析以会计信息为基础，而会计信息强调的是企业经营结果，是经过处理后的间接信息，难免出现信息滞后的现象；在大数据时代，信息来源不再局限于企业内部的经营记录，而是可以完全掌握企业生产经营各个环节的资料及外部相关信息，为企业决策提供更加全面的信息保障。

（4）大数据工具可以降低企业的财务风险。在传统模式下，企业无法有效收集和处理经营情况、宏观环境、外部市场和竞争对手动向等财务工作需要的内外部信息，存在信息不对称带来的经营风险和财务风险；在大数据时代，大数据工具可以为财务工作提供及时、准确、全面的信息支持，有助于应对内外部可能发生的变化，确保将财务风险降到最低。

（二）大数据工具对财务工作的挑战

大数据工具在起到积极作用的同时也给财务工作带来了挑战，对财务人员的能力提出了更高要求。

（1）数据采集能力。在大数据时代，各类业务信息都能及时地在网上展示并更新，财务人员必须通过互联网、智能系统或云端等提取信息，这对财务人员的专业知识与信息技术提出了更高要求。

（2）数据分析能力。技术进步和大数据工具的普遍使用增加了财务分析的难度，对财务人员处理半结构化、非结构化信息的能力提出了更高要求。

（3）数据呈现能力。财务转型要求财务人员利用财务信息优势更多地参与决策，需要财务人员选择合适的可视化呈现技术，有效传递财务信息。这些都对财务人员的能力提出了更高要求。

三、大数据财务分析的主体与目的

大数据财务分析的主体，即"谁"需要进行财务分析。既然大数据财务分析的最终目的是为相关决策者提供信息参考，那么，究竟有哪些决策者需要通过大数据财务分析获取相关决策信息？投资者、中介机构（如财务分析师）、管理者、监管部门及其他利益相关者等都是大数据财务分析的主体，他们都从各自的目的出发进行大数据财务分析。

财务分析的目标是建立财务分析理论体系和内容体系的关键。财务分析的目标应与财务分析信息使用者的目标一致。随着财务分析信息使用者的增加及财务分析信息使用者目标的多重化，财务分析的目标必然出现多样性与多重性。

研究财务分析的目标可以从以下四个方面进行。

（一）从企业股权投资者的角度研究财务分析的目标

企业股权投资者包括企业所有者和潜在投资者。他们进行财务分析的最根本目标是看企业的盈利能力状况，因为盈利能力是投资者资本保值和增值的关键。只有投资者认为企业具有良好的发展前景，企业所有者才会保持或增加投资，潜在投资者才能把资金投向该企业；否则，企业所有者将会尽可能地抛售股权，潜在投资者将转向其他企业投资。另外，对企业所有者而言，财务分析也能评价企业经营者的经营业绩，发现经营过程中存在的问题，从而通过行使股东权利，为企业未来的发展指明方向。

（二）从企业债权人的角度研究财务分析的目标

企业债权人进行财务分析的目标与企业投资者不同，银行等企业债权人一方面从各自经营或收益目的出发愿意将资金贷给某企业，另一方面又要非常小心地观察和分析该企业有无违约或清算、破产的可能性。一般来说，银行等金融机构及其他债权人不仅要求本金能及时收回，而且要得到相应的报酬或收益，而这个收益的大小与其承担的风险程度适应，通常偿还期越长，风险越高。因此，从企业债权人的角度进行财务分析的主要目标：一是看其对企业的借款或其他债权是否能及时、足额收回，即研究企业偿债能力的大小；二是看债务人的收益状况与风险程度是否适应。为此，还应将偿债能力分析与盈利能力分析结合。

（三）从企业经营者的角度研究财务分析的目标

在企业经营者的角度，在财务分析中，他们不仅关心盈利的结果，还关心盈利的原因及过程，如资产结构分析、营运状况与效率分析、经营风险与财务风险分析、支付能力与偿债能力分析等。分析的目标是及时发现生产经营中存在的问题与不足，并采取有效措施解决这些问题，使企业利用现有资源获取更多盈利，同时使企业盈利能力保持持续增长。

（四）从其他利益相关者的角度研究财务分析的目标

其他利益相关者主要指与企业经营有关的企业单位和国家行政管理与监督部门。与企业经营有关的企业单位主要指原材料供应者、产品购买者等。这些企业单位出于保护自身利益的需要，非常关心往来企业的财务状况，愿意进行财务分析。它们进行财务分析的主要目标在于了解企业的信用状况，包括商业上的信用和财务上的信用。

国家行政管理与监督部门进行财务分析的目标主要是监督、检查党和国家的各项经济政策、法规、制度在企业单位的执行情况。保证企业财务会计信息和财务分析报告的真实性、准确性，为宏观决策提供可靠信息。

诚信为主，操守为重，
坚持准则，不做假账
——绿大地财务造假案

随着大数据时代的来临以及互联网技术的迅猛发展，人们对包括财务数据在内的企业业务数据的获取更加快捷和准确，数据分析和提炼的手段将更加先进，财务分析的信息基础发生变化，财务分析的内涵和外延不断拓展，最终演变成"大数据财务分析"。

第二讲 利用大数据工具进行财务分析的基本步骤

利用大数据工具对财务数据进行分析，主要包含五个关键步骤。第一步是明确分析目标，第二步是搜集数据，第三步是清洗数据，第四步是进行数据加工，第五步是进行数据可视化设计。下面展开说明每一步的具体内容。

微课2：利用大数据工具进行财务分析的步骤

一、明确分析目标

首先，明确分析目标是数据分析和数据挖掘的第一步，即明确数据分析的对象、目标或任务。在此环节，数据分析人员应该与业务需求方多次沟通与合作，明确最终要解决的问题。需要明确的问题通常包括：业务需求方的可视化财务指标有哪些、需要掌握哪些数据源、分析结果要呈现给谁、数据是否能够满足业务需求方的目标等。

二、搜集数据

在明确企业面临的痛点或者工作中需要处理的问题后，需要规划哪些数据可能影响这些问题的答案，即进行数据的搜集。搜集数据的方法和质量将在很大程度上决定数据可视化的最终效果，进而影响数据分析的质量。

搜集数据的方法有很多，从数据的来源看，可以分为内部数据搜集和外部数据搜集。内部数据搜集指的是搜集企业内部经营活动的数据，通常可以从各系统数据库中采集。外部数据搜集指的是通过网络爬虫等工具获取企业外部的数据。

例如，获取上市公司财务报表通常有 3 种途径：商业网站、证券交易所和公司官网。其中，商业网站是较为高效、便捷的途径，理由有以下两点：一是更新速度与上市公司年报第一披露途径更新速度相近，基本不存在滞后的问题；二是绝大多数商业网站对财务报表进行了初步加工，帮助财务报表使用者计算好财务报表分析常用的财务指标。特别是大部分商业网站不仅提供上市公司当年的财务指标，还额外提供若干年财务指标回溯，给财务报表同比、环比分析提供了极大的便利。此外，商业网站普遍提供同行业财务指标、对标公司财务指标，便于财务报表使用者进行横向分析与竞争对手分析。

任务： 根据上述途径，下载 2022 年东阿阿胶（000423）的季度财报告、半年度报告、年度财务报告，查阅并对比其包含了哪些信息。

尊重数据是财务人员的基本素质，因此在搜集数据的过程中要不断地确定数据的来源是否可靠、搜集数据的方法是否有瑕疵、所搜集的数据是否全面、搜集数据的流程是否标准化、搜集数据的渠道是否可持续等问题。

三、清洗数据

原始数据中往往存在部分"脏数据"（"脏数据"是指源系统中不在给定范围内或对实际业务毫无意义的数据），或者数据格式非法，以及在源系统中数据存在不规范的编码和含糊的业务逻辑等。为了确保数据分析或挖掘结果的准确性，往往需要对这些数据进行基本的清洗，例如清洗缺失值、重复值、异常值或者过滤不符合要求的数据。在数据分析过程中，数据清洗占据重要地位，往往耗费整个数据分析中的大部分时间和精力。

常用的数据清洗函数如表 1-1 所示。

表 1-1　常用的数据清洗函数

符号	描述	备注
=	等于	a=b，检测两个值是否相等，如果相等则返回 true
<>,!=	不等于	a!=b，检测两个值是否相等，如果不相等则返回 true

续表

符号	描述	备注
>	大于	a>b，检测左边的值是否大于右边的值，如果左边的值大于右边的值则返回 true
<	小于	a<b，检测左边的值是否小于右边的值，如果左边的值小于右边的值则返回 true
<=	小于等于	a<=b，检测左边的值是否大于或等于右边的值，如果左边的值大于或等于右边的值则返回 true
>=	大于等于	a>=b，检测左边的值是否小于或等于右边的值，如果左边的值小于或等于右边的值则返回 true
between	在两值之间	between value a and b，表示介于 a，b 之间的数据
not between	不在两值之间	not between value a and b，表示不在 a，b 之间的数据
in	在集合中	in(a,b)，查找包含 a，b 字段的数据
not in	不在集合中	in(a,b)，查找不含 a，b 字段的数据
<=>	比较两个 null 值是否相等	两个操作码均为 null 时，其所得值为 1；当一个操作码为 null 时，其所得值为 0
like	模糊匹配	like'%a%'，表示包含 a 的数据；like'_a_' 表示三位中间字母是 a 的数据
is null	为空	表示筛选字段为空的数据
is not null	不为空	表示筛选字段不为空的数据

（一）逻辑判断函数

例如，文本类逻辑判断函数公式"[国家]!="中国""表示筛选出国家不等于中国的数据，也就是说筛选出国外的数据。又如，数值类逻辑判断函数公式"[销售量]>=5 000"表示筛选出销量大于 5 000 的数据（图 1-1）。

图 1-1　逻辑判断函数示例

（二）联合判断函数

常用的联合判断函数有 and、or、not，xor 等。and 与 or 函数最为常见，not 函数可以和其他函数联用，例如 not in 表示不包含某些指定的项目；比较少见的是 xor 函数，它代表异或，例如，公式"［细分市场］="企业" xor［国家］="美国""代表促销方式只能选择"企业"异或"美国"，不包含"企业"或"美国"关键字的数据不选择，同时包含"企业"和"美国"关键字的数据也不选择，只选择单独包含"企业"或"美国"关键字的数据（图1-2）。

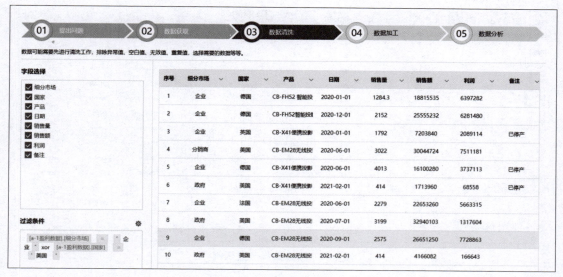

图 1-2　联合判断函数示例

（三）模糊匹配函数

常用的模糊匹配函数有 like、not like 等。例如，公式"［产品］like"%智能%""代表筛选包含"智能"关键字的数据，"%"符号代表关键字所处的位置，"智能%"代表开头是智能的产品，"%智能"代表结尾是"智能"的产品（图1-3）。

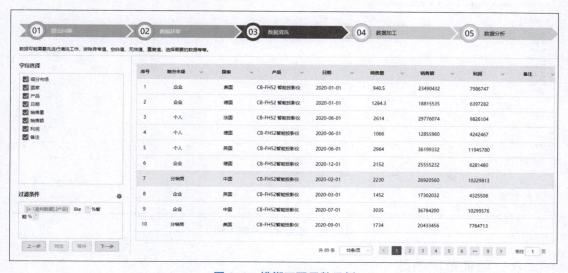

图 1-3　模糊匹配函数示例

(四）精确查找函数

常用的精确查找函数有 in、not in 等。例如，公式"[国家] in ("美国","德国","法国","英国")"代表筛选包含美、德、法、英等欧美国家的数据，关键字必须准确、完整，才能获取所需的数据（图1-4）。

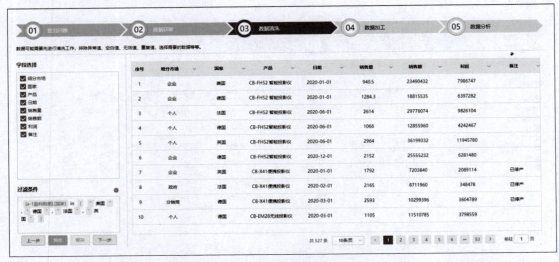

图1-4 精确查找函数示例

（五）过滤空值函数

常用的过滤空值函数有 is null、is not null 等。例如，公式"[备注] is not null"代表筛选备注信息不为空的数据（图1-5）。

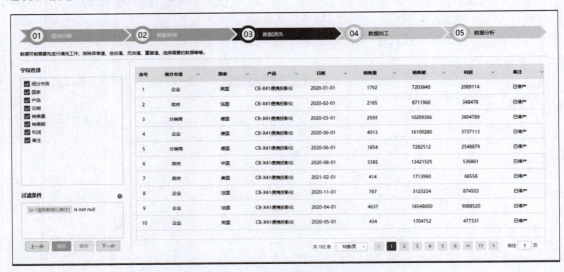

图1-5 过滤空值函数示例

（六）数值范围函数

常用的数值范围函数有 between、not between 等。例如，公式"[销售量] between 4 000 and 6 000"代表过滤出销量为 4 000~6 000 的数据（图1-6）。

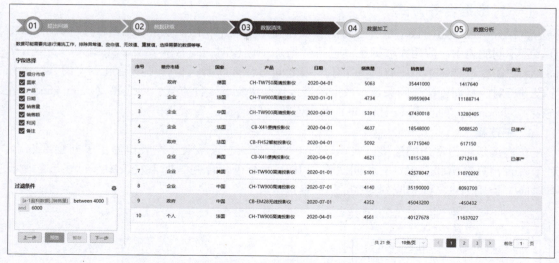

图1-6 数值范围函数示例

（七）多维度清洗

函数还可以进行多维度组合，联合清洗。例如，分析人员需要筛选地区为国外，产品包含"高清"，日期在12月份的数据。筛选公式为"［国家］！="中国"and［产品］like "%高清%" and mid(［日期］,6,2)= "12""（图1-7）。

图1-7 多维度清洗函数示例

四、进行数据加工

企业往往多渠道、多部门、多岗位协同将数据收集到数据仓库。企业中的任何一部分都必须与其他部分产生关联，否则就会成为数据孤岛。因此，收集的数据应该关联为一体，不应该有孤立的数据。理解字段的含义，定义采集的数据间的关系，对于数据的统计与分析意义重大。

（一）数据合并方式

数据分析最理想的状态是所需的信息都在同一张表中，然而实际工作中的数据往往分散在多张不同的表中。应用大数据工具进行数据加工建模时，经常需要对2张相关的表建立表间关系，需要清楚每个表中有哪些字段、表之间有什么联系，是否可以通过表中的某个关键字段进行对应从而创建表间关系。数据的连接合并主要有4种方式：内连接（inner join）、左连接（left join）、右连接（right join）及全连接（full join，笛卡儿积）。

1. 左连接

左连接是最为常用的连接方式。以图1-8为例，左连接会将左表作为主表并全部取出，对于右表，只选出和左表具有相同"类别ID"的行进行合并。如果左表中某行在右表中没有对应"类别ID"，则相应列为空值（null）。

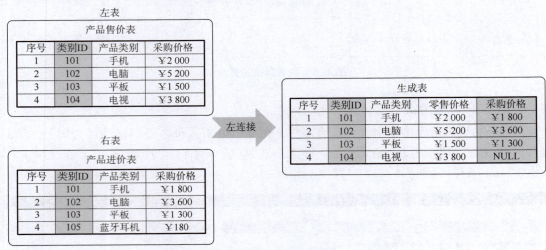

图1-8　左连接

2. 右连接

右连接会将右表作为主表并全部取出，将左表中符合条件的数据合并到右表中，其结果与左连接相反（图1-9）。在右连接中需要特别关注关联的字段是否重复，也就是避免形成错误的"多对多"关系。

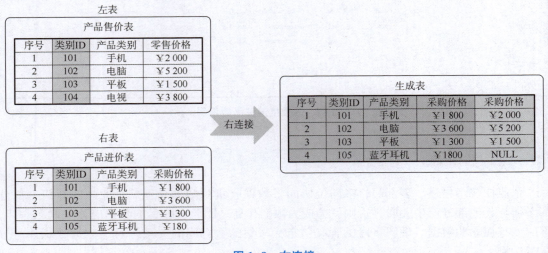

图1-9　右连接

3. 内连接

内连接即查找同时存在于两张表中的数据（图1-10）。

图1-10 内连接

4. 全连接

全连接的查询结果会返回左、右表中的所有行，当左、右表中的行匹配时两个表会进行合并，若某一行与另一个表不匹配，则另一个表对应的值用空值填充，这样两个表中的所有数据就都在连接结果中（图1-11）。

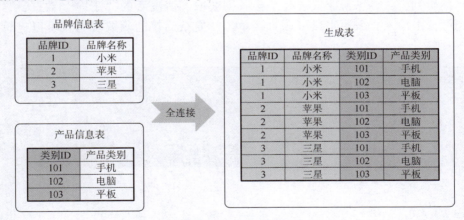

图1-11 全连接

（二）网中网[①] BI[②] 数据加工合并操作说明

1. 数据合并的操作方法

（1）选择需要合并的对象。具体包括需要合并的表及表内部的字段。

（2）选择合并方式。网中网包含左合并、右合并、交集合并以及全合并4种方式。

（3）选择合并依据。当前表与要合并的表按照单个或多个条件进行关联合并。

[①] "网中网"指厦门网中网有限公司的智能财务分析与数据可视化平台，后文不再赘述。

[②] BI 是商业智能（Business Intelligence）的缩写。

（4）单击"预览"按钮，完成数据合并。

例如，某公司数据库采用分布式数据，其中有业务明细表、业务划分表。业务明细表记录业务发生的明细，包含业务代码、利润等信息；业务划分表记录维度信息，包含业务代码、业务的类型、业务细分等。两张表以业务代码进行关联，通过数据合并的功能，可以把业务划分表整体匹配到业务明细表，后续进行数据运算等操作（图1-12）。

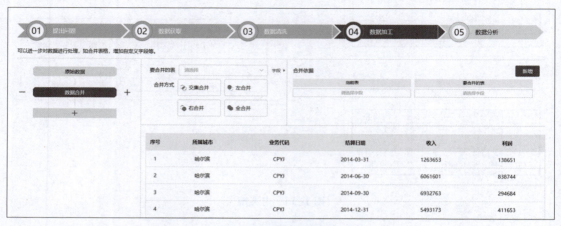

图1-12　数据合并示例

2. 数据运算的操作方法

（1）定义字段的名称。定义列名称，录入将要添加字段的名称。

（2）编辑列公式。来源字段表是承接数据获取、清洗后的"干净"数据，自定义列的函数允许自由输入，来源字段可以直接单击，复杂运算的函数表达式可以进行多重嵌套（图1-13）。

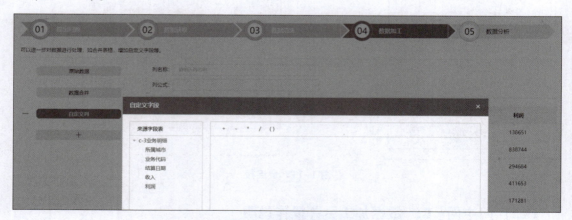

图1-13　数据运算示例

五、进行数据可视化设计

数据可视化是通过计算机图形学和图像处理技术将数据转换为图形，并提供交互行为的方法技术。将数据图形化的过程称为数据可视化。数据可视化设计的目的是"让数据说话"，借助图形化手段，清晰有效地传达与沟通信息。

数据可视化强调数据的呈现方式，通过可视化数据内容，以数据的视觉特征来描述数据背后的特征。下面通过一组数据，感受人脑对于数据和图形的感观差异（表1-2）。

表1-2 可视化数据

I		II		III		IV	
X	Y	X	Y	X	Y	X	Y
10.00	8.04	10.00	9.14	10.00	7.46	8.00	6.58
8.00	6.95	8.00	8.14	8.00	6.77	8.00	5.76
13.00	7.58	13.00	8.74	13.00	12.74	8.00	7.71
9.00	8.71	9.00	8.77	9.00	7.11	8.00	8.84
11.00	8.33	11.00	9.26	11.00	7.81	8.00	8.47
14.00	9.96	14.00	8.10	14.00	8.84	8.00	7.04
6.00	7.24	6.00	6.13	6.00	6.08	8.00	5.25
4.00	4.23	4.00	3.10	4.00	5.39	19.00	12.50
12.00	10.84	12.00	9.13	12.00	8.15	8.00	5.56
7.00	4.82	7.00	7.26	7.00	6.52	8.00	7.91
5.00	5.68	5.00	4.74	5.00	5.73	8.00	6.89

可以看到，这组数据包括 I、II、III、IV 四组，每组有 X、Y 两个维度。似乎每组数据都十分相似，很难看出它们的区别。但是，在把这四组数据图形化后，人的大脑会对图形的不同点做出反应，因此可以快速地理解这组数据（图1-14）。

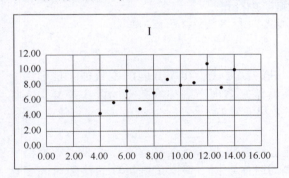
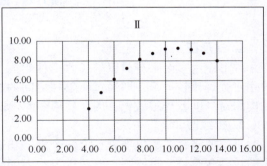
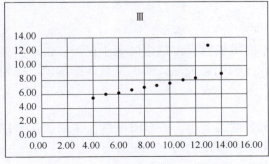
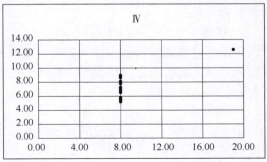

图1-14 数据可视化示例

通过观察图形可以清晰地发现第 I 组数据呈现整体离散向上的趋势；第 II 组数据呈现弧度上升，然后下降的趋势；第 III 组数据呈现线性上升的趋势，但有一个点突出；第 IV 组

数据呈现 X 坐标不变，Y 坐标上升的趋势①，同样有一个点突出。将这组数据可视化呈现后，就可以迅速地从数据中发现它们的不同模式和规律。

（一）数据可视化图形类型

对于不同的分析目的，可视化图表的选择也不尽相同。进行数据可视化设计时要注重生成界面的易读性，在将数据转换成图形的过程中要使数据特征更为明显，以方便观察者更准确地读取信息，这就要求可视化图形不能过于烦琐复杂。有很多图形可以表达数据，易读性及使用频率高的图形主要有以下几种（图1-15）。

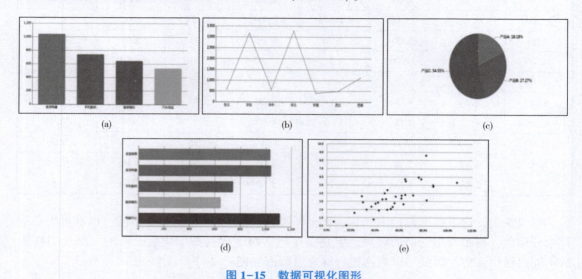

图 1-15　数据可视化图形
（a）柱形图；（b）折线图；（c）饼图；（d）条形图；（e）散点图

1. 柱形图

柱形图由多个平行放置的长方形柱组成，柱的高度代表相应方向的度量值。柱形图一般用于强调比较关系，即通过相邻柱之间的高度差来体现不同类别数据的大小差异。人类的肉眼对高度差异很敏感，因此柱形图的辨识效果非常好。

2. 折线图

折线图将每个数据项表示为一个点，并通过线段将这些点连接起来，以表现数据值变化的过程和趋势。折线图一般用于表示等间隔的时序数据，突出某度量项的值随时间变化的情况和趋势。

3. 饼图

饼图通过将圆饼分割成若干个扇形来表现不同类别数据占总体的大小比例。饼图更强调比例关系，其所表达的是同一个整体中不同成分的比例关系，而不是具体的数值，比较适合简单的占比分析。

4. 条形图

条形图是横向的，它通过横条的长度来表示数据的大小。条形图虽然也用来表达数据间的比较关系，但相比柱形图，它更适合类别较多的数据。

5. 散点图

散点图是表示二维数据最常用的方法，它将两个度量项分别编码到 X 轴和 Y 轴上。散

---

① 为了简便，图中未标出 X（横轴）、Y（纵轴）。

点图常用于表现数据点的分布情况以及变量之间的相关性,通过散点图可以比较容易地分析数据的关联和异常。

6. 地图

地图通常是按照国家行政区划分,利用颜色深浅来展现与地理位置有关的数据信息。地图比较适用于与空间位置相关的数据集。

7. 雷达图

雷达图对于查看哪些变量具有相似的值、变量之间是否有异常值,也可用于查看哪些变量在数据集内得分较高或较低(图1-16)。作为表达联系类型的数据可视化图形,可以容纳3~8个强关联的指标,展示单套或多套数据之间的综合能力水平。

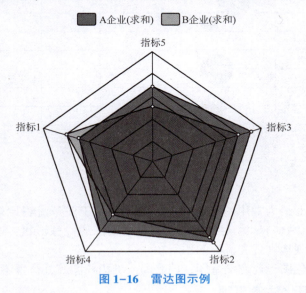

图1-16 雷达图示例

8. 帕累托图

帕累托图是根据意大利经济学家帕累托的理论所绘制的图表,其本身是柱形图的一种形式,按照每个指标的重要程度从大到小排列,专注企业的核心业务,把资源用在最重要、最紧迫的项目(图1-17)。

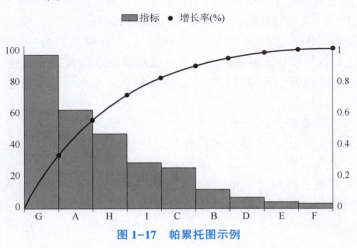

图1-17 帕累托图示例

9. 波士顿矩阵图

波士顿矩阵图是美国波士顿咨询公司首创的一种规划企业产品组合的方法,其本身是气泡图的一种形式(图1-18)。在波士顿矩阵图中,产品战略管理可以从两个角度衡量:市场增长率和相对市场占有率。通过产品所处不同象限的划分,可以使企业采取不同的决策,以保证不断地淘汰无发展前景的产品。

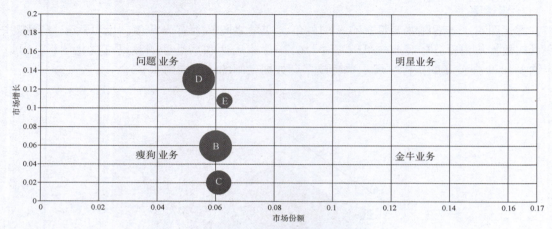

图1-18 波士顿矩阵图示例

10. 漏斗图

漏斗图是电商企业最为常用的一种分析方法,适用于业务流程比较规范、周期长、环节多的流程分析(图1-19)。漏斗图本身是倒金字塔图的一种形式,通过漏斗各环节业务数据的比较,能够直观地发现和说明问题所在。

此外,数据可视化图形还有桑基图、仪表图、堆积柱图等,这里不赘述。

(二)数据可视化注意事项

在选择具体图形进行数据可视化分析时,要注意以下几点。

(1)数据图表主要用于传递信息,不要过分重视图表的美观程度。

(2)不要试图在一张图表中表达所有的信息,这容易让图表太沉重。

(3)数据可视化是以业务逻辑为主线的,不要随意堆砌图表。

(4)不要试图传递主观的想法,要呈现数据的原始信息。

不要简单地认为数据可视化就是画图,其实它是以数据流向为主线的一个完整流程,可以把数据可视化分析流程看成数据流经一系列处理模块进行转换的过程,在这个过程中,用户可以通过人机界面与各个流程进行交互,变动任何一个环节都会产生新的数据可视化结果。

数据可视化的意义是帮助财务人员更好地分析数据,信息的质量在很大程度上依赖于其表达方式。对数据所包含的意义进行分析,使分析结果可视化。数据可视化将技术与艺术完美结合,借助图形化的手段,清晰有效地传达与沟通信息。一方面,数据赋予可视化价值;另一方面,可视化增加了数据的灵性。两者相辅相成,帮助企业从信息中提取知识、从知识中收获价值。精心设计的图形不仅可以提供信息,还可以通过强大的呈现方式增强信息的影响力,吸引人们的注意力并使其保持兴趣,这是表格或电子表格无法做到的。

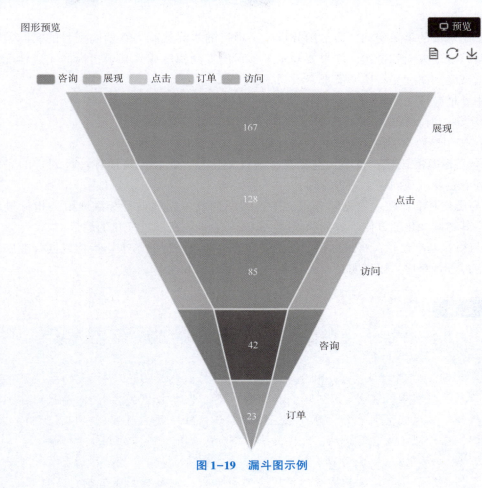

图 1-19 漏斗图示例

第三讲 大数据财务分析的基本方法

通过财务分析评价目标企业过去的经营业绩、衡量企业现在的财务状况以及预测企业未来的发展趋势,这些都需要会计人员采用科学系统的技术与方法对财务报表所提供的数据及相关资料进行全面的分析和评价。大数据财务分析的基本方法。

微课 3:大数据财务分析的基本方法 1

(一)比较分析法

比较分析法是财务报表分析中最常用的一种方法,也是其他分析方法的基础。比较分析法是通过对财务报表主要项目或指标值变化的对比,从数量上确定差异,分析和判断企业经营及财务状况的一种分析方法。

(1)按照比较形式划分,比较分析法可以分为垂直分析法和水平分析法。其中,垂直分析法又称为纵向比较法,是将同一财务报表各项目的数据与总体数比较,以确定各项目相对重要性的一种分析方法;水平分析法是将两期或连续数期的财务报表中的相同指标进行对比,确定其增减变动方向、金额和幅度,以识别企业财务状况和经营成果发展变化的一种方法。

对于绝对值的增减变动，通常用分析期某项目的实际数减去基期同项目的实际数，以确定其增减变动方向和金额。如果要表示某项目的变动幅度或者某项指标的完成情况，则需要用增减变动率和变动比率值来表示。

其中，增减变动率=（绝对值的变动数额÷基期实际数额）×100%

变动比率值=（分析期实际数值÷基期实际数值）×100%

（2）按照参照指标的不同，可以将比较分析法分为以下几种。

① 与目标基准比较：也称为与预算或者计划比较，比较说明预算（计划）的完成情况，有利于企业发现问题、完善管理。

② 与历史基准比较：根据财务报表中连续两期或多期的项目金额或财务指标进行对比，确定其增减变化的方向、数额和幅度，以揭示企业财务状况变化的趋势。

③ 与行业基准比较：将目标企业的主要财务指标与同行业的平均指标或同行业中先进企业的指标进行对比，以说明企业在行业中所处的地位和水平。

小提示

在运用比较分析法进行分析时，要注意相关指标的可比性问题，主要表现在以下几个方面。

（1）指标的计算口径、方法和经济内容的可比性。在运用比较分析法时，需要用到资产负债表、利润表、现金流量表等财务报表，要求这些数据的内容、范围，以及在利用这些数据计算财务指标时的计算口径、计算方法保持一致，因为只有相互比较的基础是一致的，指标间才具有可比性，比较的结果才有意义。

（2）会计处理方法、会计政策的选用及会计计量标准的可比性。因为会计处理方法、会计政策的选用以及会计计量标准的确定会对财务数据的形成产生影响，所以只有这些标准一致时，比较结果才具有可参考性。

（3）时间单位长度的可比性，即不同年度之间的可比性、不同年度的同期可比性以及本企业与同行业先进企业在同一期间的可比性。如果不同财务数据在比较时不具备可比性，则比较的结果没有任何意义。

（4）企业间的可比性。这主要是指在不同企业之间进行比较时，要注意选择的企业在企业类型、经营规模、财务规模等方面要大体一致。

（二）比率分析法

比率分析法是指在同一财务报表的不同项目之间，或在不同财务报表的有关项目之间进行对比，从而计算出各个不同经济含义的比率，据以评价企业财务状况和经营成果的一种方法。

根据分析的不同内容和要求，比率分析法主要分为结构比率分析、效率比率分析和相关比率分析。

结构比率又称为构成比率，是指某项财务分析指标的数值占总体数值的百分比。其计算公式如下：

结构比率=某项财务指标的数值÷总体数值×100%

例如，流动资产、固定资产、无形资产占总资产的比率形成的企业资产构成比率，或者长期负债与流动负债占全部债务的比率等都是结构比率。

效率比率指某项财务活动中所费与所得的比率，其反映投入与产出的关系。一般而言，涉及利润的有关比率指标基本上均为效率比率。

相关比率是根据经济活动客观存在的相互依存、相互联系的关系，将两个性质不同，但又相关的指标加以对比所得的比率，它有助于从经济活动的客观联系中认识企业生产经营状况。例如，流动资产与流动负债的比率、营业收入与营业利润的比率等均为相关比率。

在使用比率分析法时要注意以下几个问题。

（1）在构建比率时，其有关项目指标之间必须具有某种内在的联系，最好存在直接且重要的关系，例如营业利润与营业收入。

（2）当构建比率的两个指标一个来自资产负债表，另一个来自利润表或现金流量表时，应当将资产负债表数据取期间内的平均数，也就是两个指标的口径要一致，这样才能进行比率构建。

（3）使用比率分析法时还应注意衡量标准的科学性。

（三）因素分析法

因素分析法是依据分析指标与其影响因素的关系，按照一定的程序和方法，从数量上确定各因素对分析指标影响方向和影响程度的一种方法。最常用的因素分析法有两种，即连环替代法和差额计算法。

微课4：大数据财务分析的基本方法2

1. 连环替代法

连环替代法是将分析指标分解为各个可以计量的因素，并根据各因素之间的依存关系，顺次用各因素的比较值替代基准值，据以确定各因素对分析指标的影响。

利用连环替代法进行财务分析从开始到结论有以下五个步骤。

第一步，确定分析对象，并与基准进行比较，求出差异数。

第二步，确定分析对象的影响因素。

第三步，按顺序依次替代各因素变量，并计算出替代结果。

第四步，比较各因素替代结果，确定影响程度。

第五步，检验分析结果。

这五个步骤是紧密相连的、缺一不可，尤其是前四个步骤，任何一个步骤出现错误都会直接导致最后的结论是错误的。

例如：设某项综合指标 N 由3个因素 a、b、c 构成，即

$$N = a \times b \times c$$

用下标1表示实际指标，用下标0表示标准指标，则

$$标准指标\ N_0 = a_0 \times b_0 \times c_0$$

下面进行因素替代。

首先用 a_1 替代 a_0 得到 $N_2 = a_1 \times b_0 \times c_0$，那么 N_2 与 N_0 的差额即 a 因素变动的影响数。

接着用 b_1 替代 b_0 得到 $N_3 = a_1 \times b_1 \times c_0$，那么 N_3 与 N_2 的差额即 b 因素变动的影响数。

最后用 c_1 替代 c_0 得到 $N_1 = a_1 \times b_1 \times c_1$，那么 N_1 与 N_3 的差额即 c 因素变动的影响数。

各因素变动的合计为 $(N_2 - N_0) + (N_3 - N_2) + (N_1 - N_3)$，也就是 N_1 与 N_0 的差额，即实际指标与标准指标的总差异。

> **案 例**

假设某公司本年度甲产品的原材料消耗情况如表1-3所示,利用连环替代法分析各因素的影响情况。

表1-3 甲产品原材料费用资料

项目	产品产量/件	单位产品材料消耗量/千克	材料单价/元	材料费用总额/元
预算数	1 500	32	18	864 000
实际数	1 600	30	21	1 008 000
差异数	+100	-2	+3	+144 000

第一步,确定分析对象为材料费用总额实际数与材料费用预算数的差异。材料费用总额实际数-材料费用总额预算数=1 008 000-864 000=144 000(元)。

第二步,建立分析对象与影响因素之间的函数关系式。材料费用总额=产品产量×单位产品材料消耗量×材料单价。

第三步,计算各个因素对分析对象的影响程度。材料费用总额的预算数=产品产量预算数×单位产品材料消耗量预算数×材料单价预算数=1 500×32×18=864 000(元)。

下面进行因素替换。

第一步,替换产品产量。产品产量实际数×单位产品材料消耗量预算数×材料单价预算数=1 600×32×18=921 600(元)。

第二步,替换单位产品材料消耗量。产品产量实际数×单位产品材料消耗量实际数×材料单价预算数=1 600×30×18=864 000(元)。

第三步,替换材料单价。产品产量实际数×单位产品材料消耗量实际数×材料单价实际数=1 600×30×21=1 008 000(元)。

把三次替换所得金额依次比较,依据连环替代法用第一次替换计算的结果921 600元减去预算数864 000元得到57 600元,表示产品产量因素增加的影响。

接下来用第二次替换计算的结果864 000减去第一次替换计算的结果921 600元得到-57 600元,表示单位产品材料消耗量因素下降的影响。

再用第三次替换计算的结果1 008 000元减去第二次替换计算的结果864 000元得到144 000元,表示材料单价因素上升的影响。

最后把三个因素变动影响额相加,即57 600+(-57 600)+144 000=144 000(元),这个值就是三个因素共同的影响值。

2. 差额计算法

差额计算法是连环替代法的简化形式。它是利用各因素的比较期与基期数之间的差异,依次按顺序替换,直接计算各因素变动对综合指标变动的影响程度的一种分析方法。

例如,设某项综合指标N由3个因素a、b、c构成,即

$$N = a \times b \times c$$

用下标1表示实际指标,用下标0表示标准指标,则

$$标准指标\ N_0 = a_0 \times b_0 \times c_0$$

用Δa表示a因素变动对综合指标差异影响的程度数值,Δb、Δc依此类推,因此有

$$\Delta a = a_1 \times b_0 \times c_0 - a_0 \times b_0 \times c_0 = (a_1 - a_0) \times b_0 \times c_0$$

同理：
$$\Delta b = (b_1 - b_0) \times a_1 \times c_0,$$
$$\Delta c = (c_1 - c_0) \times a_1 \times b_1$$

最后将各因素变动影响程度之和相加，检验是否等于总差异。各因素的影响数额的代数和应等于财务指标的实际数与基数（计划数）之间的总差异值，即

$$\Delta a + \Delta b + \Delta c = \Delta N$$

承上例，依据表1-3提供的数据，确定分析对象为材料费用总额实际数与材料费用总额预算数的差异。用实际数1 008 000元减去预算数864 000元得到144 000元。

因素分析如下。

产品产量因素增加的影响：$(1\ 600 - 1\ 500) \times 32 \times 18 = 57\ 600$（元）。

单位产品材料消耗量因素下降的影响：$1\ 600 \times (30 - 32) \times 18 = -57\ 600$（元）。

材料单价因素上升的影响：$1\ 600 \times 30 \times (21 - 18) = 144\ 000$（元）。

最后检验分析结果：$57\ 600 + (-57\ 600) + 144\ 000 = 144\ 000$（元）。

应用连环替代法应注意的问题，在应用差额计算法时同样要注意。除此之外，还应注意的是，并非所有连环替代法都可按上述差额计算法的方式进行简化，特别是在各影响因素之间不是连乘关系的情况下，运用差额计算法必须慎重。

（四）趋势分析法

趋势分析法是通过对财务报表中各类相关数字资料，将两期或多期连续的相同指标或比率进行定基对比和环比对比，得出它们的增减变动方向、数额和幅度，以揭示企业财务状况、经营情况和现金流量变化趋势的一种分析方法。

趋势分析法不仅可用于同一企业不同时期财务状况的纵向比较，又可用于不同企业之间的横向比较，因此趋势分析法的适用范围比较广泛，例如：确定公司财务状况和经营成果的发展趋势；预测公司未来发展的趋势；编制比较会计报表，对会计科目中的项目进行比较分析，反映企业的耗费和盈利水平；对企业销售进行预测，等等。具体可根据企业实际情况具体应用。

在使用过程中，趋势分析法要按以下步骤完成。

（1）计算趋势比率或指数，指数通常有定基指数和环比指数两种，其中环比指数是以各时期的指数前一期为基期来计算的。

（2）根据指数计算结果，评价与判断企业各项指标的变动趋势及其合理性。

（3）预测未来的发展趋势，根据企业以前各期的变动情况，研究其变动趋势或规律，从而预测出企业未来发展变动的情况。

在通常情况下，企业会首先与自己历史同期相比，然后与具有同等规模、同等定位的其他企业对比，最后与同行业的上市公司对比，因为上市公司的数据公开，可以查看趋势，同时剔除不同因素的影响。趋势分析法可分为定基分析法和环比分析法两种。

所谓定基分析法，就是选定某一会计期间作为基期，然后将其余各期与基期进行比较，通过计算得到趋势百分比。定基分析法是通过观察定基指标，确定所分析项目的变动趋势及发展规律的一种分析方法。

定基动态比率 = 分析期数额 ÷ 基期数额 × 100%

环比分析法是将各项目的本期数与上期数相比得到环比动态比率，计算公式如下：

环比动态比率 = 分析期数额 ÷ 前期数额 × 100%

案例演练

【案例演练（一）】

（1）M公司上年生产甲产品，有关材料费用消耗如表1-4所示。

表1-4　M公司甲产品材料费用消耗情况

项目	产品单位材料消耗量/（千克·件$^{-1}$）	产品产量/万件	材料单价/（元·千克$^{-1}$）	材料费用/万元
计划数	10	800	20	160 000
实际数	9	1 000	25	225 000
差异	−1	200	5	65 000

要求：采用连环替代法进行分析（为了减小误差，本书所有计算结果均保留小数点后适当位数，且均采用等号表示，后文不再具体说明）。

【解析】

甲产品材料费用(Y) = 产品产量(A) × 产品单位消耗量(B) × 材料单价(C)

　　计划成本 $(Y_0) = A_0 \times B_0 \times C_0 = 800 \times 10 \times 20 = 160\,000$（万元）

　　实际成本 $(Y_3) = A_1 \times B_1 \times C_1 = 1\,000 \times 9 \times 25 = 225\,000$（万元）

　　合计三个因素变动影响 $(Y_3 - Y_0) = 225\,000 - 160\,000 = 65\,000$（万元）

具体因素变动影响金额分析如下。

第一次替换，用实际产品产量替换计划产品产量，则

$$Y_1 = A_1 \times B_0 \times C_0 = 1\,000 \times 10 \times 20 = 200\,000（万元）$$

可以发现，产品产量（A）变动对材料费用的影响（$Y_1 - Y_0$）为

$$200\,000 - 160\,000 = 40\,000（万元）$$

第二次替换，用实际产品单位材料消耗量替换计划产品单位材料消耗量，则

$$Y_2 = A_1 \times B_1 \times C_0 = 1\,000 \times 9 \times 20 = 180\,000（万元）$$

因此，产品单位消耗量（B）变动对材料费用的影响（$Y_2 - Y_1$）为

$$180\,000 - 200\,000 = -20\,000（万元）$$

第三次替换，用实际材料单价替换计划材料单价，则

$$Y_3 = A_1 \times B_1 \times C_1 = 1\,000 \times 9 \times 25 = 225\,000（万元）$$

可以发现，材料单价（C）变动对材料费用的影响（$Y_3 - Y_2$）为

$$225\,000 - 180\,000 = 45\,000（万元）$$

三个因素合计影响变动额 $= 40\,000 + (-20\,000) + 45\,000 = 65\,000$（万元）

通过计算发现，产品产量增加使企业本期材料费用增加40 000万元，产品单位材料消耗量降低使材料费用减少20 000万元，而材料单价的升高使材料费用增加45 000万元，三个因素共同作用使实际材料费用比计划材料费用增加65 000万元。产品产量增加而相应地增加材料费用属于正常情况，单位产品材料消耗量降低，说明企业对材料费用控制得比较好，市场价格变动，说明外部市场环境发生了变化，企业应进一步进行分析，看能否采取一些补救措施将这一不利因素对企业的影响降到最低。

（2）根据资料采用差额分析法计算各因素变动对材料费用的影响。

【解析】

A 因素（产品产量）变动的影响 $= (A_1-A_0) \times B_0 \times C_0$
$= (1\,000-800) \times 10 \times 20$
$= 40\,000$（万元）

B 因素（产品单位材料消耗量）变动的影响 $= A_1 \times (B_1-B_0) \times C_0$
$= 1\,000 \times (9-10) \times 20$
$= -20\,000$（万元）

C 因素（材料单价）变动的影响 $= A_1 \times B_1 \times (C_1-C_0)$
$= 1\,000 \times 9 \times (25-20)$
$= 45\,000$（万元）

合计影响 $= 40\,000+(-20\,000)+45\,000 = 65\,000$（万元）

【案例演练（二）】

H 公司 2022 年度营业收入总额为 9 449 455.91 元，其中主要汽车零部件销售额资料如表 1–5 所示。

表 1–5　H 公司 2022 年度主要汽车零部件销售额资料

项目	2022 年实际	2022 年计划
主要汽车零部件销售总额/万元	150	162
销售单价/（元·件$^{-1}$）	15	18
销售数量/万件	10	9

1. 连环替代法

依据表 1–5 所示的资料，采用连环替代法分析影响计划完成的因素。

（1）计划销售收入 = 计划销售单价 × 计划销售数量 = 18×9 = 162（万元）。
（2）替代销售单价后的销售收入 = 实际销售单价 × 计划销售数量 = 15×9 = 135（万元）。
（3）销售单价变动对销售收入的影响额 = 135−162 = −27（万元）。
由于实际销售单价的变动，销售收入比计划减少 27 万元。
（4）替代销售数量后的销售收入 = 实际销售单价 × 实际销售数量 = 15×10 = 150（万元）。
（5）销售数量变动对销售收入的影响额 = 150−135 = 15（万元）。
由于实际销售数量增加，销售收入比计划增加 15 万元。
汇总各因素影响额 = 销售单价影响额 + 销售数量影响额 = −27+15 = −12（万元）。
运用连环替代法，汇总各影响因素之和为 −12 万元，与总差异相等。

2. 差额分析法

依据表 1–5 所示的资料，采用差额分析法分析影响计划完成的因素。

（1）销售单价变动对销售收入的影响额 = (15−18)×9 = −27（万元）。
（2）销售数量变动对销售收入的影响额 = (10−9)×15 = 15（万元）。
汇总各因素影响额 = 销售单价影响额 + 销售数量影响额 = −27+15 = −12（万元）。
运用差额分析法，汇总各影响因素之和为 −12 万元，与总差异相等。
两种分析方法计算结果一致。

根据以上计算评价如下：H 公司 2022 年主要汽车零部件实际销售单价比计划下降 3 元/件，使销售收入降低 27 万元，同时实际销售数量比计划增加 1 万件，使实际销售收入增加 15 万元。两项因素共同作用，导致产品实际销售收入低于计划销售收入 12 万元。

由于计划销售单价与销售数量与实际相比均有较大差异,所以该公司今后应认真做好市场预测,制定合理的计划,或努力开发产品,提升产品性能以提高销售价格。

 实验操作

实验一　爬取网站数据

【任务描述】
通过网中网 BI 自带的网页爬取功能,抓取美的集团的财报数据。

【任务实施】
(1) 观察数据源。

美的集团(000333)资产负债表可参考网址 http://money.finance.sina.com.cn/corp/go.php/vFD_BalanceSheet/stockid/000333/ctrl/part/displaytype/4.phtml(图 1-20)。

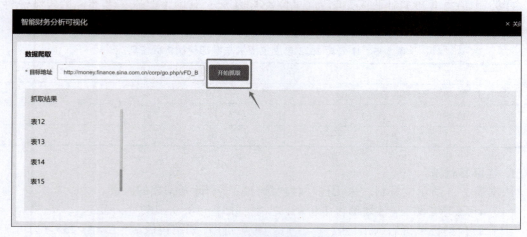

图 1-20　数据抓取页面

(2) 爬取数据。
① 利用网中网 BI 的网页爬取功能,获取新浪财经网页上的各项数据。
② 将"表 14"的数据下载到本地(图 1-21)。

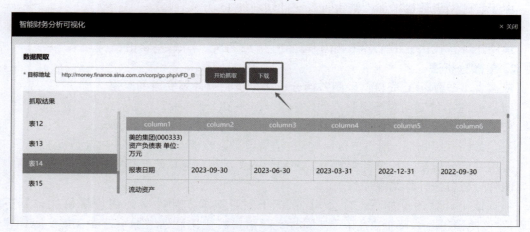

图 1-21　数据下载页面

实验二 导入外部数据

【任务描述】

通过数据导入功能，练习导入数据，并且为导入的数据设置正确的格式。

【任务实施】

（1）数据源。

以新浪财经网站中美的集团资产负债表数据作为数据源（下载实验附加资料）。

（2）导入数据。

① 将美的集团的资产负债表数据导入网中网 BI 后台（图 1-22、图 1-23）。

② 调整导入字段的类型（图 1-24）。

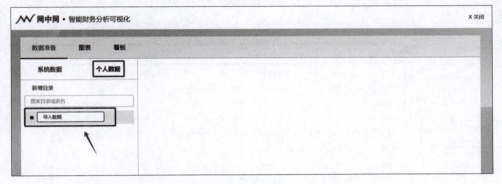

图 1-22 数据准备

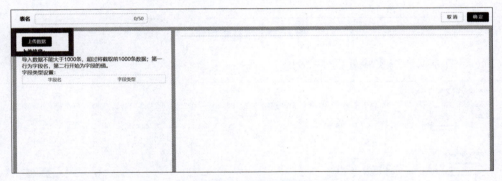

图 1-23 上传数据

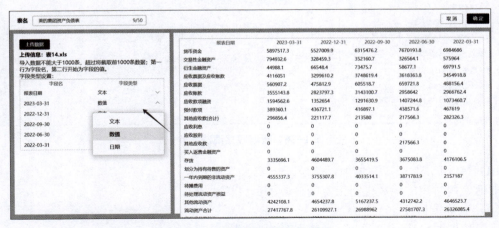

图 1-24 调整导入字段的类型

实验三　数据清洗实验

1. 数据字段清洗

【任务描述】

通过常用的函数（!=,like,is null,in,between），对数据进行简单的清洗过滤。

【任务实施】

（1）观察数据源。

观察"a-1盈利数据"表，该表的维度包含细分市场、国家、产品和日期，数值包含销售量、销售额和利润额（图1-25）。

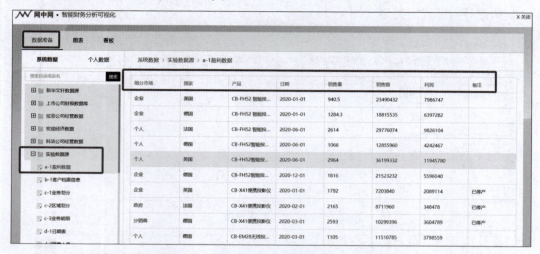

图1-25　观察数据源

（2）新增数据清洗实验（图1-26）。

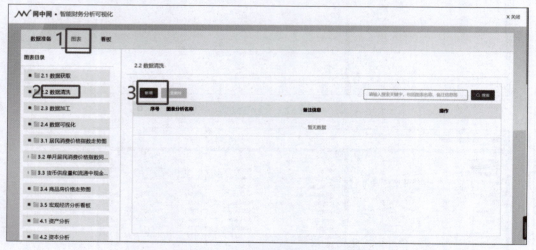

图1-26　新增数据清洗实验

（3）提出问题。

如何使用常用的函数过滤指定的分析项目（图1-27）。

（4）获取数据。

确定数据源，选择"a-1盈利数据"表（图1-28）。

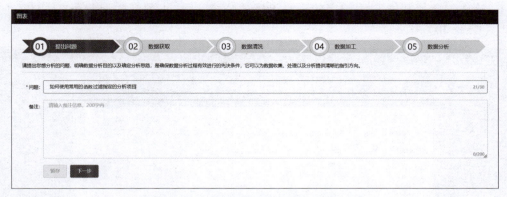

图 1-27 数据清洗实验提出问题页面

图 1-28 数据清洗实验数据获取页面

（5）清洗数据。
① 字段选择：全选。
② 过滤条件。
a. 筛选国外的数据。筛选公式：[a-1 盈利数据].[国家]!="中国"（图 1-29）。

图 1-29 筛选国外的数据

b. 筛选包含"智能"关键字的产品。筛选公式：[a-1 盈利数据].[产品]like"%智能%"（图1-30）。

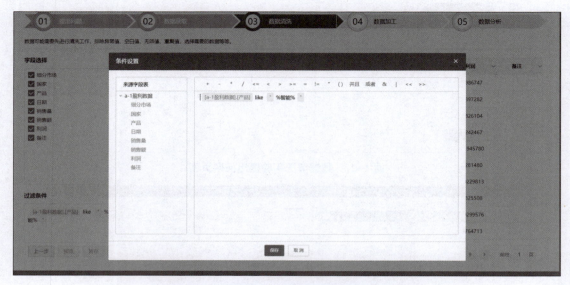

图1-30　筛选包含"智能"关键字的产品

c. 筛选英、美、法、德4个国家的数据。筛选公式：[a-1 盈利数据].[国家]in("美国","德国","法国","英国")（图1-31）。

图1-31　筛选英、美、法、德4个国家的数据

d. 筛选销量为4 000~6 000的数据。筛选公式：[a-1 盈利数据].[销售量]between 4000 and 6000（图1-32）。

e. 筛选"备注"为空的数据。筛选公式：[a-1 盈利数据].[备注]is null（图1-33）。

2. 数据规则清洗

【任务描述】

运用常用的函数（not、and、or、xor），对数据进行相对复杂的清洗过滤。

图 1-32 筛选出销量为 4 000~6 000 的数据

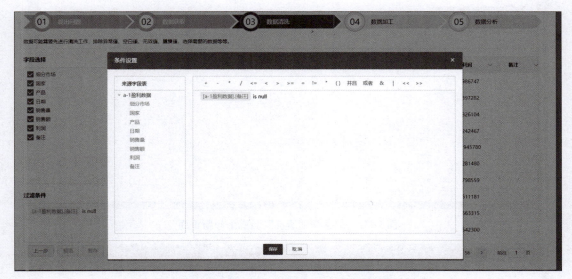

图 1-33 筛选"备注"为空的数据

【任务实施】

(1) 观察数据源。

观察"a-1 盈利数据"表,该表的维度包含细分市场、国家、产品和日期,数值包含销售量、销售额和利润额(图 1-34)。

(2) 提出问题。

如何使用逻辑判断函数过滤相对复杂的分析项目(图 1-35)。

(3) 获取数据。

确定数据源,选择"a-1 盈利数据"表(图 1-36)。

图1-34 观察"a-1盈利数据"表

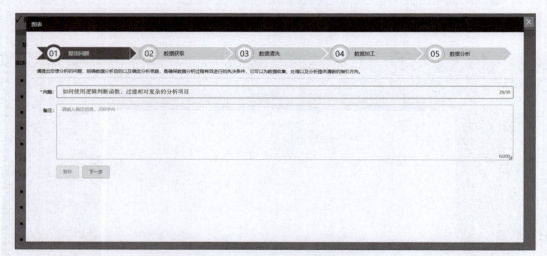

图1-35 数据规则清洗实验提出问题页面

图1-36 数据规则清洗实验数据获取页面

(4)清洗数据。

① 字段选择：全选。

② 过滤条件。

a. 筛选不是英、美、法、德 4 个国家的数据。筛选公式：[a-1 盈利数据].[国家]not in("美国","德国","法国","英国")（图 1-37）。

图 1-37　筛选不是英、美、法、德 4 个国家的数据

b. 筛选国内不包含"个人"的数据。筛选公式：[a-1 盈利数据].[国家]="中国"and [a-1 盈利数据].[细分市场]!="个人"（图 1-38）。

图 1-38　筛选国内不包含"个人"的数据

c. 筛选细分市场是"企业"或"分销商"的数据。筛选公式：[a-1 盈利数据].[细分市场]="企业" or [a-1 盈利数据].[细分市场]="分销商"（图 1-39）。

图1-39 筛选细分市场是"企业"或"分销商"的数据

d. 筛选细分市场是"企业"或国家是"美国"的数据。筛选公式：[a-1盈利数据].[细分市场]="企业" xor [a-1盈利数据].[国家]="美国"（图1-40）。

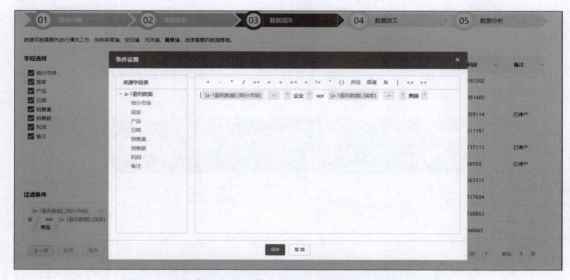

图1-40 筛选细分市场是"企业"或国家是"美国"的数据

3. 设定函数清洗

【任务描述】

结合字符串函数（left、right、mid）以及时间函数（year、quarter、month、week、day、hour），对数据进行综合的清洗过滤。

【任务实施】

（1）观察数据源。

观察"a-1盈利数据"表，该表的维度包含细分市场、国家、产品和日期，数值包含销售量、销售额和利润额（图1-41）。

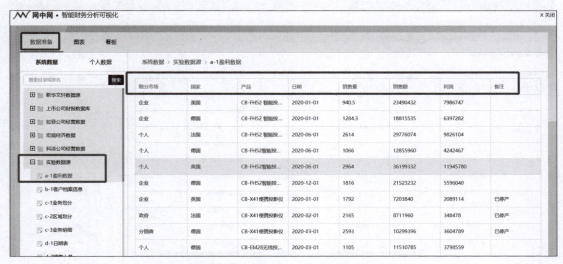

图1-41 观察"a-1盈利数据"表

（2）提出问题。
如何综合运用函数过滤复杂的分析项目（图1-42）。

图1-42 设定函数清洗实验提出问题页面

（3）获取数据。
确定数据源，选择"a-1盈利数据"表（图1-43）。
（4）清洗数据。
① 字段选择：全选。
② 过滤条件。
a. 通过 mid 函数获取产品详细型号（4～8位）中包含"FH52"的产品销售数据。筛选公式：mid（[a-1 盈利数据].[产品],4,4)= "FH52"（图1-44）。

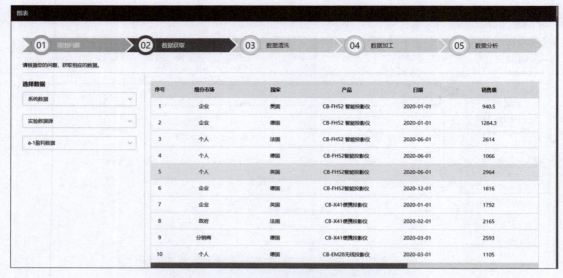

图 1-43 设定函数清洗实验数据获取页面

图 1-44 mid 函数实验操作

b. 通过 year 函数获取 2020 年的产品销售数据。筛选公式：筛选公式：year（[a-1 盈利数据].[日期]）=" 2020 "（图 1-45）。

4. 数据多维清洗

【任务描述】

使用函数对数据进行多维度综合的清洗过滤。

【任务实施】

（1）观察数据源。

观察"a-1 盈利数据"表，该表的维度包含细分市场、国家、产品和日期，数值包含销售量、销售额和利润额（图 1-46）。

图1-45　year函数实验操作

图1-46　观察"a-1盈利数据"表

（2）提出问题。

如何综合运用函数过滤复杂的分析项目（图1-47）。

（3）获取数据。

确定数据源，选择"a-1盈利数据"（图1-48）。

（4）清洗数据。

① 字段选择：全选。

② 过滤条件。

a. 筛选地区为国外、产品包含"高清"、日期在12月的数据。筛选公式：[a-1盈利数据].[国家]!="中国"and[a-1盈利数据].[产品]like"%高清%"and mid([a-1盈利数据].[日期],6,2)="12"（图1-49）。

图 1-47　数据多维清洗实验提出问题页面

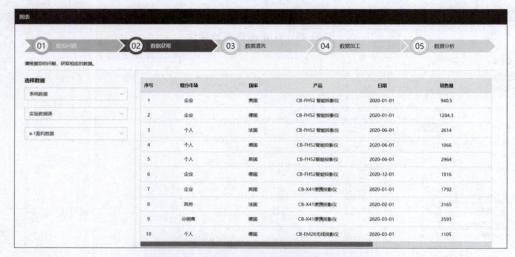

图 1-48　数据多维清洗实验数据获取页面

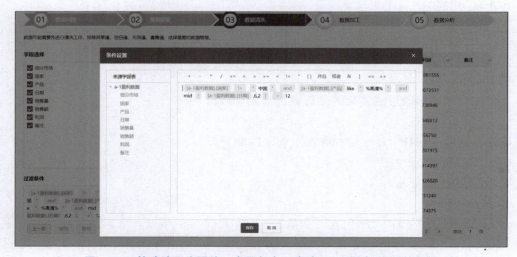

图 1-49　筛选地区为国外、产品包含"高清"、日期在 12 月的数据

b. 排除已经停产的产品，筛选国内 2021 年第一季度，个人用户对高清产品的购买量。筛选公式：［a-1 盈利数据］.［备注］is null and ［a-1 盈利数据］.［国家］="中国" and ［a-1 盈利数据］.［细分市场］="个人" and year (［a-1 盈利数据］.［日期］)="2021" and quarter (［a-1 盈利数据］.［日期］)="1"and［a-1 盈利数据］.［产品］like"%高清%"（图 1-50）。

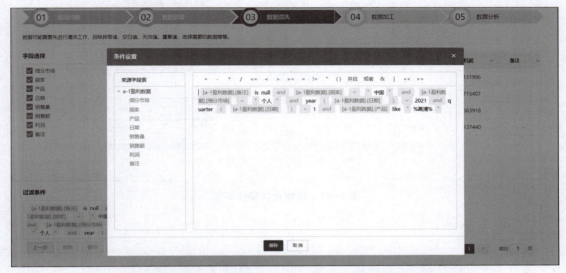

图 1-50　筛选国内 2021 年第一季度，个人用户对高清产品的购买量

实验四　数据加工合并实验

1. 数据合并

【任务描述】

数据合并是创建多维数据模型的基础。使用 4 种常用的数据合并方式（左合并、右合并、交集合并以及全合并），对数据进行合并，理解数据合并的原理和用途。

【任务实施】

（1）观察数据源。

观察"c-1 业务划分""c-2 区域划分""c-3 业务明细"3 张表，这些表具有星形分布的特点，"c-3 业务明细"表分别关联"c-1 业务划分""c-2 区域划分"表。

（2）提出问题。

如何使用常用的数据合并方式加工分析所需的数据。

（3）获取数据。

确定数据源，选择"c-3 业务明细"表。

（4）清洗数据。

字段选择：全选

（5）合并数据（图 1-51）。

① 需要合并的表：选择"C-1 业务划分"表。

② 合并方式：选择"左合并"。

③ 字段：选择"全选"。

④ 合并依据：当前表选择"业务代码"，要合并的表选择"业务代码"。

⑤ 单击"预览"按钮，完成数据合并。

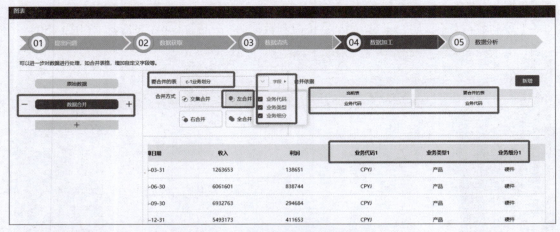

图 1-51　数据合并操作页面

2. 函数运算

【任务描述】

通过函数对数据进行去除空格、替换、提取关键字以及合并等操作，理解函数的表达式及其用途。

【任务实施】

（1）观察数据源。

观察"a-1 盈利数据"表，可以发现产品信息存在一定的不规范情况，中间存在空格，产品的大类"CB""CH"混合在产品信息中。

（2）提出问题。

如何使用常用的函数对字段进行替换、分列、合并等操作加工分析所需的数据。

（3）获取数据。

确定数据源，选择"a-1 盈利数据"表。

（4）清洗数据。

字段选择：细分市场、国家、产品、销售量。

（5）加工数据。

① 添加计算列。列名称：空格替换；列公式：replace（[a-1 盈利数据].[产品]，space（1），""）（图 1-52）。

② 添加计算列。列名称：提取产品类别；列公式：left（[a-1 盈利数据].[产品]，2）（图 1-53）。

③ 添加计算列。列名称：提取产品型号；列公式：mid（[自定义列].[空格替换]，LOCATE（" - "，[自定义列].[空格替换]）+1,10）（图 1-54）。

④ 添加计算列。列名称：字段合并；列公式：concat（[a-1 盈利数据].[国家]，[a-1 盈利数据].[细分市场]）（图 1-55）。

⑤ 查看运行结果，如图 1-56 所示。

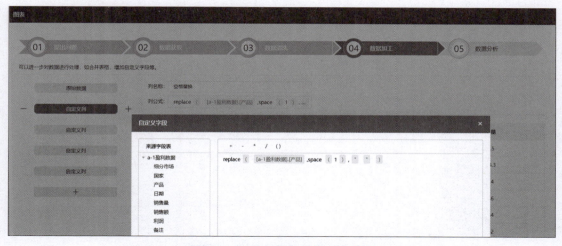

图1-52 添加"空格替换"计算列

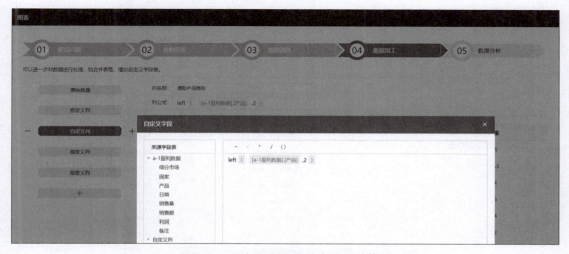

图1-53 添加"提取产品类别"计算列

图1-54 添加"提取产品型号"计算列

图 1-55 添加"字段合并"计算列

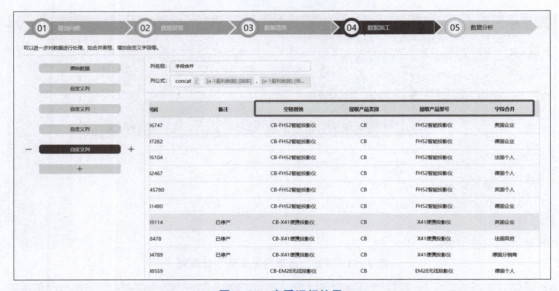

图 1-56 查看运行结果

3. 定基比操作

【任务描述】

综合运用数据合并与数据加工的功能,练习定基比在 BI 中的操作方式。

【任务实施】

(1) 观察数据源。

观察"g01 预算产量"表,该表包含科洁公司 2014—2020 年 7 年的预算产量数据。

(2) 提出问题。

如何综合运用数据清洗、数据合并、数据加工等加工复杂分析所需的数据。

(3) 获取数据。

确定数据源,选择"科洁公司经营数据——g01 预算产量"。

(4) 清洗数据。

① 字段选择:预算产量、期间、企业名称。

② 过滤条件：计算基期数据。筛选公式：[g01 预算产量].[期间] = "2014-12-31"（图 1-57）。

图 1-57　计算基期数据

（5）加工数据。
① 合并数据：筛选预算产量数据，合并原始"g01 预算产量"表（图 1-58）。
a. 需要合并的表：选择"g01 预算产量"表。
b. 合并方式：选择"右合并"。
c. 字段：选择预算产量、期间、企业名称。
d. 合并依据：当前表选择"企业名称"，要合并的表选择"企业名称"。
e. 单击"预览"按钮，完成数据合并。

图 1-58　合并原始"g01 预算产量"表

② 添加计算列。列名称：定基比；列公式：[g01 预算产量 1].[预算产量] / [g01 预算产量].[预算产量]（图 1-59）。

备注：[预算产量]分母为基期的数据，分子为动态期间的数据，区别为[g01预算产量1]与[g01预算产量]。

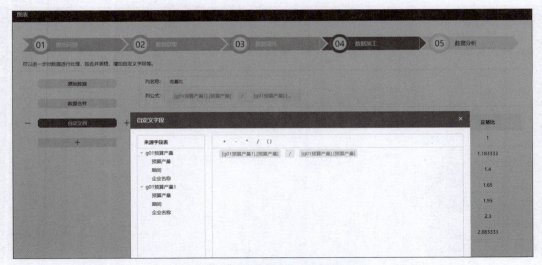

图1-59　添加"定基比"计算列

4. 动态平均值计算

【任务描述】
综合运用数据合并与数据加工的功能，练习动态均值计算在BI中的应用。

【任务实施】
（1）观察数据源。
观察"g01预算产量"表，该表包含科洁公司2014—2020年7年的预算产量数据。
（2）提出问题。
如何综合运用数据清洗、数据合并、数据加工等加工复杂的分析所需的数据。
（3）获取数据。
确定数据源，选择"科洁公司经营数据——g01预算产量"。
（4）清洗数据。
字段选择：预算产量、期间。
（5）加工数据。
① 添加计算列。列名称：上年；列公式：concat（left（[g01预算产量].[期间]，4）-1，" -12-31 "）（图1-60）。
② 数据合并：筛选预算产量数据，合并原始"g01预算产量"表（图1-61）。
a. 需要合并的表：选择"g01预算产量"表。
b. 合并方式：选择"交集合并"。
c. 字段：选择预算产量、期间。
d. 合并依据：当前表选择"上年"，要合并的表选择"期间"。
e. 单击"预览"按钮，完成数据合并。
③ 添加计算列。列名称：均值计算；列公式：（[g01预算产量].[预算产量]+[g01预算产量1].[预算产量]）/2（图1-62）。

备注：[预算产量]前面为本期的数据，后面为上期的数据，区别为[g01预算产量1]与[g01预算产量]。

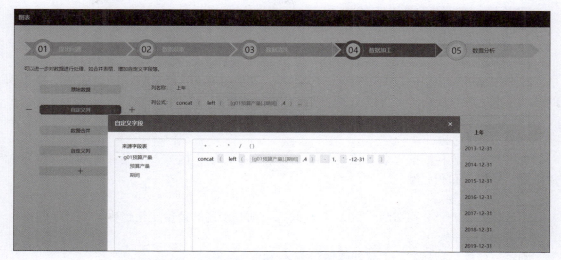

图 1-60　添加"上年"计算列

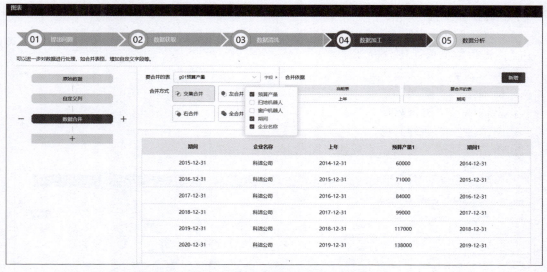

图 1-61　合并原始"g01 预算产量"表

图 1-62　添加"均值计算"计算列

实验四 数据可视化实验

1. 绘制线形图

【任务描述】

线形图是最为常用的数据可视化图形之一,其通过单条线展示数据随时间或有序类别的波动情况的趋势变化。也可以用多条线进行项目、行业、部门内部的直观比较等。

【任务实施】

(1) 观察数据源。

观察"a-1 盈利数据"表,该表的维度包含细分市场、国家、产品和日期,数值包含销售量、销售额和利润额。

(2) 提出问题。

用什么方式展示公司 2020—2021 年之间每个细分市场的销量变化趋势。

(3) 获取数据。

确定数据源,选择"a-1 盈利数据"表。

(4) 清洗数据。

字段选择:全选。

(5) 加工数据。

(6) 进行数据可视化分析。

① 图形选择"折线图 3"。

② 横轴拖入"期间"。

③ 纵轴拖入"销售数量"。

④ 图例拖入"细分市场"。

⑤ 单击"预览"按钮,完成线形图绘制(图 1-63)。

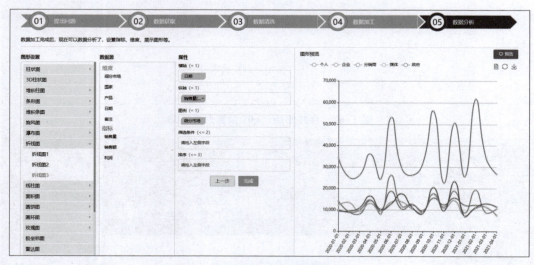

图 1-63 绘制线形图

2. 绘制玫瑰图

【任务描述】

玫瑰图本质上是圆环图,每个项目都是圆形的直方图。通过玫瑰图能够让人对数据印象深刻。

【任务实施】

（1）观察数据源。

观察"a-1 盈利数据"表，该表的维度包含细分市场、国家、产品和日期，数值包含销售量、销售额和利润额。

（2）提出问题。

用什么方式最能说明公司 2020 年在每个国家的销售额占比情况。

（3）获取数据。

确定数据源，选择"a-1 盈利数据"表。

（4）清洗数据。

① 字段选择：全选。

② 过滤条件：year（[a-1 盈利数据].[日期]）="2020"。

（5）加工数据。

（6）进行数据可视化分析：

① 图形选择"玫瑰图1"。

② 分类拖入"国家"。

③ 值拖入"销售额"。

④ 排序拖入"销售额"。

⑤ 单击"预览"按钮，完成玫瑰图绘制（图1-64）。

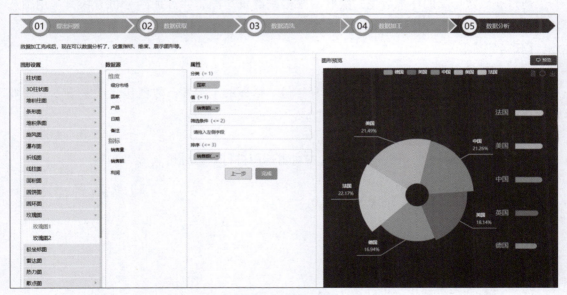

图 1-64　绘制玫瑰图

3. 绘制地图

【任务描述】

地图分析就是将地图作为研究对象，采用汇总统计的方法，在地图上表示每个区域省份的数据，颜色越深代表聚类的数据越大。

【任务实施】

（1）观察数据源。

观察"e-3 地图"表，可以发现有省份、所属城市、业务代码、结算日期、订单金额

5个字段。

(2) 提出问题。

如何通过 BI 绘制地图，并用筛选器对地图进行动态分析。

(3) 获取数据。

确定数据源，选择"e-3 地图"表。

(4) 清洗数据。

字段选择：全选。

(5) 加工数据。

(6) 进行数据可视化分析。

① 图形选择"地图"。

② 分类拖入"省份"。

③ 值拖入"订单金额"。

4. 绘制雷达图

【任务描述】

雷达图分析法是对企业经营情况进行系统分析的一种有效方法。这种方法是从企业的经营收益性、安全性、流动性、生产性、成长性5个方面分析企业的经营成果。

通过获取数据库的样本数据，绘制一张传统的雷达图，并添加到分析看板，采用筛选器对雷达图进行动态分析。

【任务实施】

(1) 观察数据源。

观察"e-1 雷达图"表，可以发现有年份、指标两个维度，数值包含 A 企业、B 企业两套指标。

(2) 提出问题。

如何通过 BI 绘制雷达图，并用筛选器对雷达图进行动态分析。

(3) 获取数据。

确定数据源，选择"e-1 雷达图"表。

(4) 清洗数据。

字段选择：全选。

(5) 加工数据。

(6) 进行数据可视化分析（图1-65）。

① 图形选择"雷达图"。

② 分类拖入"指标"。

③ 值拖入"A 企业""B 企业"。

④ 筛选条件拖入"年份""指标"。

⑤ 排序拖入"A 企业"。

(7) 制作数据看板（图1-66）。

① 添加文本，标题命名为"绘制雷达图"。

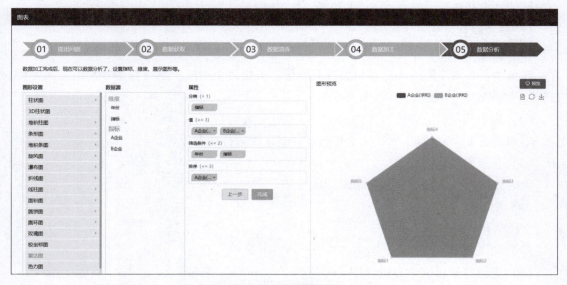

图 1-65 绘制雷达图

② 添加图表：选择"雷达图"。

③ 筛选条件：勾选"年份""指标"，类型选择"下拉"，启用状态选择"启用"。

④ 筛选"年份"为 2021 年的数据，完成数据可视化分析。

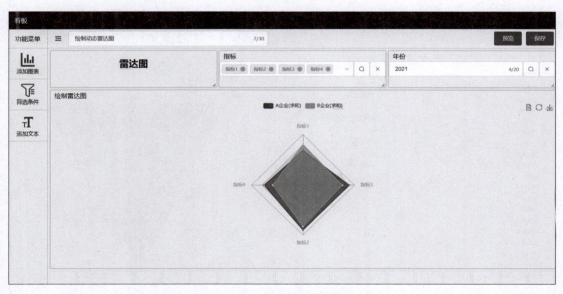

图 1-66 雷达图可视化看板

5. 绘制漏斗图

【任务描述】

漏斗图是一种条形图，反映在一定样本量或精确性下单个研究的干预效应估计值。最常见的漏斗图是在横轴表示各研究效应估计值，在纵轴表示研究样本量。

通过获取数据库的样本数据，绘制一张漏斗图，并添加到分析看板，采用筛选器对漏斗图进行动态分析。

【任务实施】

(1) 观察数据源。

观察"e-5 漏斗图"表,可以发现有年份、类别两个维度,数值包含计划值、实际值、排序 3 个字段。

(2) 提出问题。

如何通过 BI 绘制漏斗图,并用筛选器对漏斗图进行动态分析。

(3) 获取数据。

确定数据源,选择"e-5 漏斗图"表。

(4) 清洗数据。

字段选择:全选。

(5) 加工数据。

(6) 进行数据可视化分析(图 1-67)。

① 图形选择"漏斗图"。

② 分类拖入"类别"。

③ 值拖入"计划值""实际值"。

④ 筛选条件拖入"年份"。

⑤ 排序拖入"排序"。

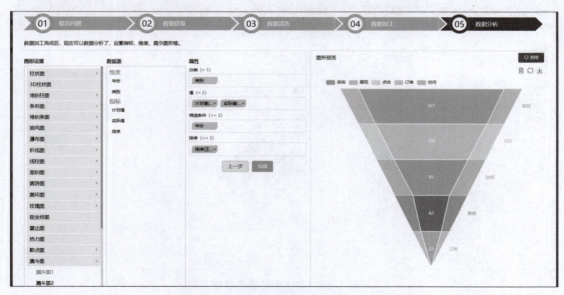

图 1-67　绘制漏斗图

(7) 制作数据看板(图 1-68)。

① 添加文本,标题命名为"漏斗图"。

② 添加图表:选择"漏斗图"。

③ 筛选条件:勾选"年份",类型选择"下拉",启用状态选择"启用"。

④ 筛选"年份"为 2021 年的数据,完成数据可视化分析。

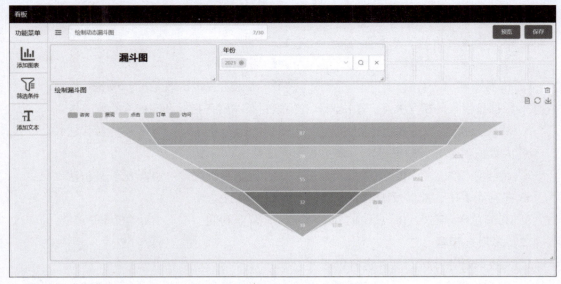

图 1-68　漏斗图可视化看板

项目小结

本项目从总体上对大数据财务分析的概念、目的和方法展开了讨论，旨在了解"谁"因"何"，对"什么"进行分析，以及"如何"进行分析。本项目的主要内容如下。

（1）大数据财务分析是相较于传统财务分析而言的，主要是利用大数据平台和技术实现数据的自动采集、处理、分析和可视化的全过程，它的目标是促进财务工作的提升，更好地服务于业务工作和管理工作。

（2）大数据财务分析的主体包括企业投资者、企业债权人、企业管理者、政府机构及其他利益相关团体及个人。不同大数据财务分析主体的目的不同，他们对大数据财务分析的侧重点也有所区别。

（3）大数据财务分析的对象是企业的基本经济活动，包括投资活动、筹资活动和经营活动；报表分析的主要内容包括偿债能力分析、运营能力分析和盈利能力分析等；分析使用的主要资料是企业对外发布的财务报表，在此基础上还必须充分利用其他各种相关资料。

（4）大数据财务分析应该按照科学的程序和方法进行。大数据财务分析可运用的分析方法很多，主要包括比较分析法、比率分析法、因素分析法、平衡分析法和综合分析法等。

（5）利用大数据工具对财务数据进行分析，主要包含五个关键步骤：第一步，明确分析目标；第二步，搜集数据；第三步，清洗数据；第四步，加工数据；第五步，进行数据可视化设计。

练习题

一、单项选择题

1. 大数据财务分析的基本目的是（　　）。

A. 预测和评估企业价值　　　　　　　　B. 分析企业的控制权配置

C. 判断财务报表数据是否真实　　　　D. 评价企业的市场地位

2. 财务报表分析的最基本资料是（　　）。

A. 财务报表　　　　　　　　　　　B. 行业资料

C. 市场资料　　　　　　　　　　　D. 国家宏观经济政策

3. 根据各因素的相互关系，顺次测算各因素对某一财务指标影响程度的方法是（　　）。

A. 比较分析法　　B. 比率分析法　　C. 差额分析法　　D. 连环替代法

4. 大数据财务分析中最基本、最主要的方法是（　　）。

A. 趋势分析法　　B. 因素分析法　　C. 比率分析法　　D. 比较分析法

5. 在利润表中，能够反映全部经营活动利润的项目是（　　）。

A. 利润总额　　　B. 息税前利润　　C. 营业利润　　　D. 净利润

二、多项选择题

1. 大数据财务分析的基本资料包括（　　）。

A. 资产负债表　　B. 利润表　　　　C. 现金流量表　　D. 所有者权益变动表

2. 大数据财务分析的主体包括（　　）。

A. 企业投资者　　B. 企业经营管理者　C. 企业债权人　　D. 注册会计师

3. 可供财务报表分析者使用的资料包括（　　）。

A. 对外公布的财务报表　　　　　　B. 审计报告

C. 招股说明书　　　　　　　　　　D. 项目可行性分析报告

4. 大数据财务分析的基本方法包括（　　）。

A. 比较分析法　　B. 比率分析法　　C. 主观分析法　　D. 因素分析法

三、判断题

1. 大数据财务分析的结论不受财务报表质量的影响。（　　）

2. 大数据财务分析中计算的比率总是能够客观地反映企业的实际业务情况。（　　）

3. 所有者权益变动表是对资产负债表中"所有者权益"项目的进一步说明，它反映了所有者权益各组成部分当期的增减变动及其原因。（　　）

四、计算分析题

1. A 公司 2022 年 9 月甲产品原材料费用资料如表 1-6 所示。

表 1-6　A 公司 2022 年 9 月甲产品原材料费用资料

项目	上月数量	本月实际
产量/件	100	120
单耗/（千克·件$^{-1}$）	28	25
单价/（元·千克$^{-1}$）	20	18
材料费用总额/元	56 000	54 000

要求：分别使用连环替代法和差额计算法分析材料费用的影响因素。

2. B 公司 2022 年利润表如表 1-7 所示。

表1–7 B公司2022年利润表（简表）

项目	本期金额/元	上期金额/元
一、营业收入	1 161 800	1 095 460
减：营业成本	870 200	976 470
税金及附加	30 700	40 300
销售费用	35 000	27 300
管理费用	91 700	20 300
研发费用	0	0
财务费用	3 220	22 400
加：其他收益	0	0
投资收益（损失以"-"号填列）	0	30 000
二、营业利润（亏损以"-"号填列）	130 980	38 690
加：营业外收入	20 000	35 000
减：营业外支出	11 000	2 000
三、利润总额（亏损总额"-"号填列）	139 980	71 690
减：所得税费用	34 995	17 922
四、净利润（净亏损以"-"号填列）	104 985	53 768

要求：编制比较利润表及共同比利润表并进行简要评价。

项目一习题参考答案

资产负债表分析

学习目标

知识目标：
(1) 了解资产负债表分析的意义与内容。
(2) 熟悉资产负债表的结构。
(3) 掌握资产负债表的水平分析法、垂直分析法和单项分析法的概念和原理。
(4) 掌握资产负债表分析的框架和思路。

能力目标：
(1) 培养学生能够运用水平分析法、垂直分析法和单项分析法对资产负债表进行分析。
(2) 培养学生能够编制资产负债表水平分析表、资产负债表垂直分析表，分析评价企业的资产结构、负债结构和资本结构。
(3) 培养学生熟练操作大数据平台工具进行资产负债表分析的能力。

素养目标：
(1) 培养学生认真、细致的职业素养，弘扬创新精神、工匠精神。
(2) 培养学生的财务风险意识。
(3) 培养学生诚信、公正、敬业、法治的社会主义核心价值观。

任务导入

企业的资产负债表体现的是它的实力。

例如有两家公司，A 公司有 100 万元的资产，同时有 100 万元的利润；B 公司有 1 亿元的资产，也只有 100 万元的利润。

在评价两家公司时，人们或许会认为 A 公司更赚钱，但是实力不如拥有 1 亿元资产的 B 公司。企业的实力其实就是指企业有多少资产。

第一讲 资产负债表分析的意义与内容

一、资产负债表分析的意义

资产负债表是以"资产＝负债+所有者权益"这一平衡公式为基础编制的，反映企业在某一特定日期全部资产、负债和所有者权益情况的财务报表，是企业经营活动的静态体现。

资产负债表左端揭示了企业资产分布及构成，有助于分析与评价企业持续生产与经营能力，分析其盈利潜力与偿债能力，全面了解企业资产规模、资产结构及资产质量；资产负债表右端充分揭示了企业的资金来源及其构成情况，有助于了解企业的资本结构或权益，即债权人权益和所有者权益（图2-1）。

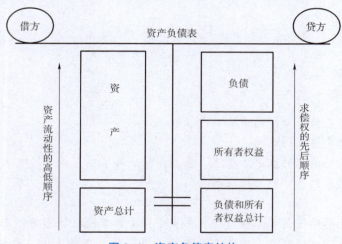

图2-1 资产负债表结构

通过对资产负债表左、右两端的综合阅读与分析，财务报表分析主体可以了解企业的整体实力、偿债能力和支付能力以及资本结构，从而全面分析判断企业的财务能力，掌握企业财务资金的流动性、增值性和安全性高低等信息。

对资产负债表进行分析，有助于分析和评价企业的营运能力和盈利能力，同时，有助于解释、评价企业的财务状况和预测未来的发展趋势，更有助于了解、判断企业战略的制定与实施情况，透视企业的管理质量。因此，资产负债表分析在整个财务分析中具有重要意义。

二、资产负债表分析的内容

根据对比对象和分析对象的不同，资产负债表分析可分为资产负债表水平分析、资产负债表垂直分析和资产负债表单项分析。

（一）资产负债表水平分析

资产负债表水平分析，是指通过对企业各项资产、负债和股东权益进行对比分析揭示企业筹资与投资过程的差异,从而分析与揭示企业生产经营活动、经营管理水平、会计政策及会计估计变更对筹资与投资的影响。

(二) 资产负债表垂直分析

资产负债表垂直分析,是指通过将资产负债表中各项目与总资产或权益总额进行对比,分析企业的资产构成、负债构成和股东权益构成,揭示企业资产结构和资本结构的合理程度,探索企业资产结构优化、资本结构优化的思路。

(三) 资产负债表单项分析

资产负债表单项分析,是指在资产负债表全面分析的基础上,对资产负债表中资产、负债和股东权益的主要项目进行深入分析。

第二讲 资产负债表水平分析

一、资产负债表水平分析概述

资产负债表水平分析的主要目的是从总体上概括了解企业资产、负债、所有者权益的变动情况,揭示资产、负债和所有者权益项目变动的差异,并分析差异产生的原因。资产负债表水平分析是将资产负债表的实际数与选定的标准进行比较,编制资产负债表水平分析表,并在此基础上进行分析评价。

微课5:资产负债表水平分析

资产负债表水平分析要根据分析目的选择比较的标准(或者基期)。

当分析目的在于揭示资产负债表的实际变动情况,分析产生差异的原因时,比较的标准应选择资产负债表的上年实际数。

当分析目的在于揭示资产负债表预算或计划的执行情况,分析影响资产负债表预算或计划执行情况的原因时,比较的标准应选择资产负债表的预算数或计划数。

资产负债表水平分析除了要计算某项目的变动额和变动率以外,还应计算该项目变动对总资产或权益总额的影响程度,以便确定影响总资产或权益总额的重点项目,为进一步分析指明方向。

这里,某项目变动对总资产或权益总额的影响程度可按下式进行计算:

某项目变动对总资产或权益总额的影响=某项目的变动额÷基期总资产(权益总额)×100%

二、资产负债表水平分析评价

运用水平分析法对资产负债表规模变动进行分析时一般通过以下几个方面进行。

(一) 从资产角度进行分析评价

(1) 分析总资产或者总权益规模的变动状况以及各类、各项资产(权益)的变动状况,从总体上了解企业经过一定时期经营后资产总额、权益总额的变动情况。

(2) 发现变动幅度较大或对总资产变动影响较大的重点类别和重点项目。分析时首先要注意发现变动幅度较大的资产类别或资产项目,特别是发生异常变动的项目,然后要把对总资产影响较大的资产项目作为分析重点。该项目变动对总资产的影响不仅取决于该项目本身的变动程度,还取决于该项目在总资产中所占的比重。当某项目本身变动幅度较大时，如果该项目在总资产中所占比重较小，则该项目变动对总资产变动的影响就不会太大；反之，即使某个项目本身变动程度很小，如果其比重较大，则其影响程度也很大。

（3）分析资产变动的合理性与效率。对总资产变动情况进行分析，不仅要考察其增减变动额和变动幅度，还要对其变动的合理性与效率进行分析。企业取得资产的目的不是单纯占有资产，而是运用资产以实现企业的目标。资产变动是否合理，直接关系到资产生产能力的形成与发挥，并通过资产的利用效率体现出来，因此，对资产变动合理性与效率的分析评价，可借助企业产值、销售收入、利润和经营活动现金净流量等指标进行。通过资产变动与产值变动、销售收入变动、利润变动及经营活动现金净流量变动的比较，能够对资产变动的合理性与效率做出评价。比较的结果可能有以下几种情况。

① 在增产、增收、增利或增加经营活动现金净流量的同时增资，但增资的幅度小，表明企业资产利用效率提高，形成资金相对节约。

② 在增产、增收、增利或增加经营活动现金净流量的同时不增资，表明企业资产利用效率提高，形成资金相对节约。

③ 在增产、增收、增利或增加经营活动现金净流量的同时减少资产，表明企业资产利用效率提高，形成资金绝对节约和相对节约。

④ 产值、收入、利润、经营活动现金净流量持平，资产减少，表明企业资产利用效率提高，形成资金绝对节约。

⑤ 在增产、增收、增利或增加经营活动现金净流量的同时，资产增加，且资产增加幅度大于增产、增收、增利或增加经营活动现金净流量的幅度，表明企业资产利用效率下降，资产增加不合理。

⑥ 在减产、减收、减利或减少经营活动现金净流量的同时，资产不减或资产减少幅度小于减产、减收、减利或减少经营活动现金净流量的幅度，表明企业资产利用效率下降，资产调整不合理。

⑦ 在减产、减收、减利或减少经营活动现金净流量的同时，资产增加，必然造成资产大量闲置，生产能力利用不足，资产利用效率大幅度下降。

（4）要注意分析会计政策变动对资产负债表项目的影响。企业管理人员可以通过会计政策变更或灵活地选用会计方法对资产负债表的数据做出调整。例如，改变存货计价方法，会引起资产负债表中存货的变化。此外，企业大量的经营业务需要做出会计估计。又如，对于企业当期的坏账损失占应收账款的比率，会计估计的随意性会使应收账款净值发生变动。因此，分析时首先要了解企业所采用的会计政策，把会计政策变更或会计估计随意性所造成的影响充分地揭示出来，以便纠正失真的会计数据，使财务分析能够依据真实可靠的会计资料进行，保证财务分析结论的正确性。

（二）从权益角度进行分析评价

权益角度的分析评价主要从以下四个方面进行。

（1）分析权益总额的变动状况以及各类、各项筹资的变动状况，揭示权益总额变动的主要方面，从总体上了解企业经过一定时期经营后权益总额的变动情况。

（2）发现变动幅度较大或对权益总额变动影响较大的重点类别和重点项目，为进一步分析指明方向。

（3）分析评价权益资金变动对企业未来经营的影响。如果资产总额的增长幅度大于所有者权益的增长幅度，则表明企业债务负担加重，这虽然可能是企业筹资政策变动所引起的，但后果是引起偿债保证程度下降，偿债压力加重。因此，不仅要分析评价权益资金发生了怎样的变动，而且要注意分析评价这种变动对企业未来经营的影响。

（4）注意分析评价表外业务的影响。例如，按目前会计准则的规定，资产负债表仅反映企业按历史成本原则核算的现实负债，一个企业所承担的负债有时并不反映在资产负债表中，而这种可能成为企业现实负债的事项及对企业财务状况可能产生的影响，也是分析评价时需要特别关注的。

三、资产负债表水平分析案例

资产负债表水平分析表示例如表 2-1 所示。

表 2-1 资产负债表水平分析表示例

编制单位：A 电器股份有限公司　　　　　本年 12 月 31 日　　　　　　　　金额单位：元

项目	本年期末数	上年期末数	本年比上年 变动额	变动幅度/%	对总资产（权益总额）的影响程度/%
流动资产：					
货币资金	56 549 689 744.49	39 503 710 543.78	17 045 979 200.71	43.15	15.02
交易性金融资产					
衍生金融资产	84 177 518.23	916 366 023.72	-832 188 505.49	-90.81	-0.73
应收票据	49 431 835 044.64	45 309 194 550.85	4 122 640 493.79	9.10	3.63
应收账款	867 519 605.52	772 755 153.09	94 764 452.43	12.26	0.08
预付款项	2 372 298 627.17	597 286 598.10	1 775 012 029.07	297.18	1.56
应收利息	1 444 828 732.56	794 608 647.89	650 220 084.67	81.83	0.57
应收股利					
其他应收款	690 428 604.35	804 546 552.00	-114 117 947.65	-14.18	-0.10
存货	6 628 236 813.58	9 301 853 183.85	-2 673 616 370.27	-28.74	-2.36
划分为持有待售的资产					
一年内到期的非流动资产					
其他流动资产	85 535 051.53	100 853 889.36	-15 318 837.83	-15.19	-0.01
流动资产合计	118 154 549 742.07	98 101 175 142.64	20 053 374 599.43	20.44	17.67
非流动资产：					
债权投资					
其他债权投资					
长期应收款					
长期股权投资	6 537 975 197.84	5 978 184 120.05	559 791 077.79	9.36	0.49
其他权益工具投资					
投资性房地产	32 814 796.21	34 059 734.65	-1 244 938.44	-3.66	0.00
固定资产	3 644 985 397.40	3 621 368 109.21	23 617 288.19	0.65	0.02
在建工程	19 774 148.54	216 275 796.27	-196 501 647.73	-90.86	-0.17
工程物资					

续表

项目	本年期末数	上年期末数	本年比上年 变动额	本年比上年 变动幅度/%	对总资产（权益总额）的影响程度/%
固定资产清理	5 719 971.02	5 685 130.31	34 840.71	0.61	0.00
生产性生物资产					
油气资产					
使用权资产					
无形资产	230 278 938.39	217 012 134.42	13 266 803.97	6.11	0.01
开发支出					
商誉					
长期待摊费用					
递延所得税资产	7 600 112 360.47	5 288 973 862.76	2 311 138 497.71	43.70	2.04
其他非流动资产					
非流动资产合计	18 071 660 809.87	15 361 558 887.67	2 710 101 922.20	17.64	2.39
资产总计	136 226 210 551.94	113 462 734 030.31	22 763 476 521.63	20.06	20.06
流动负债：					
短期借款		1 371 499 779.14	-1 371 499 779.14	-100.00	-1.21
交易性金融负债					
衍生金融负债					
应付票据	5 999 909 205.58	7 564 036 735.17	-1 564 127 529.59	-20.68	-1.38
应付账款	36 838 580 264.43	31 379 703 785.95	5 458 876 478.48	17.40	4.81
预收款项	8 524 176 232.97	13 777 662 550.34	-5 253 486 317.37	-38.13	-4.63
合同负债					
应付职工薪酬	799 500 790.48	766 672 180.18	32 828 610.30	4.28	0.03
应交税费	7 188 383 987.01	5 072 733 232.61	2 115 650 754.40	41.71	1.86
应付利息	2 054 740.94	14 751 236.87	-12 696 495.93	-86.07	-0.01
应付股利	602 881.87	602 881.87	0.00	0.00	0.00
其他应付款	574 663 407.65	540 716 495.94	33 946 911.71	6.28	0.03
划分为持有待售的负债					
一年内到期的非流动负债	1 571 943 705.56	205 007 550.84	1 366 936 154.72	666.77	1.20
其他流动负债	48 688 587 593.39	30 634 828 689.00	18 053 758 904.39	58.93	15.91
流动负债合计	110 188 402 809.88	91 328 215 117.91	18 860 187 691.97	20.65	16.62
非流动负债：					
长期借款	2 258 969 252.88	887 608 831.59	1 371 360 421.29	154.50	1.21
应付债券					
租赁负债					
长期应付款	106 716 248.00	92 923 562.00	13 792 686.00	14.84	0.01
专项应付款					

续表

项目	本年期末数	上年期末数	本年比上年		对总资产（权益总额）的影响程度/%
			变动额	变动幅度/%	
预计负债					
递延收益	66 958 361.74	23 932 402.89	43 025 958.85	179.78	0.04
递延所得税负债	229 362 324.98	258 933 140.83	−29 570 815.85	−11.42	−0.03
其他非流动负债					
非流动负债合计	2 662 006 187.60	1 263 397 937.31	1 398 608 250.29	110.70	1.23
负债合计	112 850 408 997.48	92 591 613 055.22	20 258 795 942.26	21.88	17.86
所有者权益（或股东权益）：					
实收资本（或股本）	3 007 865 439.00	3 007 865 439.00	0.00	0.00	0.00
其他权益工具					
资本公积	3 198 838 934.25	3 194 073 297.47	4 765 636.78	0.15	0.00
其他综合收益	−42 371 423.77	25 919 074.26	−68 290 498.03	−263.48	−0.06
专项储备					
盈余公积	2 955 531 032.15	2 955 531 032.15	0.00	0.00	0.00
未分配利润	14 255 937 572.83	11 687 732 132.21	2 568 205 440.62	21.97	2.26
所有者权益合计	23 375 801 554.46	20 871 120 975.09	2 504 680 579.37	12.00	2.21
负债和所有者权益总计	136 226 210 551.94	113 462 734 030.31	22 763 476 521.63	20.06	20.06

（一）从投资或资产的角度进行分析评价

结合以上资产负债表水平分析表，可以对该公司总资产的变动情况做出以下分析评价。

A电器股份有限公司（以下简称"A公司"）本年年末资产总额较上年年末增加了22 763 476 521.63元，增长幅度为20.06%，说明A公司本年资产规模有较大幅度的增长，进一步分析可以得出以下结论。

流动资产本年年末较上年年末增加了20 053 374 599.43元，增长幅度为20.44%，使总资产规模增长了17.67%，说明A公司本年度资产总额的增长主要来自流动资产增长的贡献。非流动资产本期增加了2 710 101 922.20元，增长幅度为17.64%，对总资产规模的增长贡献为2.39%。

本期资产的增长主要体现在流动资产的增长上，其增长主要包括三个方面。一是货币资金出现大幅度增长。货币资金本期增长了17 045 979 200.71元，增长幅度为43.15%，对总资产的影响程度为15.02%，说明A公司的资金回笼程度很高，货币资金的大幅度增长对提高企业的偿债能力、满足资金流动性需要都是非常有利的。二是应收票据项目出现较大幅度增长，应收票据项目本期增长了4 122 640 493.79元，增长幅度为9.10%，对总资产的贡献程度为3.63%，货币资金和应收票据的数据表明A公司的整体经营业绩是稳定增长的，而且销售回款质量是比较高的，安全性系数较高。三是预付款项本年度增长1 775 012 029.07元，增长幅度为297.18%，对总资产的影响程度为1.56%。该项目呈现出爆发式增长，增长幅度巨大，说明A公司资金被其他单位占用情况严重，这可能是由于A公司销售旺盛，大量购进原材料时预先支付货款，但也可能是因为 A 公司向其他有关单位提供了贷款，总之该项目金额过大，传递的不是一个很好的信号。

A 公司本年年末在非流动资产方面相比上年年末，变动金额不是太大。首先体现在递延所得税资产的变动上，该项目本期增加了 2 311 138 497.71 元，增长幅度为 43.70%，对总资产变动的影响程度为 2.04%，表明 A 公司在所得税纳税上为后期积累了更多的待抵扣资产；其次体现在长期股权投资项目上，该项目本期增加了 559 791 077.79 元，增长幅度为 9.36%，对总资产变动的影响程度为 0.49%，表明 A 公司在对外扩张上稳步推进，从其他非流动资产金额来看，A 公司保持比较平稳的发展态势。

（二）从筹资或权益角度进行分析评价

结合以上资产负债表水平分析表，可以对 A 公司权益总额变动情况做出以下分析评价。

A 公司权益总额较上年年末增加了 22 763 476 521.63 元，增长幅度为 20.06%，说明 A 公司权益总额有较大幅度的增长，进一步分析可以得出以下结论。

负债项目本期增加了 20 258 795 942.26 元，增长幅度为 21.88%，使权益总额增长了 17.86%；所有者权益本期增加了 2 504 680 579.37 元，增长幅度为 12.00%，使权益总额增长了 2.21%，两项合计使权益总额本期增加了 22 763 476 521.63 元，增长幅度为 20.06%。可见本期权益总额增长主要体现在负债的增长上。

负债的增长主要体现在流动负债的飞速增加上。流动负债的数据显示，本年年末相比上年年末增长了 18 860 187 691.97 元，增长幅度为 20.65%，该项目的变化使权益总额增长了 16.62%，通过对流动负债项目的进一步分析，可以发现本期流动负债项目的增长主要体现在应付账款、应交税费和其他流动负债三个项目的增长上，其中应付账款本期增长了 5 458 876 478.48 元,增长幅度为 17.40%，导致权益增长了 4.81%，应付账款的增长显示了 A 公司在购进原材料等方面充分利用了商业信用，但是应特别注意其偿付时间，以便做好资金方面的准备，避免出现到期支付能力不足而影响公司信誉的情况。应交税费本期增长了 2 115 650 754.40 元，增长幅度为 41.71%，导致权益总额增长了 1.86%，税费的增加与递延所得税资产项目的增加形成了对应关系，但应注意 A 公司是否存在拖欠税费的情况。流动负债中增长最大的项目是其他流动负债，该项目本期增加了 18 053 758 904.39 元，同比增长幅度为 58.93%，导致权益总额增长了 15.91%。通过 A 公司的财务报表附注，可以发现该项目的增长主要是应付安装维修费、应付销售返利等因素造成的。

在非流动负债方面，非流动负债本期增加了 1 398 608 250.29 元，增长幅度为 110.70%，对权益总额的影响为 1.23%，其中长期借款的增加是主要原因。长期借款本期增加了 1 371 360 421.29 元，增长幅度高达 154.50%，对权益总额的影响程度为 1.21%，使 A 公司面临一定的财务风险。长期借款的增加可能是 A 公司扩大生产规模、业务扩张等因素所致，公司未来应当注意利息的支付和借款的偿还期限。

所有者权益本期增加了 2 504 680 579.37 元，增长幅度为 12.00%，对权益总额的影响为 2.21%。其中实收资本和盈余公积没有变化。盈余公积没有增加的原因是其计提的金额已经达到了注册资本的 98.26%，按照相关规定，盈余公积达到注册资本的 50% 就可以不再计提。未分配利润本期增加了 2 568 205 440.62 元，增长幅度为 21.97%，对权益总额的影响程度为 2.26%，说明 A 公司本期增加积累，增加了未分配利润，未分配利润出现一定幅度的增长，需要结合利润表进行进一步分析。

四、权益资金变动对企业未来经营影响的分析评价

在通常情况下,企业购置资产的资金有以下几个主要来源,分别是举债、追加投资和留存收益。

(一)举债

如果企业通过举债方式增加资产规模,从而实现外延型扩大再生产,那么这对企业未来经营造成的影响可能有以下几种情况。

1. 负债比重提高,债务负担加重

企业债务负担加重会加大企业的偿债压力,财务风险会提高,对企业资产流动性要求更高。当企业不断地通过举债扩大其经营规模时,企业财务风险不断增加,债权人会感到其资金安全受到威胁,会采取减少贷款或停止贷款等相应措施以保证其资金的安全性。

2. 资金制约

理论上,企业能够举借债务的数额存在上限。当企业根据投资需求提升负债水平时,可能很快触及债务上限。这会导致面对未来投资机会时,企业无法通过债务渠道获得资金来源。为此,在分析负债水平时,必须考虑企业未来投资机会和潜在债务上限所产生的资金约束,避免因负债水平过高而无法募集资金,错失投资机会。

3. 财务杠杆作用加大

负债经营必然会产生相应的财务杠杆作用,负债比重越高,财务杠杆作用越大。需要注意的是,财务杠杆是一把"双刃剑",既能帮助企业产生更高的财务收益,也会增加企业的财务风险。企业获取财务杠杆利益的基本前提是总资产报酬率高于负债利息率,企业在进行负债筹资决策时,不能仅考虑资金需求,还要结合其盈利水平,以避免造成财务杠杆损失。

4. 负债能够约束经理人员的自利行为,产生治理效果

负债水平的提升会导致破产可能性的增加,企业破产不但会导致管理人员失去现有工作,也会导致其声誉受到损害,降低未来收益水平。同时,债务利息的支付会降低管理人员可以自由支配的资源,从而降低其浪费资源的可能性,对企业管理人员形成约束机制。

(二)追加投资

如果企业通过投资人追加投资来扩大经营规模,从而实现外延型扩大再生产,那么这对企业未来经营造成的影响可能有以下几种情况。

1. 资金制约

企业的投资人数量是有限的,这些投资人所拥有的资本也是有限的,任何一个企业,其经营规模的扩张不可能完全依赖投资人的不断追加投资来实现。

2. 运用不当会失去投资人的支持

投资人将其拥有的资本投资于企业,是期望通过企业的经营活动使资本增值,如果企业无视投资人的这种利益要求,一味地要求投资人追加投资来满足企业规模扩张的资金需求,把投资人当成提款机,就会引起投资人的反感,甚至失去投资人的支持。

3. 有助于企业财务实力的提升

投资人投资是企业成立的基本前提,其投资规模是企业财务实力的直观表现。投资人追加投资,可以增强企业的财务实力,减轻企业的债务负担,为企业进行资本结构调整、资金筹集、降低财务风险等奠定物质基础。

（三）留存收益

留存收益由两部分组成：一是提取的盈余公积；二是保留的未分配利润。留存收益的数量取决于企业的盈利、盈余公积的提取比例和企业的利润分配政策。留存收益对企业生产经营的作用体现在以下两个方面。

（1）为企业可持续发展提供源源不断的资金来源。

（2）促进企业经营步入良性循环。

第三讲　资产负债表垂直分析

一、资产负债表垂直分析概述

对资产负债表结构变动情况的分析，主要采用垂直分析的方法，通过编制资产负债表垂直分析表，计算资产负债表各项目占总资产（或总权益）的比重，以此分析评价企业资产结构与权益结构的变动情况及其合理程度。

资产负债表垂直分析可以从静态和动态两个方面，对企业资产结构和权益结构的构成情况及变动情况进行分析评价。

微课6：资产负债表垂直分析

从静态角度分析，就是以本期资产负债表为分析对象，分析评价其实际构成情况。

从动态角度分析，就是将资产负债表的本期实际构成与选定的对比标准进行对比分析。

选定的对比标准可以是上期实际数、预算数和同行业的平均数或可比企业的实际数等。对比标准的选择应视分析目的而定。

采用垂直分析法进行资产负债表分析的步骤如下。

第一步，确定相关资产负债表中各项目占总额的比重或百分比，其计算公式如下：

$$某项目的比重=(该项目金额/各项目总金额) \times 100\%$$

第二步，通过各项目的比重，分析各项目在企业经营中的重要性。一般，项目比重越高，说明其重要程度越高，对总体的影响越大。

第三步，与水平分析法结合，将分析期各项目的比重与前期同项目的比重做对比，研究各项目的比重变动情况，为进一步优化组合提供思路。

二、资产负债表结构变动情况的分析评价

对资产负债表垂直分析的评价主要从以下几个方面来进行：从资产结构进行分析评价、从资本结构进行分析评价以及从资产负债表整体结构进行分析评价。

（一）从资产结构进行分析评价

企业资产结构分析评价的思路如下。

首先，从静态角度观察企业资产的配置情况，特别关注流动资产和非流动资产的比重，以及其中重要项目的比重，分析时可通过与行业平均水平或可比企业资产结构的比较，对企业资产的流动性和资产风险做出判断，进而对企业资产结构的合理性做出评价。

其次，从动态角度分析企业资产结构的变动情况，对企业资产结构的稳定性做出评价，

进而对企业资产结构的调整情况做出评价。

> **知识拓展**
>
> 从整体上看，流动资产和非流动资产的比重主要受制于企业所处的行业。例如，交通运输行业的非流动资产所占比重较高；而在教育文化等行业中，非流动资产所占比重则相对较低。

（二）从资本结构进行分析评价

企业资本结构分析评价的思路如下。

首先，从静态角度观察资本的构成，衡量企业的财务实力，评价企业的财务风险，同时结合企业的盈利能力和经营风险，评价其资本结构的合理性。

其次，从动态角度分析企业资本结构的变动情况，对资本结构的调整情况及对股东收益可能产生的影响做出评价。

（三）从资产负债表整体结构进行分析评价

资产负债表整体结构主要有以下两种表现形式。

1. 稳健结构

稳健结构的主要标志是企业流动资产的一部分资金需要由流动负债来满足，另一部分资金则需要由非流动负债来满足，如图2-2所示。

在稳健结构中，无论是资产结构还是资本结构，都具有一定的弹性，特别是当临时性资产需要减少或消失时，可通过偿还短期债务或进行短期证券投资来调整。一旦临时性资产需要再生产，又可以重新举借短期债务或出售短期证券来满足资金需求。多数企业资产负债表的整体结构都表现为稳健结构。稳健结构足以使企业保持相当优异的财务信誉，并且通过流动资产的变现足以满足偿还短期债务的需要，企业财务风险较低。

2. 风险结构

风险结构的主要标志是流动负债不仅用于满足流动资产的资金需要，还用于满足部分长期资产的资金需要。这一结构形式不因流动负债在多大程度上满足长期资产的资金需要而改变，如图2-3所示。

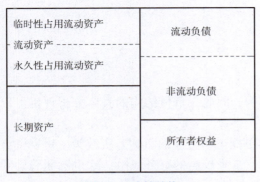

图2-2 稳健结构

图2-3 风险结构

在风险结构中，企业财务风险较高，较高的资产风险与较高的筹资风险不能匹配。相对于稳健结构，风险结构的负债成本较低。但由于企业时刻面临偿债的压力，一旦市场发生变动，或发生意外事件，就可能引发企业资产经营风险，使企业因资金周转不灵而陷入财务困境，造成企业因不能偿还到期债务而"黑字破产"。这一结构形式只适用于处于发展壮大时期的企业，或者作为一种短期的财务策略。

三、资产结构、负债结构和股东权益结构的具体分析评价

（一）资产结构的具体分析评价

企业资产结构的具体分析评价应特别关注以下三个方面。

1. 经营资产与非经营资产的比重关系

企业所占有的资产是企业进行经营活动的物质基础，但并不是所有资产都用于企业自身经营，其中有些资产被其他企业所用，如一些债权类资产和投资类资产；有些资产已转化为今后的费用，如长期待摊费用、开发支出和递延所得税资产等。尽管这些是企业的资产，但已无助于企业自身经营。如果这些非经营资产所占比重过高，企业的经营能力就会远远小于企业总资产所表现出来的经营能力。

2. 固定资产与流动资产的比重关系

一般而言，固定资产的盈利能力较强，但是流动性较差，风险较高；而流动资产的盈利能力较弱，流动性较强，风险较低。企业固定资产与流动资产之间只有保持合理的比重结构，才能形成现实的生产能力，否则就有可能造成部分生产能力闲置或加工能力不足。

3. 流动资产的内部结构

流动资产的内部结构是指组成流动资产的各项目占流动资产总额的比重。分析流动资产结构，可以了解流动资产的分布情况、配置情况、流动性及支付能力。

（二）负债结构的具体分析评价

1. 负债结构分析应考虑的因素

负债结构是企业采用不同负债筹资方式所形成的，是负债筹资的结果，因此，负债结构分析必须结合以下因素进行。

（1）负债结构与负债规模。

（2）负债结构与负债成本。

（3）负债结构与债务偿还期限。

（4）负债结构与财务风险。

（5）负债结构与经济环境。

（6）负债结构与筹资政策。

2. 负债结构的具体分析评价

负债的不同分类方式可以形成不同的负债结构，因此，负债结构的具体分析评价可以从以下三个方面进行。

（1）负债期限结构分析评价。负债期限结构更能说明企业的负债筹资政策。短期资金来源的成本较低，但是对于企业流动性要求较高，带来较高的财务风险。这也意味着必须时刻关注企业资产的流动性，以避免出现财务风险事件。

（2）负债方式结构分析评价。负债按其取得方式的不同可以分为银行信用、商业信用、应交款项、内部结算款项、外部结算款项、债券、应付股利和其他负债等。

（3）负债成本结构分析评价。有些负债，如应付账款等，基本属于无成本负债。有些负债，如短期借款，则属于低成本负债。长期借款、应付债券等则属于高成本负债。对各种负债成本进行划分，然后进行归类整理，就会形成负债成本结构。

（三）股东权益结构的具体分析评价

对股东权益结构进行分析，必须考虑以下因素。
（1）股东权益结构与股东权益总量。
（2）股东权益结构与企业利润分配政策。
（3）股东权益结构与企业控制权。
（4）股东权益结构与股东权益资金成本。
（5）股东权益结构与经济环境。

四、资产负债表垂直分析案例

资产负债表垂直分析表示例如表2-2所示。

表2-2　资产负债表垂直分析表示例

编制单位：A电器股份有限公司　　　　　本年12月31日　　　　　金额单位：元

项目	本年期末数	上年期末数	结构（占总资产或权益总额的比重）/%		
			本年	上年	变动情况
流动资产：					
货币资金	56 549 689 744.49	39 503 710 543.78	41.51	34.82	6.70
交易性金融资产					
衍生金融资产	84 177 518.23	916 366 023.72	0.06	0.81	-0.75
应收票据	49 431 835 044.64	45 309 194 550.85	36.29	39.93	-3.65
应收账款	867 519 605.52	772 755 153.09	0.64	0.68	-0.04
预付款项	2 372 298 627.17	597 286 598.10	1.74	0.53	1.22
应收利息	1 444 828 732.56	794 608 647.89	1.06	0.70	0.36
应收股利					
其他应收款	690 428 604.35	804 546 552.00	0.51	0.71	-0.20
存货	6 628 236 813.58	9 301 853 183.85	4.87	8.20	-3.33
划分为持有待售的资产					
一年内到期的非流动资产					
其他流动资产	85 535 051.53	100 853 889.36	0.06	0.09	-0.03
流动资产合计	118 154 549 742.07	98 101 175 142.64	86.73	86.46	0.27
非流动资产：					
债权投资					
其他债权投资					
长期应收款					
长期股权投资	6 537 975 197.84	5 978 184 120.05	4.80	5.27	-0.47
其他权益工具投资					
投资性房地产	32 814 796.21	34 059 734.65	0.02	0.03	-0.01

续表

项目	本年期末数	上年期末数	结构（占总资产或权益总额的比重）/%		
			本年	上年	变动情况
固定资产	3 644 985 397.40	3 621 368 109.21	2.68	3.19	-0.52
在建工程	19 774 148.54	216 275 796.27	0.01	0.19	-0.18
工程物资					
固定资产清理	5 719 971.02	5 685 130.31	0.00	0.01	0.00
生产性生物资产					
油气资产					
使用权资产					
无形资产	230 278 938.39	217 012 134.42	0.17	0.19	-0.02
开发支出					
商誉					
长期待摊费用					
递延所得税资产	7 600 112 360.47	5 288 973 862.76	5.58	4.66	0.92
其他非流动资产					
非流动资产合计	18 071 660 809.87	15 361 558 887.67	13.27	13.54	-0.27
资产总计	136 226 210 551.94	113 462 734 030.31	100.00	100.00	0.00
流动负债：					
短期借款		1 371 499 779.14	0.00	1.21	-1.21
交易性金融负债					
衍生金融负债					
应付票据	5 999 909 205.58	7 564 036 735.17	4.40	6.67	-2.26
应付账款	36 838 580 264.43	31 379 703 785.95	27.04	27.66	-0.61
预收款项	8 524 176 232.97	13 777 662 550.34	6.26	12.14	-5.89
合同负债					
应付职工薪酬	799 500 790.48	766 672 180.18	0.59	0.68	-0.09
应交税费	7 188 383 987.01	5 072 733 232.61	5.28	4.47	0.81
应付利息	2 054 740.94	14 751 236.87	0.00	0.01	-0.01
应付股利	602 881.87	602 881.87	0.00	0.00	0.00
其他应付款	574 663 407.65	540 716 495.94	0.42	0.48	-0.05
划分为持有待售的负债					
一年内到期的非流动负债	1 571 943 705.56	205 007 550.84	1.15	0.18	0.97
其他流动负债	48 688 587 593.39	30 634 828 689.00	35.74	27.00	8.74
流动负债合计	110 188 402 809.88	91 328 215 117.91	80.89	80.49	0.39
非流动负债：					
长期借款	2 258 969 252.88	887 608 831.59	1.66	0.78	0.88
应付债券					
租赁负债					

续表

项目	本年期末数	上年期末数	结构（占总资产或权益总额的比重）/%		
			本年	上年	变动情况
长期应付款	106 716 248.00	92 923 562.00	0.08	0.08	0.00
专项应付款					
预计负债					
递延收益	66 958 361.74	23 932 402.89	0.05	0.02	0.03
递延所得税负债	229 362 324.98	258 933 140.83	0.17	0.23	-0.06
其他非流动负债					
非流动负债合计	2 662 006 187.60	1 263 397 937.31	1.95	1.11	0.84
负债合计	112 850 408 997.48	92 591 613 055.22	82.84	81.61	1.24
所有者权益（或股东权益）：					
实收资本（或股本）	3 007 865 439.00	3 007 865 439.00	2.21	2.65	-0.44
其他权益工具					
资本公积	3 198 838 934.25	3 194 073 297.47	2.35	2.82	-0.47
其他综合收益	-42 371 423.77	25 919 074.26	-0.03	0.02	-0.05
专项储备					
盈余公积	2 955 531 032.15	2 955 531 032.15	2.17	2.60	-0.44
未分配利润	14 255 937 572.83	11 687 732 132.21	10.46	10.30	0.16
所有者权益合计	23 375 801 554.46	20 871 120 975.09	17.16	18.39	-1.24
负债和所有者权益总计	136 226 210 551.94	113 462 734 030.31	100.00	100.00	0.00

（一）资产结构的评价

根据资产负债表垂直分析表提供的数据，可以从以下两个方面对企业的资产结构进行分析评价。

（1）从静态方面分析。A公司本年流动资产比重高达86.73%，非流动资产比重仅为13.27%。根据这样的资产结构，可以认为A公司资产的流动性很强，资产风险较低，灵活性较强，但这种结构的稳定性较弱。

（2）从动态方面分析。本年A公司流动资产比重较上年上升了0.27%，其中货币资金的比重上升了6.70%，预付款项的比重上升了1.22%，应收票据的比重下降了3.65%，存货的比重下降了3.33%。各项非流动资产的变动幅度都不大，说明A公司的资产结构在发展过程中相对比较稳定。

（二）资本结构的评价

根据资产负债表垂直分析表提供的数据，可以从以下两个方面对企业的资本结构进行分析评价。

（1）从静态方面分析。A公司本年负债比重为82.84%，所有者权益比重为17.16%，资产负债比重极高，A公司财务风险非常高，这也与A公司保留足够的流动资产形成对应关系。

（2）从动态方面分析。本年A公司所有者权益比重较上年下降了1.24%，负债比重上升了1.24%，流动负债项目中应付票据所占比重下降了2.26%，预收款项比重下降了

5.89%，其他流动负债比重上升了8.74%，其余各项目变动幅度不大，表明A公司资本结构还是比较稳定的，充分利用了负债的财务杠杆效应，但是应警惕财务风险事件的发生。

第四讲　资产负债表重要项目分析

这里仅就资产负债表中的主要重点项目进行解读与分析。

一、资产项目

（一）货币资金

货币资金是指企业在生产经营过程中处于货币状态的那部分资产，它具有可立即作为支付手段并被普遍接受的特性。其具体存在形式包括库存现金、银行存款和其他货币资金（包括外埠存款、银行汇票、信用卡存款、信用证保证金等）。

微课7：资产负债表单项分析1

对货币资金的解读与分析，最主要的是分析其持有量是否合理。在判断企业货币资金持有量是否合理时，应考虑以下因素。

1. 企业的资产规模、业务收支规模

在一般情况下，企业的资产规模越大，相应的货币资金规模也就越大；业务收支频繁且绝对额较大的企业，处于货币资金形态的资产也会越多。

2. 企业筹集资金的能力

如果企业的业绩优良，信誉良好，在证券市场上筹集资金和向银行借款就比较容易，那么企业就没有必要持有大量的货币资金。

3. 企业对货币资金的应用能力

货币资金如果仅停留在货币形态，则只能用于支付，其对企业资产增值的直接贡献将很小。

4. 企业的行业特点

行业不同，企业持有的合理的货币资金规模也会不同。

（二）应收票据

应收票据是指企业因赊销产品、提供劳务等在采用商业汇票结算方式下收到的商业汇票而形成的债权。根据承兑人的不同，商业汇票可分为银行承兑汇票和商业承兑汇票。银行承兑汇票具有准货币资金的性质，而商业承兑汇票因出票人的信用不同可能存在到期不能收回资金的风险。

在确认应收票据时，由于依据的是赊销业务中债权人或债务人签发的表明债务人在约定期限应偿付约定金额的书面文件，并具有法律效力，所以其受到法律的保护，具有较强的变现性。商业汇票是商品经济高度发展的产物，其本身是一种有价证券，实质也是一种商业信用行为。在商业汇票到期之前，企业如果需要资金，可将所持有的商业汇票背书后向银行或其他金融机构办理贴现，取得现金，这从另一个方面也保证了商业汇票具有较强的变现性。

（三）应收账款

应收账款是企业提供商业信用所产生的。单纯从资金占用角度讲，应收账款的资金被占用是一种最不经济的行为，但这种损失往往可以通过企业扩大销售而得到补偿，因此，应收账款的资金占用又是必要的。对应收账款的分析，应从以下四个方面进行。

1. 关注企业应收账款的规模及变动情况

从经营角度讲，应收账款变动可能出于以下原因。①企业销售规模变动导致应收账款变动。②企业信用政策改变。当企业实行比较严格的信用政策时，应收账款的规模就会小些；反之，则会大些。③企业收账政策或收账工作执行情况。当企业采取较严格的收账政策或收账工作得力时，应收账款的规模就会小些；反之，则会大些。④应收账款质量不高，存在长期挂账且难以收回的账款，或因客户发生财务困难，暂时难以偿还所欠账款。

2. 分析会计估计变更的影响

由于企业经营活动中存在不确定因素，所以某些会计报表项目不能精确地计量，而只能加以估计。对应收账款的会计估计变更，最终会使应收账款发生变动。

3. 分析企业是否利用应收账款进行利润调节

分析时要特别关注以下方面。①应收账款的异常增长，特别是会计期末突发性产生的与营业收入相对应的应收账款。②应收账款中关联方应收账款的金额与比例。如果企业应收账款中关联方应收账款的金额增长异常或所占比例过大，应视为企业可能利用关联交易进行利润调节的信号。

4. 特别关注企业是否有应收账款巨额冲销行为

企业巨额冲销应收账款，特别是其中的关联方应收账款，是不正常的，通常是在还历史旧账，或者为今后进行盈余管理扫清障碍。

（四）其他应收款

其他应收款是指企业发生非购销活动而产生的应收债权，具体包括应收的各种赔款、罚款，应收的出租包装物租金，存出保证金，应向职工收取的各种垫付款项，以及不符合预付款性质而按规定转入其他应收款的预付账款等。

在一般情况下，企业的其他应收款不会太多。如果该项资产长期大量存在，则常常与关联公司特别是母公司或其大股东非正常挪用或侵占资金、转移销售收入偷逃税等有关。

案例拓展

安徽盛运环保（集团）股份有限公司在2010年6月于深交所A股上市（股票代码：300090.SZ），该公司主营输送机械产品和环保设备产品的研发、生产和销售，产品为带式输送机和干法脱硫除尘一体化尾气净化处理设备。

2018年5月底，该公司因存在违规对外提供担保、实际控制人非经营性占用上市公司资金、违规对外提供财务资助等违规行为"暴雷"，可以从该公司的"其他应收款"科目发现端倪。

从2017年中期到2018年一季度，其他应收款从6.85亿上升到36.95亿元，净增30.1亿元，占总资产比重从5.93%快速提高到26.1%，仅用了短短的三个季度。

截至2018年12月31日，关联方非经营性占用资金16.56亿元，经营性占用资金4.85亿元，合计21.41亿元。2019年1月16日，桐城市公安局经济犯罪侦查大队对涉及关联方资金占用的部分关联方资产进行追缴、查封、冻结及待冻结。

与此同时，该公司还为关联方借款提供担保30.42亿元，为其他单位借款提供担保1.33亿元，共计31.75亿元（其中保理业务2.59亿元、担保29.16亿元）。

因重大的债务及违规，2020年8月25日，该公司摘牌退市，曾经的垃圾概念明星企业倒在了垃圾分类大潮渐起之时，这是比较可惜的。

其他应收款虽然是一个小科目，但是在分析财报时不容小觑。

当发现其他应收款规模异常，占总资产比重较高，出现逐步上升或陡然增长的趋势时都应当给予充分关注，警惕这一"小项目"发生"大爆炸"。

(五)坏账准备

坏账准备的分析应关注以下三个方面。

1. 分析坏账准备的计提方法、计提比例的合理性

按会计制度的规定,企业可以自行确定计提坏账准备的方法和计提的比例。这可能导致一些企业出于某种动机,利用会计估计的随意性选择计提比例,随意选择计提方法,人为地调节应收款项净额和当期利润。

2. 比较企业前后会计期间坏账准备计提方法、计提比例是否改变

一般来说,企业坏账准备的计提方法和计提比例一经确定就不能随意变更。企业随意变更坏账准备的计提方法和计提比例,往往隐藏着一些不可告人的目的。

3. 区别坏账准备计提数变动的原因

坏账准备计提数发生变动,既可能是由应收款项变动引起的,也可能是由会计政策或会计估计变更引起的,分析时应加以区别。

> **案例拓展**
>
> 在山河智能装备股份有限公司(以下简称"山河智能")2012年年度报告中,关于会计估计变更的描述如下。
>
> 2012年11月24日,经山河智能第四届董事会第二十二次会议审议通过并公告,山河智能自2012年10月份起对应收款项(应收账款及其他应收款)中"根据信用风险特征组合账龄分析法坏账准备计提比例"的会计估计进行变更,实际调整内容如表2-3所示。
>
> 表2-3 山河智能坏账准备计提比例
>
> | 账龄/年 | 变更前计提比例/% | 变更后计提比例/% |
> | --- | --- | --- |
> | 0~1(含1) | 5 | 2 |
> | 1~2(含2) | 10 | 6 |
> | 2~3(含3) | 15 | 15 |
> | 3~4(含4) | 35 | 40 |
> | 4~5(含5) | 50 | 70 |
> | 5以上 | 100 | 100 |
>
> 本次会计估计变更后,根据信用风险特征组合账龄分析法坏账准备计提比例计提的坏账为9 204.61万元,按照会计估计变更前的比例计提的坏账为13 947.67万元,扣除所得税影响711.46万元,本次会计估计变更增加2012年度归属于上市公司股东的净利润为4 031.60万元。
>
> 由于资产负债表中列示的应收账款是净额,所以在分析应收账款的质量时要特别关注企业坏账准备计提的合理性。

（六）存货

存货是指企业在生产经营过程中为销售或耗用而储存的各种有形资产，包括各种原材料、包装物、低值易耗品、委托加工材料、产成品、库存商品以及委托代销商品等。存货作为重要的流动资产，它区别于固定资产等非流动资产的最基本的特征在于，企业持有存货的最终目的是出售。对存货项目分析时，应主要关注以下两个方面。

獐子岛存货造假
——会逃跑的扇贝

1. 存货规模与变动情况分析

存货规模与变动情况分析，主要是观察各类存货的变动情况与变动趋势，分析各类存货增减变动的原因。企业各类存货规模及其变动是否合理，应结合企业的具体情况进行分析评价。一般来说，随着企业生产规模的扩大，材料存货和在产品存货相应增加是正常的，其非正常减少会对今后企业生产的连续性产生影响。

2. 存货结构与变动情况分析

存货结构是指各种存货在存货总额中的比重。各种存货资产在企业再生产过程中的作用是不同的，其中库存商品和发出商品存货是存在于流通领域的存货，不是保证企业再生产过程不间断的必要条件，必须压缩到最低限度。材料类存货是维持再生产活动的必要物质基础，应把它限制在能够保证再生产正常进行的最低水平上。在产品存货是保证生产过程连续性的存货，在企业正常经营条件下，在产品存货应保持稳定的比重。

（七）固定资产

在资产负债表中，"固定资产"项目反映资产负债表日企业固定资产的期末账面价值和企业尚未清理完毕的固定资产清理净损益。该项目应根据"固定资产"科目的期末余额，减去"累计折旧"科目和"固定资产减值准备"科目的期末余额后的金额，以及"固定资产清理"科目的期末余额填列。累计折旧计提方法有多种，企业通常基于税收方面的考虑而选用不同的折旧方法，由此导致固定资产账面价值的变化。财务报告使用者需要结合附注信息予以分析，在必要时可以还原固定资产的原始价值，以便考核企业的经营实力，正确评估固定资产的整体运行情况，对其使用效率和综合竞争力水平予以全面而公允的评价。

固定资产占用资金数额较大，资金周转时间长，是资产管理的重点，分析该项目时应注意以下两个方面。

1. 固定资产的构成

一般固定资产分为生产经营用固定资产、非生产经营用固定资产和闲置固定资产三类。在各类固定资产中，生产用固定资产，特别是其中的机器设备，与企业生产经营直接相关，在固定资产中占较高比重。非生产用固定资产主要指职工宿舍、食堂、俱乐部等非生产单位使用的房屋和设备。这三类固定资产中只有生产经营用固定资产能为企业带来盈利，虽然非生产经营用固定资产并不直接参与生产经营，但也是企业正常运营过程中不可缺少的。企业应在发展生产的基础上，根据实际需要适当增加这方面的固定资产，但增加速度一般应低于生产经营用固定资产的增加速度，其比重的降低应属于正常现象。在分析该项目时，应结合固定资产明细表，了解固定资产的构成是否合理。

2. 固定资产占总资产的比重

固定资产原值反映了企业固定资产规模，其增减变动受当期固定资产增加和当期固定资产减少的影响。固定资产净值的变动取决于两个方面：一是固定资产原值的变动；二是折旧的变动,而固定资产折旧的变动取决于固定资产折旧政策的选择。固定资产净值变动情况分析就是分析固定资产原值变动和固定资产折旧变动对固定资产净值的影响。如果固定资产实际上已发生了减值,企业不提或少提固定资产减值准备,也会虚夸固定资产价值,同时虚夸企业的生产能力。

固定资产的规模和结构与企业所处行业的性质直接相关。制造企业的固定资产比重较高,服务业或其他行业的固定资产相对较少,因此,应结合行业具体分析。

(八) 无形资产

无形资产是指企业拥有或者控制的、没有实物形态的、可辨认的非货币性资产,包括商标权、著作权(版权)、专利权、非专利技术、土地使用权、特许权等。与固定资产类似,无形资产是能够给企业带来较长期的经济利益的资产。随着科技进步和知识创新步伐的加快,无形资产所占比重对于部分企业而言会越来越高,并构成企业价值和核心竞争力的主要来源。在资产负债表中,"无形资产"项目按照无形资产的取得成本减去相关累计摊销与无形资产减值准备后的金额列示。对无形资产的分析,可从以下三个方面入手。

无形资产
——贸易战

1. 无形资产的规模和构成

在分析无形资产时,要注意考察无形资产的类别比重,借以判断无形资产的质量。具体来说,专利权、商标权、著作权、土地使用权和特许权等无形资产价值质量较高,且其价值易于鉴定,而一旦企业的无形资产以非专利技术等不受法律保护的项目为主,则容易产生资产"泡沫"。

2. 无形资产摊销政策

对无形资产的分析应注意其账面价值是否被高估或低估,企业应当正确地分析判断无形资产的使用寿命,对于无法预见无形资产为企业带来经济利益期限的,应当视为使用寿命不确定的无形资产,对该类无形资产不应摊销;对于使用寿命有限的无形资产,则应当考虑与该项无形资产有关的经济利益的预期实现方式,采用适当的摊销方法,将其应摊销金额在使用寿命期内系统合理地摊销。分析时应仔细审核无形资产的摊销是否符合会计准则的有关规定,尤其是无形资产使用寿命的确定是否正确,有无将使用寿命确定的无形资产作为使用寿命不确定的无形资产不予摊销,摊销方法的确定是否考虑了经济利益的预期实现方式;摊销方法和摊销年限有无变更、变更是否合理等。

3. 无形资产减值

无形资产是一种技术性含量很高的特殊资源,它的价值确认存在高风险。因此,无形资产发生减值也是一种正常现象。分析时,一方面要注意无形资产减值准备计提的合理性,另一方面要注意无形资产减值准备一经确认,在以后期间不得任意转回。

二、负债项目

负债是指企业过去的交易或者事项形成的、预期会导致经济利益流出企业的现时义务,负债代表了债权人权益。

(一) 短期借款

短期借款是指企业向银行或其他金融机构等借入的期限在1年以下(含1年)的各种借款。短期借款相对而言

微课8:资产负债表单项分析2

负债项目
——明星偷漏税

资金成本较低,但其作为流动负债,通常带有强制性的偿还负担,如果资金安排不当,容易造成企业短期的偿债压力。短期借款数额往往取决于企业生产经营和业务活动对流动资金的需要量、现有流动资产的沉淀和短缺情况等。企业应结合短期借款的使用情况和使用效果分析该项目。为了满足流动资产的资金需求,一定数额的短期借款是必需的,但如果数额过大,超过企业的实际需要,则不仅会影响资金利用效果,还会因超出企业的偿债能力而给企业的持续发展带来不利影响。短期借款适度与否,可以根据流动负债的总量、当前的现金流量状况和对未来会计期间现金流量的预期来确定。

短期借款筹资的优点在于可以根据企业的需要安排,使用灵活,取得程序较为简便。银行为了防范风险,对发放中长期贷款一般比较谨慎,利率也较高,在这种情况下,短期借款成为很多企业最为重要的财务资源通道。但短期借款最突出的缺点在于短期内要归还,于是需要保证资产的流动性,以降低企业的财务风险。

需要防止出现的是短期借款用于长期用途,即"短贷长投"。这是一种非常危险的现象。在这种情况下,企业必须要持续创造良好的经营活动现金流;否则,如果企业资产的盈利能力不强,经营活动现金流量匮乏,则企业资金的周转就会发生困难,造成流动比率下降,偿债能力恶化,企业陷入难以自拔的财务困境。

(二)应付票据及应付账款

资产负债表中的"应付票据"项目反映资产负债表日以摊余成本计量的,企业因购买材料、商品和接受服务等开出、承兑的商业汇票,包括银行承兑汇票和商业承兑汇票。相对于应付账款而言,应付票据可变现能力更强,更容易为客户所接受。应付票据的付款时间有约束力,如果到期不能支付,则会影响企业的信誉和以后资金的筹集,还会受到银行的处罚。因此,在进行财务分析时,企业应当认真分析其应付票据,了解应付票据的到期情况,评价其是否能按期偿付。相对于应付账款而言,应付票据的压力较大,风险较高,分析人员应注意:第一,应付票据是否带息,企业是否发生过延期支付到期票据的情况;第二,企业开具的商业汇票是银行承兑汇票还是商业承兑汇票,如果是后者居多,则应当进一步分析企业是否存在信用状况下降和资金匮乏的问题。对于关联方发生的应付票据,应了解关联方交易的事项、价格、目的等因素。

资产负债表中的"应付账款"项目,反映资产负债表日以摊余成本计量的,企业因购买材料、商品和接受劳务等经营活动应支付的款项。应付账款是一种商业信用行为,要求以企业的商业信用做保证。

应付票据及应付账款因商品交易而产生,其变动原因包括以下四个方面。

1. 企业销售规模的变动

当企业销售规模扩大时,会增加存货需求,使应付票据及应付账款等债务规模扩大;反之,则会使其减小。

2. 充分利用无成本资金

应付票据及应付账款是因商业信用产生的一种无资金成本或资金成本极低的资金来源,企业在遵守财务制度、维护企业信誉的条件下对其充分利用,可以减小其他筹资方式筹资数额,节约利息支出。

3. 提供商业信用企业的信用政策发生变化

如果其他企业放宽信用政策和收账政策,企业应付票据及应付账款的规模就会大些;反之,就会小些。

4. 企业资金的充裕程度

当企业资金相对充裕时，应付票据及应付账款规模会相对缩减；当企业资金比较紧张时，就会影响到应付票据及应付账款的清偿。

在市场经济条件下，企业之间相互提供商业信用是正常的。利用应付票据及应付账款进行资金融通，基本上可以说是无代价的融资方式，但企业应注意合理使用，以避免造成企业信誉损失。

> **【思考与讨论】**
> 引起企业应付账款和应付票据变动的原因有哪些？

（三）其他应付款

其他应付款反映除应付账款与预收账款之外，企业应付或暂收其他单位与个人的款项，一般包括暂收其他单位与个人的保证金和押金、应付保险费、应付经营性租入资产的租金和应付统筹退休金等。对该项目进行分析时，应注意其与主营业务的债务相比，数额不应过大，时间不应过长，重点关注企业有无利用该项目进行非法资金拆借、转移营业收入等违规行为。其他应付款分析的重点如下。

（1）其他应付款规模与变动是否正常。

（2）是否存在企业长期占用关联方企业资金的现象。应结合财务报表附注提供的资料进行分析。

（四）长期借款

长期借款是指企业向银行或其他金融机构等借入的期限在1年以上（不含1年）的各项借款。长期借款期限长、利率高且是固定的，主要用于满足长期资产的需要。它可以一次性还本付息，也可以分次还本付息。长期借款作为我国传统的企业长期资金融通方式，相对于发行股票和债券而言，具有融资成本低、筹资速度高、借款弹性大等优点。企业可以在有利的经营环境下，充分发挥其财务杠杆效应，为股东和企业谋取更大价值。但同时，长期借款也给企业带来风险，而且通常借款的限制条件较多，筹资数量有限。在进行财务分析时，应对长期借款的数额、增减变动及其对企业财务状况的影响给予足够的重视。拥有一定数量的长期借款，表明企业获得了金融机构的有力支持，拥有较好的商业信用和比较稳定的融资渠道，但其规模也应适当。拥有一定数量的长期借款也可能意味着企业"靠借钱过日子"，并可能由此引发企业较大的财务危机。如果企业长期借款的比重较高，财务报告使用者应结合企业的资本结构安排和发展规划及前景综合考虑。分析长期借款的规模时应注意以下问题。

（1）与固定资产、无形资产的规模适应。长期借款的目的就是满足企业扩大再生产的需要，金融机构对于发放此项信贷有明确的限制。因此，长期借款必须与当期固定资产、无形资产的规模适应。一般而言，长期借款应当以小于固定资产与无形资产之和的数额为上限。

（2）财务报告使用者应关注长期借款费用处理的合规性与合理性。与短期借款相比，长期借款除借款期限较长外，其不同点还体现在对借款利息费用的处理上。对此，必须关注会计报表附注中关于借款费用的会计政策，分析长期借款利息费用处理（资本化或费用化）的合理性。

> **知识拓展**
>
> **引起长期借款变动的情况**
>
> （1）银行信贷政策以及资金市场供求状况的改变。例如，金融行业调整了利息率，降低到企业可以接受的水平，一直用短期借款"拆东墙补西墙"的企业可能考虑改变这种状态，转而使用长期借款。
>
> （2）满足企业对资金的长期需要。例如，当有新的盈利水平较好的项目，而企业没有更好的资金来源时，通过担保、抵押方式借入长期借款是很多企业的选择。
>
> （3）保持权益资金的稳定性。当企业收益率远远高于资本市场收益率时，企业股东喜欢"借鸡生蛋"，因为债权人仅需要固定利息，高出利息的收益将全部归股东所有。借款越多，赚钱越多，股东分得的高出资本金利息部分的收益就越多。
>
> （4）调整负债结构和财务风险。如果企业所有者觉得企业欠款实在太多，企业财务风险已经高到不能接受的程度，则其可能考虑归还部分长期借款，从而导致长期借款余额发生变化。

三、所有者权益项目

所有者权益实质上是指所有者在企业资产中享有的经济利益，其金额为资产减去负债后的余额，即所有者权益是一种剩余权益。对所有者权益项目，可结合企业的另一张基本会计报表——所有者权益（股东权益）变动表进行分析。

（一）实收资本（或股本）

实收资本（或股本）是指投资者（股东）按照企业章程或合同、协议的约定，实际投入企业的资本。

分析实收资本（或股本）时，首先应看实收资本的规模，其次考察实收资本（或股本）的增减变动情况。除非企业出现增资、减资等情况，实收资本（或股本）在企业正常经营期间一般不会发生变动。实收资本（或股本）的变动将影响企业投资者对企业的所有权和控制权，而且对企业的偿债能力和获利能力等都会产生影响。当然，企业投资者增加投入资本，会使营运资金增加，表明投资者对企业的未来充满信心。

（二）资本公积

资本公积是企业收到投资者出资额超出其在注册资本（或股本）中所占份额的部分（资本溢价或股本溢价），以及直接计入所有者权益的利得和损失等。资本公积在会计核算中被分为两大类：一类是资本（或股本）溢价；另一类是其他资本公积。投资者直接投入企业的资金包括两部分：第一部分是前述股本或实收资本；第二部分是企业收到投资者出资超过其在注册资本或股本中所占份额的部分，即所谓的资本溢价或股本溢价，该部分在会计上通过资本公积项目核算。

分析资本公积项目时应注意以下问题。

1. 了解资本公积的性质

资本公积与实收资本（或股本）的区别主要表现如下。

实收资本（或股本）是指投资者按照企业章程或合同、协议的约定实际投入企业，并依法进行注册的资本，它体现了企业所有者对企业的基本产权关系；资本公积是投资者的出资中超出其在注册资本中所占份额的部分，以及直接计入所有者权益的利得和损失，它不直接表明所有者对企业的基本产权关系。

实收资本（或股本）的构成比例是确定所有者参与企业财务经营决策的基础，也是企业进行利润分配（或股利分配）的依据，同时还是企业清算时确定所有者对净资产的要求权的依据；资本公积主要用来转增资本（或股本），资本公积不体现各所有者的占有比例，也不能作为所有者参与企业财务经营决策或进行利润分配（或股利分配）的依据。

2. 资本公积来源的可靠性

由于资本公积是所有者权益的有机组成部分，而且它通常会直接导致企业净资产的增加，因此，应特别注意企业是否存在通过资本公积来改善财务状况的情况。

（三）留存收益

盈余公积和未分配利润合称为留存收益，它们都表示企业经营活动中的积累。留存收益一方面可以满足企业维持或扩大再生产经营活动的资金需要，保持或提高企业的获利能力；另一方面可以保证企业有足够的资金用于偿还债务，保护债权人的权益。因此，留存收益增加将有利于资本的保全、增强企业实力、降低筹资风险和缓解财务压力。留存收益的增减变化及变动金额的多少，取决于企业的盈亏状况和企业的利润分配政策。对留存收益分析的主要内容包括了解留存收益的变动总额、变动原因和变动趋势，分析留存收益的组成项目，评价其变动的合理性。

瑞幸咖啡财务报表造假

案例演练

根据×公司资产负债表（表2-4）编制×公司资产负债表水平分析表（表2-5）和资产负债表垂直分析表（表2-6），并进行分析评价。

表2-4 资产负债表

编制单位：×公司　　　　　　　　　　202×年12月31日　　　　　　　　　　金额单位：元

资产	期末数	期初数	负债和股东权益	期末数	期初数
流动资产：			流动负债：		
货币资金	127 530 439.08	74 765 564.65	短期借款	120 610 000.00	149 730 000.00
交易性金融资产			交易性金融负债		
衍生金融资产			衍生金融负债		
应收票据	5 568 336.08	18 841 133.66	应付票据	3 194 546.70	2 728 750.02
应收账款	91 857 731.82	79 743 418.39	应付账款	123 673 381.37	86 587 745.29
应收账款融资			预收款项	6 028 461.27	1 350 681.24
预付款项	34 426 109.84	19 419 356.87	合同负债		
其他应收款	71 335 202.91	3 148 327.52	应付职工薪酬	5 616 884.13	4 806 034.12
存货	78 506 816.87	62 900 816.06	应交税费	4 659 323.03	4 211 275.07

续表

资产	期末数	期初数	负债和股东权益	期末数	期初数
合同资产			其他应付款	85 141 656.33	21 347 671.32
持有待售资产			持有待售负债		
一年内到期的非流动资产			一年内到期的非流动负债		
其他流动资产			其他流动负债		
流动资产合计	409 224 636.60	258 818 617.15	流动负债合计	348 924 252.83	270 762 157.06
非流动资产:			非流动负债:		
债权投资			长期借款	140 000 000.00	
其他债权投资			应付债券		
长期应收款			租赁负债		
长期股权投资	743 957 757.57	572 065 804.88	长期应付款		
其他权益工具投资			预计负债		
其他非流动金融资产			递延收益		
投资性房地产			递延所得税负债		
固定资产	231 131 686.21	208 725 513.92	其他非流动负债		
在建工程	84 185 982.04	81 865 274.14	非流动负债合计	140 000 000.00	
生产性生物资产			负债合计	488 924 252.83	270 762 157.06
油气资产			所有者权益（或股东权益）:		
无形资产	25 004 994.77	15 282 738.09	实收资本（或股本）	285 127 200.00	283 316 200.00
开发支出			其他权益工具		
商誉			其中：优先股		
长期待摊费用	1 879 143.37	1 914 954.61	永续债		
递延所得税资产	1 960 434.12	1 272 764.35	资本公积	405 134 463.62	328 843 060.67
其他非流动资产			减：库存股		
非流动资产合计	1 088 119 998.08	881 127 049.99	其他综合收益		
			盈余公积	67 744 734.63	58 231 493.35
			未分配利润	250 413 983.60	198 792 756.06
			股东权益合计	1 008 420 381.85	869 183 510.08
资产总计	1 497 344 634.68	1 139 945 667.14	负债和股东权益总计	1 497 344 634.68	1 139 945 667.14

表 2-5 资产负债表水平分析表　　　　　　　　　　　　　　　　金额单位：元

资产	期末数	期初数	变动情况		对总资产的影响程度/%
			变动额	变动幅度/%	
流动资产：					
货币资金	127 530 439.08	74 765 564.65	52 764 874.43	70.57	4.63
交易性金融资产					
衍生金融资产					
应收票据	5 568 336.08	18 841 133.66	−13 272 797.58	−70.45	−1.16
应收账款	91 857 731.82	79 743 418.39	12 114 313.43	15.19	1.06
应收账款融资					
预付款项	34 426 109.84	19 419 356.87	15 006 752.97	77.28	1.32
其他应收款	71 335 202.91	3 148 327.52	68 186 875.39	2 165.81	5.98
存货	78 506 816.87	62 900 816.06	15 606 000.81	24.81	1.37
合同资产					
持有待售资产					
一年内到期的非流动资产					
其他流动资产					
流动资产合计	409 224 636.60	258 818 617.15	150 406 019.45	58.11	13.19
非流动资产：					
债权投资					
其他债权投资					
长期应收款					
长期股权投资	743 957 757.57	572 065 804.88	171 891 952.69	30.05	15.08
其他权益工具投资					
其他非流动金融资产					
投资性房地产					
固定资产	231 131 686.21	208 725 513.92	22 406 172.29	10.73	1.97
在建工程	84 185 982.04	81 865 274.14	2 320 707.90	2.83	0.20
生产性生物资产					
油气资产					
无形资产	25 004 994.77	15 282 738.09	9 722 256.68	63.62	0.85
开发支出					
商誉					
长期待摊费用	1 879 143.37	1 914 954.61	−35 811.24	−1.87	−0.003
递延所得税资产	1 960 434.12	1 272 764.35	687 669.77	54.03	0.06
流动资产：					
其他非流动资产					
非流动资产合计	1 088 119 998.08	881 127 049.99	206 992 948.09	23.49	18.16
资产总计	1 497 344 634.68	1 139 945 667.14	357 398 967.54	31.35	31.35

续表

资产	期末数	期初数	变动情况		对总资产的影响程度/%
			变动额	变动幅度/%	
负债和股东权益					对权益总额的影响程度（%）
流动负债：					
短期借款	120 610 000.00	149 730 000.00	−29 120 000.00	−19.45	−2.56
交易性金融负债					
衍生金融负债					
应付票据	3 194 546.70	2 728 750.02	465 796.68	17.07	0.04
应付账款	123 673 381.37	86 587 745.29	37 085 636.08	42.83	3.25
预收款项	6 028 461.27	1 350 681.24	4 677 780.03	346.33	0.41
合同负债					
应付职工薪酬	5 616 884.13	4 806 034.12	810 850.01	16.87	0.07
应交税费	4 659 323.03	4 211 275.07	448 047.96	10.64	0.04
其他应付款	85 141 656.33	21 347 671.32	63 793 985.01	298.83	5.60
持有待售负债					
一年内到期的非流动负债	—				
其他流动负债	—				
流动负债合计	348 924 252.83	270 762 157.06	78 162 095.77	28.87	6.86
非流动负债：					
长期借款	140 000 000.00		140 000 000.00		12.28
应付债券					
长期应付款					
预计负债					
递延收益					
递延所得税负债					
其他非流动负债					
非流动负债合计	140 000 000.00		140 000 000.00		12.28
负债合计	488 924 252.83	270 762 157.06	218 162 095.77	80.57	19.14
所有者权益（或股东权益）：					
实收资本（或股本）	285 127 200.00	283 316 200.00	1 811 000.00	0.64	0.16
其他权益工具	—	—			
资本公积	405 134 463.62	328 843 060.67	76 291 402.95	23.20	6.69
减：库存股					
其他综合收益					
盈余公积	67 744 734.63	58 231 493.35	9 513 241.28	16.34	0.84
未分配利润	250 413 983.60	198 792 756.06	51 621 227.54	25.97	4.53
股东权益合计	1 008 420 381.85	869 183 510.08	139 236 871.77	16.02	12.21
负债和股东权益总计	1 497 344 634.68	1 139 945 667.14	357 398 967.54	31.35	31.35

【评价（一）】
1. 从投资或资产角度进行分析评价

1）发现变动幅度较大或对总资产变动影响较大的重点类别和重点项目

表2-5中其他应收款项目在所有资产项目中变动幅度最大，本期增长了2 165.81%，但由于该项目占总资产的比重不大，所以仅使总资产增长5.98%。相反，长期股权投资虽然只增长30.05%，但由于其所占比重较高，故对总资产的影响程度却达到15.08%。分析时只有注意到这一点，才能突出分析重点，抓住关键问题，有助于深入分析，并减小分析工作量。

2）对总资产变动情况进行分析

×公司总资产本期增加357 398 967.54元，增长幅度为31.35%，说明×公司本年资产规模有较大幅度的增长。进一步分析可以发现如下情况。

（1）非流动资产本期增加了206 992 948.09元，增长幅度为23.49%，使总资产规模增长了18.16%。流动资产增加150 406 019.45元，增长幅度为58.11%，使总资产规模增长了13.19%。两者合计使总资产增加了357 398 967.54元，增长幅度为31.35%。

（2）本期总资产的增长主要体现在非流动资产的增长上。尽管非流动资产的各项目都有不同程度的增减变动，但其增长主要体现在以下四个方面。一是长期股权投资的大幅度增长。长期股权投资增加了171 891 952.69元，增长幅度为30.05%，对总资产的影响程度为15.08%。长期股权投资与企业经营战略取向密切相关。长期股权投资的增长，说明×公司对外扩张意图明显。二是固定资产的增长。固定资产增加了22 406 172.29元，增长幅度为10.73%，对总资产的影响程度为1.97%。固定资产规模体现了一个企业的生产能力，这说明×公司的未来生产能力会有一定程度的提高。三是在建工程的增长。在建工程增加了2 320 707.90元，增长幅度为2.84%，对总资产的影响程度为0.20%。在建工程的增长虽然对本年度的经营成果没有太大的影响，但在建工程在今后陆续完工，有助于扩张×公司的生产能力。四是无形资产的增长。无形资产增加了9 722 256.68元，增长幅度为63.62%，对总资产的影响程度为0.85%。×公司无形资产的增长对×公司未来经营有积极作用。

（3）流动资产的增长主要体现在以下五个方面。一是货币资金的增长。货币资金增加了52 764 874.43元，增长幅度为70.57%，对总资产的影响程度为4.63%。货币资金的增长意味着×公司经营状况良好和资金流动性增强，这将对×公司的短期偿债能力产生正面影响。当然，对于货币资金的这种变化，还应结合×公司现金需要量，从资金利用效果方面进行分析，做出是否合适的评价。二是应收账款的增长。应收账款增加了12 114 313.43元，增长幅度为15.19%，对总资产的影响程度为1.06%。应收账款的增长表明×公司在销售环节面临不利局面：采用更为宽松的销售政策以取得客户，或者客户偿付货款的能力和意愿下降。三是预付款项的增长。预付款项增加了15 006 752.97元，增长幅度为77.28%，对总资产的影响程度为1.32%。这说明×公司除因商业信用预付部分款项外，还可能向其他有关单位提供贷款、非法转移资金或抽逃资本。四是其他应收款的增长。其他应收款增加了68 186 875.39元，增长幅度高达2 165.81%，对总资产的影响程度为5.98%，说明×公司内部控制制度执行不力，不必要的资金占用大幅增加。五是存货的增长。本期存货增加了15 606 000.81元，增长幅度为24.81%，对总资产的影响程度为1.37%。存货的增长通常与经营活动的不利局面相关。由于未来预期的销售收入下降，所以×公司的生产环节受到影响，出现存货的异常增长。

2. 从筹资或权益角度进行分析评价

×公司权益总额较上年同期增加了357 398 967.54元，增长幅度为31.35%，这说明×公司本年权益总额有较大幅度的增长。进一步分析可以发现以下情况。

（1）本年度负债增加了 218 162 095.77 元，增长幅度为 80.57%，使权益总额增长了 19.14%；股东权益本期增加了 139 236 871.77 元，增长幅度为 16.02%，使权益总额增长了 12.21%。两者合计使权益总额本期增加了 357 398 967.54 元，增长幅度为 31.35%。

（2）流动负债本期增加了 78 162 095.77 元，增长幅度为 28.87%，对权益总额的影响程度为 6.86%。流动负债的增长主要表现在以下三个方面。一是应付款项的增长。应付票据本期增加了 465 796.68 元，应付账款本期增加了 37 085 636.08 元，其增长幅度分别为 17.07% 和 42.83%，使权益总额增长了 3.29%。该项目的增长给×公司带来了一定的偿债压力，如不能如期支付，将对×公司的信用产生严重的不良影响。二是预收款项的增长。预收款项本期增加了 4 677 780.03 元，增长幅度为 346.33%，使权益总额增长 0.41%。这种增长对×公司来说是有利的。三是其他应付款的增长。其他应付款本期增加了 63 793 985.01 元，增长幅度为 298.83%，使权益总额增长 5.60%。如果该款项不能如期偿还，则其隐含的风险值得关注。非流动负债本期增加了 140 000 000.00 元，对权益总额的影响程度为 12.28%。这主要是长期借款增长引起的。

（3）本年度股东权益增加了 139 236 871.77 元，增长幅度为 16.02%，对权益总额的影响程度为 12.21%，主要是由资本公积、盈余公积和未分配利润的较大幅度增长引起的，其增长幅度分别为 23.20%、16.34% 和 25.97%，三者合计对权益总额的影响程度为 12.06%。

根据表 2-4 提供的资料，编制×公司资产负债表垂直分析表，如表 2-6 所示。

表 2-6 资产负债表垂直分析表　　　　　金额单位：元

项目	期末数	期初数	期末/%	期初/%	变动情况/%
流动资产：					
货币资金	127 530 439.08	74 765 564.65	8.52	6.56	1.96
交易性金融资产					
衍生金融资产					
应收票据	5 568 336.08	18 841 133.66	0.37	1.65	-1.28
应收账款	91 857 731.82	79 743 418.39	6.13	7.00	-0.87
应收账款融资					
预付款项	34 426 109.84	19 419 356.87	2.30	1.70	0.60
其他应收款	71 335 202.91	3 148 327.52	4.76	0.28	4.48
存货	78 506 816.87	62 900 816.06	5.24	5.52	-0.28
合同资产					
持有待售资产					
一年内到期的非流动资产					
其他流动资产					
流动资产合计	409 224 636.60	258 818 617.15	27.33	22.71	4.62
非流动资产：					
债权投资					

续表

项目	期末数	期初数	期末/%	期初/%	变动情况/%
其他债权投资					
长期应收款					
长期股权投资	743 957 757.57	572 065 804.88	49.68	50.18	−0.50
其他权益工具投资		—			
其他非流动金融资产					
投资性房地产					
固定资产	231 131 686.21	208 725 513.92	15.44	18.31	−2.87
在建工程	84 185 982.04	81 865 274.14	5.62	7.18	−1.56
生产性生物资产					
油气资产					
无形资产	25 004 994.77	15 282 738.09	1.67	1.34	0.33
开发支出					
商誉					
长期待摊费用	1 879 143.37	1 914 954.61	0.13	0.17	−0.04
递延所得税资产	1 960 434.12	1 272 764.35	0.13	0.11	0.02
其他非流动资产					
非流动资产合计	1 088 119 998.08	881 127 049.99	72.67	77.29	−4.62
资产总计	1 497 344 634.68	1 139 945 667.14	100.00	100.00	0
项目					
流动负债:					
短期借款	120 610 000.00	149 730 000.00	8.06	13.14	−5.08
交易性金融负债					
衍生金融负债					
应付票据	3 194 546.70	2 728 750.02	0.21	0.24	−0.03
应付账款	123 673 381.37	86 587 745.29	8.26	7.60	0.66
预收款项	6 028 461.27	1 350 681.24	0.40	0.12	0.28
合同负债					
应付职工薪酬	5 616 884.13	4 806 034.12	0.38	0.42	−0.04
应交税费	4 659 323.03	4 211 275.07	0.31	0.37	−0.06
其他应付款	85 141 656.33	21 347 671.32	5.69	1.87	3.82
持有待售负债					
一年内到期的非流动负债					
其他流动负债					
流动负债合计	348 924 252.83	270 762 157.06	23.30	23.75	−0.45

续表

项目	期末数	期初数	期末/%	期初/%	变动情况/%
非流动负债：					
长期借款	140 000 000.00		9.35	0	9.35
应付债券					
长期应付款					
预计负债					
递延收益					
递延所得税负债					
其他非流动负债					
非流动负债合计	140 000 000.00		9.35	0	9.35
负债合计	488 924 252.83	270 762 157.06	32.65	23.75	8.90
所有者权益（或股东权益）：					
实收资本（或股本）	285 127 200.00	283 316 200.00	19.04	24.85	−5.81
其他权益工具					
资本公积	405 134 463.62	328 843 060.67	27.06	28.85	−1.79
减：库存股					
其他综合收益					
盈余公积	67 744 734.63	58 231 493.35	4.52	5.11	−0.59
未分配利润	250 413 983.60	198 792 756.70	16.72	17.44	−0.72
股东权益合计	1 008 420 381.85	869 183 510.08	67.35	76.25	−8.90
负债和股东权益总计	1 497 344 634.68	1 139 945 667.14	100.00	100.00	0

【评价（二）】

1. 资产结构的分析评价

1）从静态方面分析

就一般意义而言，流动资产变现能力较强，其资产风险较低；而非流动资产变现能力较差，其资产风险较高。因此，流动资产比重较高时，企业资产的流动性强而风险低；非流动资产比重较高时，企业资产弹性较差，不利于企业灵活调度资金，风险较高。×公司本期流动资产比重只有27.33%，非流动资产比重却有72.67%。由此可以认为，×公司资产的流动性不强，资产风险较高，资产结构不太合理。

2）从动态方面分析

×公司流动资产比重上升了4.62%，非流动资产比重下降了4.62%。虽然从整体来看，资产结构相对稳定，但是结合各资产项目的结构变动来看，可以发现企业存在明显的流动性上升趋势。在流动资产内部，应收票据、应收账款和存货虽小幅下滑，但流动性最高的货币资金上升了1.96%，其他应收款则大幅攀升至4.48%。

2. 资本结构的分析评价

1）从静态方面看，×公司本年所有者权益比重为67.35%，负债比重为32.65%，资产负债率较低，财务风险相对较低。这样的财务结构是否合适，仅凭以上分析难以做出判断，必须结合企业盈利能力，通过权益结构优化分析才能予以说明。

2）从动态方面分析，所有者权益比重下降了8.90%，负债比重上升了8.90%，这表明资本结构还是比较稳定的，但实收资产下降了5.81%，说明×公司财务实力有所减弱。

3. 资产结构、负债结构和所有者权益结构的具体分析评价

1）资产结构的具体分析评价

根据对表2-6的分析可以知道，×公司本年度流动资产比重为27.33%，固定资产比重为15.44%，固流比例大致为1∶1.77；上年度流动资产比重为22.71%，固定资产比重为18.31%，固流比例大致为1∶1.24。如果×公司上年度采取的是适中的固流结构政策，那么本年度则逐步向保守的固流结构政策转变。

2）流动资产的内部结构

根据表2-4提供的资料，编制流动资产结构分析表，如表2-7所示。

表2-7 流动资产结构分析表

项目	金额/元		结构/%		
	本年	上年	本年	上年	差异
货币资产	127 530 439.08	74 765 564.65	31.17	28.89	2.28
债权资产	203 187 380.65	121 152 236.44	49.65	46.81	2.84
存货资产	78 506 816.87	62 900 816.06	19.18	24.30	-5.12
合计	409 224 636.60	258 818 617.15	100	100	

从表2-7可以看出，货币资产比重上升，这虽然会在一定程度上提高×公司的短期支付能力，但会降低×公司的盈利能力；债权资产比重较高且呈上升趋势，表明×公司向客户提供更多商业信用；存货资产比重下降，表明×公司生产经营过程顺畅，存货数量减少。流动资产结构变动的分析，需要选择恰当的标准，选择行业标准或预算标准还是比较合适的。最重要的是，需要将流动资产结构变动与×公司经营情况变动结合，从而正确评价资产结构的合理性。

3）负债结构的具体分析评价

（1）负债期限结构分析评价。

负债按期限长短分为流动负债和非流动负债。根据表2-4提供的资料，编制负债期限结构分析表，如表2-8所示。

表2-8 负债期限结构分析表

项目	金额/元		结构/%		
	本年	上年	本年	上年	差异
流动负债	348 924 252.83	270 762 157.06	71.37	100	-28.63
非流动负债	140 000 000.00	0	28.63		28.63
负债合计	488 924 252.83	270 762 157.06	100	100	

从表2-8可以看出，×公司流动负债的比重较上年虽有所下降，但其比重仍然很高，且远高于非流动负债，这表明×公司在使用负债资金时，以短期资金为主，这虽然会降低负债

成本,但会增加×公司的偿债压力,使×公司承担较高的财务风险。

(2) 负债方式结构分析评价。

负债按其取得方式可以分为银行信用资金、商业信用资金、应交款项、内部结算款项、未付股利和其他负债。根据表2-4提供的资料,将负债按取得来源和方式汇总整理后,编制负债方式结构分析表,如表2-9所示。

表2-9 负债方式结构分析表

项目	金额/元		结构/%		
	本年	上年	本年	上年	差异
银行信用资金	260 610 000.00	149 730 000.00	53.30	55.30	-2.00
商业信用资金	218 038 045.67	112 014 847.87	44.60	41.37	3.23
应交款项	4 659 323.03	4 211 275.07	0.95	1.55	-0.60
内部结算款项	5 616 884.13	4 806 034.12	1.15	1.78	-0.63
合计	488 924 252.83	270 762 157.06	100	100	

从表2-9可以看出,本期银行信用资金的比重虽然有所下降,但银行信用仍然是×公司负债资金的最主要来源。由于银行信用资金的风险要高于其他负债方式,所以随着银行信用资金比重的下降,其风险也会相应有所降低。商业信用资金的比重虽然有所上升,由上年的41.37%上升到44.60%,这说明商业信用资金逐渐成为×公司负债资金的主要来源,但值得注意的是,商业信用资金的比重过高,必须要考虑×公司的信誉与支付能力。

(3) 负债成本结构分析评价。

各种负债,由于其来源渠道和取得方式不同,成本也有较大差异。有些负债,如应付账款等,基本属于无成本负债。有些负债,如短期借款等,则属于低成本负债。长期借款、应付债券等则属于高成本负债。对各种负债根据成本进行划分,然后归类整理,就会形成负债成本结构。

根据表2-4提供的资料,整理后编制负债成本结构分析表,如表2-10所示。

表2-10 负债成本结构分析表

项目	金额/元		结构/%		
	本年	上年	本年	上年	差异
无成本负债	228 314 252.83	121 032 157.06	46.70	44.70	2.00
低成本负债	120 610 000.00	149 730 000.00	24.67	55.30	-30.63
高成本负债	140 000 000.00	0	28.63		28.63
负债合计	488 924 252.83	270 762 157.06	100	100	

从表2-10可以看出,无成本负债在全部负债中占据主导地位,比重达到46.70%,这与负债方式结构分析中商业信用资金比重较高的结果一致。但是,需要强调的是,虽然商业信用资金并不会产生较高的直接负债成本,但是若不能及时支付货款,将对×公司的声誉产生较大的负面影响,不利于经营活动的开展。值得注意的是,高成本负债的比重上升了28.63%,这势必增加企业的利息负担,增加财务风险,需要予以充分关注。

4) 所有者权益结构的具体分析评价

根据表2-4提供的资料,编制所有者权益结构变动情况分析表,如表2-11所示。

表 2-11　所有者权益结构变动情况分析表

项目	金额/元		结构/%		
	本年	上年	本年	上年	差异
实收资本（或股本）	285 127 200.00	283 316 200.00	28.27	32.60	-4.33
资本公积	405 134 463.62	328 843 060.67	40.18	37.83	2.35
投入资本合计	690 261 663.62	612 159 260.67	68.45	70.43	-1.98
盈余公积	67 744 734.63	58 231 493.35	6.72	6.70	0.02
未分配利润	250 413 983.60	198 792 756.06	24.83	22.87	1.96
内部形成资本合计	318 158 718.23	257 024 249.41	31.55	29.57	1.98
股东权益合计	1 008 420 381.85	869 183 510.08	100	100	

从表 2-11 可以看出，如果从静态方面分析，投入资本仍然是×公司所有者权益最主要的来源。从动态方面分析，虽然投入资本本年较上年有所增长，但本年留存收益的增长幅度更大，致使投入资本的比重下降了 1.98%，内部形成权益资金的比重相应上升了 1.98%，这说明×公司所有者权益结构的变动是生产经营的原因引起的。

4. 资产负债表项目分析

1）货币资金

根据表 2-5 和表 2-6 可以对×公司的货币资金存量规模、比重及变动情况做如下分析。

（1）从存量规模及变动情况看，×公司本年货币资金比上年增加了 52 764 874.43 元，增长幅度为 70.57%，变动幅度较大，究其原因：一是营业收入增长了 4.67%，使货币资金相应增加；二是应付票据和应付账款分别增加了 465 796.68 元和 37 085 636.08 元，使现金支付减少；三是经营活动现金流得到改善，本年经营活动产生的现金流量净额为 68 288 084.18 元（上年为 24 708 359.23 元）。

（2）从比重及变动情况看，×公司期末货币资金比重为 8.52%，期初比重为 6.56%，尽管货币资金比重上升了 1.96%，但按一般标准判断，其实际比重并不算高，结合×公司货币资金的需求来看，其比重比较合理。

2）应收票据

由表 2-5 和表 2-6 可以看出，×公司本年应收票据比上年减少了 13 272 797.58 元，下降幅度为 70.45%；所占比重也由上年的 1.65% 下降到本年的 0.37%，这说明债务人的信用状况很好，不存在到期不能偿付的可能。

3）应收账款

由表 2-5 和表 2-6 可以看出，×公司本年应收账款比上年增加了 12 114 313.43 元，增长幅度为 15.19%，结合营业收入增长 4.67% 的情况来看，×公司应收账款的增长并非营业收入的增长引起的，很可能是收账政策执行不力所致。但是，应收账款的比重却从上年的 7% 降至本年的 6.13%，这说明×公司的信用政策有所改变，×公司应收账款回收加快。

4）预付款项

由表 2-5 和表 2-6 可以看出，×公司期末预付款项的增长幅度较大，达到了 77.28%，但由于其比重比期初提高了 0.60%，并且期末比重只占 2.30%，所以其规模和比重均较为合适。这也显示了供应商对×公司款项结算的态度，结合流动负债中应付账款、应付票据的大增长幅度分析，预付款项的增长幅度也在情理之中。

5）其他应收款

由表2-5和表2-6可以看出，尽管其他应收款期末所占比重并不高，只有4.76%，但其过大的增长幅度（达到2 165.81%）和高达71 335 202.91元的余额显得不太正常。

6）存货

由表2-5和表2-6可以看出，×公司本年存货比上年增加了15 606 000.81元，增长幅度为24.81%，而营业收入只增长4.67%。这表明×公司产品销售受阻，导致库存商品积压，生产放缓。原材料和库存商品的大幅增长，既占用了资金，造成了资源浪费，又增加了管理难度，应当引起×公司重视。×公司本年存货所占比重为5.24%，比上年下降了0.28%，这一现象应当给予肯定。

7）固定资产

由表2-5和表2-6可以看出，×公司本年固定资产增加了22 406 172.29元，增长幅度为10.73%，这说明×公司的生产能力得以增强。但本年固定资产的比重却比上年下降了2.87%，这说明×公司在优化固定资产结构方面卓有成效，对未使用和不需要使用固定资产可能将其压缩到最低程度。

8）无形资产

由表2-5和表2-6可以看出，×公司本年无形资产比上年增加了9 722 256.68元，增长幅度为63.62%，说明×公司日益重视无形资产在企业经营中的作用。但无形资产占总资产的比重不高，仅占总资产的1.67%，应当引起×公司管理者的高度重视。

9）短期借款

由表2-5和表2-6可见，×公司本年度短期借款比上年减少了29 120 000.00元，下降幅度为19.45%，其比重下降了5.08%。短期借款无论是存量规模还是比重的下降，均导致了流动负债比重下降，从而减轻了×公司的偿债压力，同时也维护了×公司的良好信誉。

10）应付票据

由表2-5和表2-6可见，×公司本年应付票据比上年增加了465 796.68元，增长幅度为17.07%，但其比重本年比上年却下降了0.03%，这说明应付票据虽有一定量的增加，但×公司仍然保持了良好的支付能力而不会影响其信誉。

11）应付账款

由表2-5和表2-6可见，×公司本年应付账款比上年增加了37 085 636.08元，增长幅度为42.83%，无论是从增长额还是增长幅度来看，两者的数值均不小，其比重只提高了0.66%，并不显著。但是，由于应付账款属于商业信用资金，若不能及时付款，将对×公司信誉产生负面影响，所以×公司应当注意其偿付时间，提前安排好资金。

12）预收款项

由表2-5和表2-6可见，×公司本年预收款项比上年增加了4 677 780.03元，增长幅度为346.33%，其比重提高了0.28%，如果其不是由关联方交易产生的，则这种情况对×公司来说是有利的。

13）应交税费

表2-5显示，×公司本年应交税费增加了448 047.96元，增长率为10.64%，这是否存在有拖欠税费的情况，应引起×公司的高度关注。

14）其他应付款

表2-5显示，×公司本年其他应付款余额高达85 141 656.33元，较上年增加了63 793 985.01元，增长率为298.83%，这种异常增长的背后是否存在企业之间不正常的资金拆借，或转移营业收入等不正常的挂账行为，应对其合理性做进一步分析。

15)长期借款

表 2-5 显示,×公司本年长期借款比上年增加了 140 000 000.00 元。×公司长期借款的增长一方面表明×公司在资本市场上的信誉良好,另一方面预示×公司的负债政策可能发生变化,即由单纯的流动负债向流动负债和长期负债并举的方向变化。

16)实收资本

表 2-5 显示,×公司本年实收资本(或股本)比上年增加了 1 811 000.00 元,增长幅度为 0.64%,这表明×公司扩大了自有资本,×公司的财务实力有所增强。

17)资本公积

表 2-5 显示,×公司本年资本公积比上年增加了 76 291 402.95 元,增长幅度为 23.2%,这直接导致×公司净资产的增加。

18)盈余公积

表 2-5 显示,×公司本年盈余公积比上年增加了 9 513 241.28 元,增长幅度为 16.34%,体现出×公司利润积累的实力。

19)未分配利润

表 2-5 显示,×公司本年未分配利润比上年增加了 51 621 227.54 元,增长幅度为 25.97%,这说明×公司当期具有较强的持续发展能力和继续分红能力。

 实验操作

实验一　资产流动性分析

【任务描述】

分析拉菲首饰有限公司(以下简称"拉菲公司")2020 年资产的流动性。

微课 9:资产负债表分析实验 1

【任务实施】

(1)观察数据源。

观察"拉菲公司经营数据"库中所包含的企业资产信息数据表:a01 资产负债表_纵向。

(2)提出问题。

明确分析范围和分析目标为"拉菲公司 2020 年资产流动性分析"。不同的资产具有不同的流动性,其中,流动资产具有较强的流动性。因此,通过观察流动资产在总资产中的比重即可分析企业资产的流动性。

(3)获取数据。

确定数据源,选择"a01 资产负债表_纵向"。

(4)清洗数据。

① 字段选择:全选。

② 过滤条件:企业名称="拉菲首饰有限公司" and 所属期=2020 and (报表项目="流动资产合计" or 报表项目="非流动资产合计")(图 2-4)。

(5)分析数据。

① 制作图形:图形:圆饼图 1;分类:报表项目;值:期末余额。

② 预览图形:直观地观察数据的特征(图 2-5)。

项目二 资产负债表分析

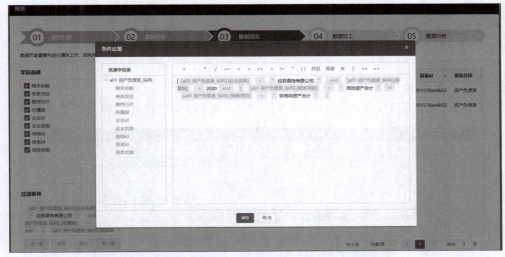

图 2-4 拉菲公司 2020 年资产流动性分析数据清洗

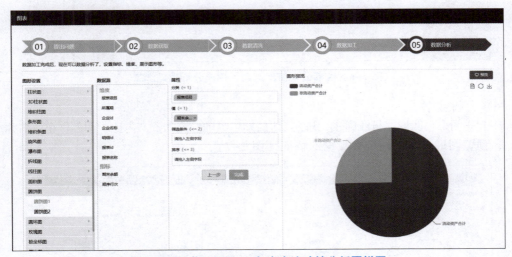

图 2-5 拉菲公司 2020 年资产流动性分析圆饼图

实验二 资产流动性横向分析

【任务描述】

对比分析拉菲公司与同行业公司的资产流动性。

【任务实施】

（1）观察数据源。

观察"拉菲公司经营数据"库中所包含的企业资产信息数据表：a02 资产负债表_横向。

（2）提出问题。

明确分析范围和分析目标为"拉菲公司与同行业公司历年资产流动性对比分析"。通过同行业横向对比各公司流动资产占总资产比重，可以对拉菲公司的资产流动性做出进一步的评价。

（3）获取数据。

确定数据源，选择"a02 资产负债表_横向"。

089

(4)清洗数据。
① 字段选择:流动资产合计、资产合计、所属期、企业名称。
② 过滤条件:无。
(5)加工数据。
① 数据合并:无。
② 自定义列:流动资产占比=round(流动资产合计/资产合计,4)(图2-6)。

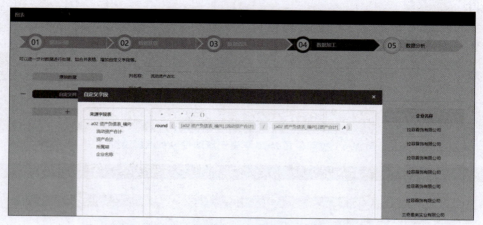

图 2-6　拉菲公司资产流动性横向分析数据加工

(6)分析数据。
① 制作图形:图形:折线图3;横轴:所属期;纵轴:流动资产占比;图例:企业名称。
② 预览图形:直观地观察数据的特征(图2-7)。

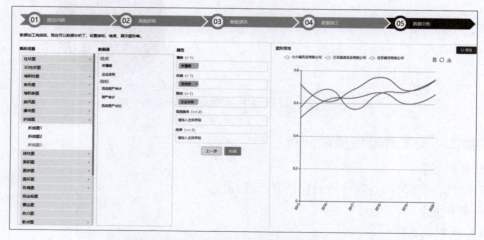

图 2-7　拉菲公司资产流动性横向分析折线图

实验三　总资产变动分析

【任务描述】
分析拉菲公司近6年总资产的变动趋势。
【任务实施】
(1)观察数据源。
观察"拉菲公司经营数据"库中所包含的企业资产信息数据表:a01 资产负债表_纵向。

(2) 提出问题。

明确分析范围和分析目标为"拉菲公司总资产变动趋势分析"。企业总资产表明资产的存量规模，若资产存量规模过小，则可能影响企业生产活动的正常运行，若资产存量规模过大，则可能造成资产的闲置。

(3) 获取数据。

确定数据源，选择"a01 资产负债表_纵向"。

(4) 数据清洗。

① 字段选择：全选。

② 过滤条件：企业名称="拉菲首饰有限公司" and 报表项目="资产合计"（图2-8）。

图 2-8 拉菲公司总资产变动分析数据清洗

(5) 分析数据。

① 制作图形：图形：折线图2；横轴：所属期；纵轴：期末余额。

② 预览图形：直观地观察数据的特征（图2-9）。

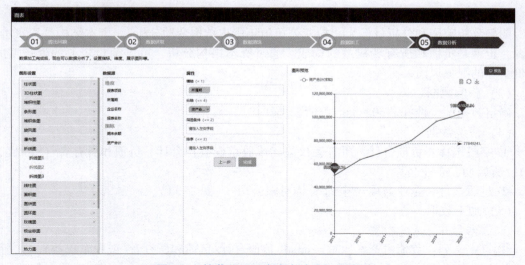

图 2-9 拉菲公司总资产变动分析折线图

实验四 资产分析看板

【任务描述】
设计资产分析看板，对资产数据进行分析洞察。

【任务实施】
参考图 2-10，对看板进行排版设计，添加文本框编写分析结论，将看板命名为"资产分析看板"，保存并提交看板。

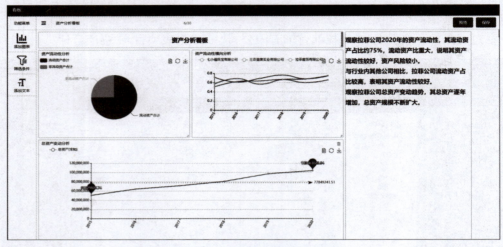

图 2-10 拉菲公司资产分析看板

实验五 资本结构纵向分析

【任务描述】
分析拉菲公司资本结构变动情况。

微课 10：资产负债表分析实验 2

【任务实施】
（1）观察数据源。
观察"拉菲公司经营数据"库中所包含的企业资本信息数据表：a02 资产负债表_横向。
（2）提出问题。
明确分析范围和分析目标为"拉菲公司历年资本结构变动分析"。资本结构是指资本的来源，也就是负债和所有者权益的构成。通过资本结构分析，可以衡量企业的财务实力，评价企业的财务风险。
（3）获取数据。
确定数据源，选择"a02 资产负债表_横向"。
（4）清洗数据。
① 字段选择：负债合计、所有者权益（或股东权益）合计、负债和所有者（或股东权益）、所属期、企业名称。
② 过滤条件：企业名称="拉菲首饰有限公司"（图 2-11）。
（5）加工数据。
① 数据合并：无。
② 自定义列：负债占资本比重=round(负债合计/负债和所有者(或股东权益),4)，所有者权益占资本比重=round(所有者权益(或股东权益)合计／负债和所有者(或股东权益),4)（图 2-12、图 2-13）。

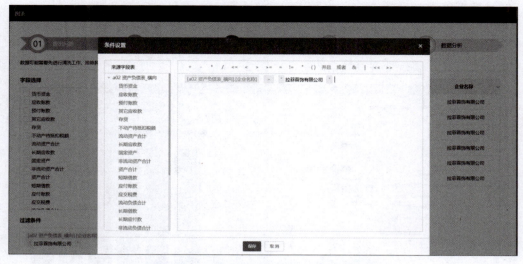

图 2-11 拉菲公司资本结构纵向分析数据清洗

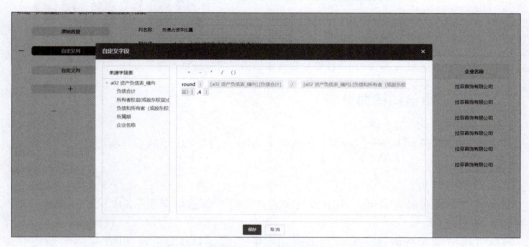

图 2-12 新增"负债占资本比重"自定义列

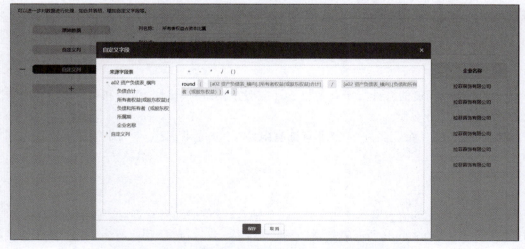

图 2-13 新增"所有者权益占资本比重"自定义列

（6）数据分析。
① 制作图形：图形：堆积柱图1；横轴：所属期；纵轴：负债占资本比重、所有者权益占资本比重。
② 预览图形：直观地观察数据的特征（图2-14）。

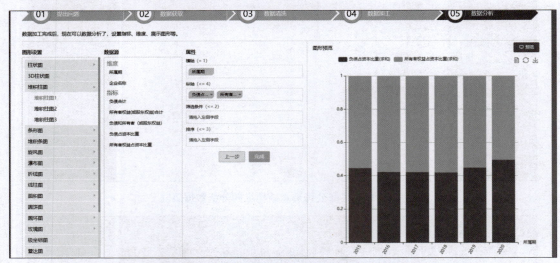

图2-14　拉菲公司资本结构纵向分析堆积柱图

实验六　资本结构横向分析

【任务描述】

对比分析拉菲公司与同行业的七小福珠宝有限公司2020年的资本结构。

【任务实施】

（1）观察数据源。

观察"拉菲公司经营数据"库中所包含的企业资本信息数据表：a02资产负债表_横向。

（2）提出问题。

明确分析范围和分析目标为"拉菲公司与七小福珠宝有限公司2020年资本结构对比分析"。资本结构是指资本的来源，也就是负债和所有者权益的构成。通过对比分析不同企业的资本结构，可以从侧面评价本企业资本结构的合理性。

（3）获取数据。

确定数据源，选择"a02资产负债表_横向"。

（4）清洗数据。

① 字段选择：负债合计、所有者权益（或股东权益）合计、负债和所有者（或股东权益）、所属期、企业名称。

② 过滤条件：（企业名称="拉菲首饰有限公司"or 企业名称="七小福珠宝有限公司"）and 所属期=2020（图2-15）。

（5）加工数据。

① 数据合并：无。

② 自定义列：负债占资本比重=round(负债合计/负债和所有者(或股东权益),4)，所有者权益占资本比重=round(所有者权益(或股东权益)合计/负债和所有者(或股东权益),4)（图2-16、图2-17）。

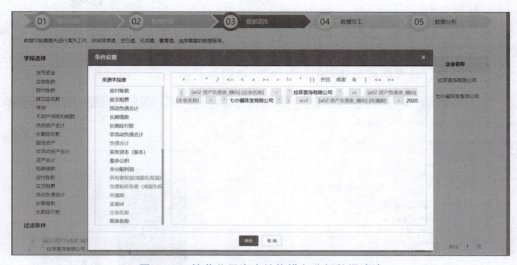

图 2-15　拉菲公司资本结构横向分析数据清洗

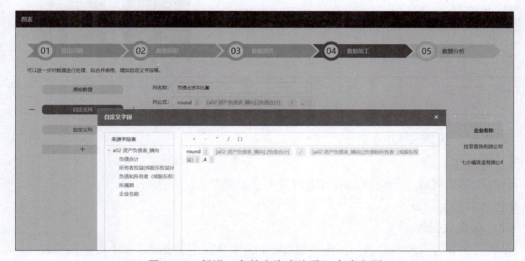

图 2-16　新增"负债占资本比重"自定义列

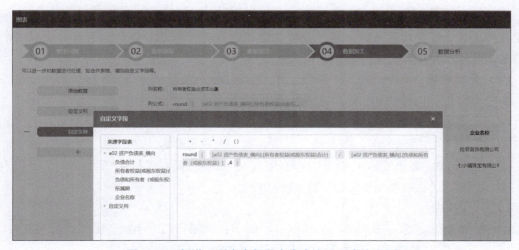

图 2-17　新增"所有者权益占资本比重"自定义列

(6) 分析数据。

① 制作图形：图形：堆积柱图1；横轴：企业名称；纵轴：负债占资本比重、所有者权益占资本比重。

② 预览图形：直观地观察数据的特征（图2-18）。

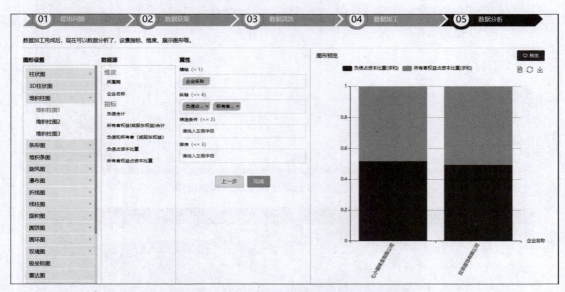

图2-18　拉菲公司资本结构横向分析堆积柱图

实验七　资本变动分析

【任务描述】

分析拉菲公司近6年负债和所有者权益的变动趋势。

【任务实施】

（1）观察数据源。

观察"拉菲公司经营数据"库中所包含的企业资本信息数据表：a01资产负债表_纵向。

（2）提出问题。

明确分析范围和分析目标为"拉菲公司负债和所有者权益变动趋势分析"。负债和所有者权益构成了企业资产的来源，通过分析负债和所有者权益变动趋势，可以对比二者的增长情况，从动态角度分析企业资本结构的稳定性。

（3）获取数据。

确定数据源，选择"a01资产负债表_纵向"。

（4）清洗数据。

① 字段选择：期末余额、报表项目、所属期、企业名称。

② 过滤条件：企业名称="拉菲首饰有限公司" and（报表项目="负债合计" or 报表项目="所有者权益(或股东权益)合计"）（图2-19）。

（5）分析数据。

① 制作图形：图形：折线图3；横轴：所属期；纵轴：期末余额；图例：报表项目。

② 预览图形：直观地观察数据的特征（图2-20）。

项目二　资产负债表分析

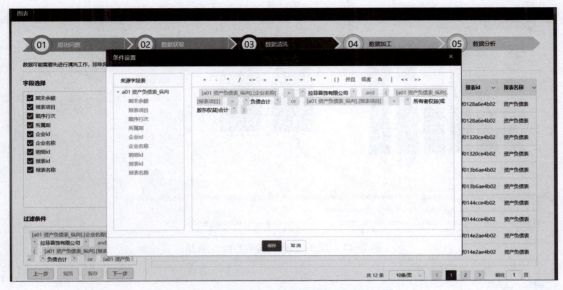

图 2-19　拉菲公司资本变动分析数据清洗

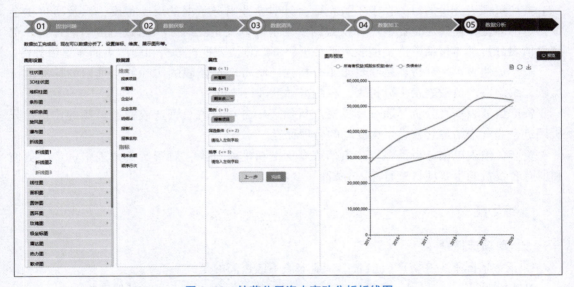

图 2-20　拉菲公司资本变动分析折线图

实验八　"资本分析"看板

【任务描述】

设计资本分析看板，对资本数据进行分析洞察。

【任务实施】

参考图 2-21，对看板进行排版设计，添加文本框编写分析结论，将看板命名为"资本分析"，保存并提交看板。

097

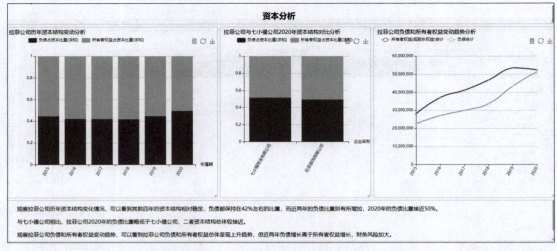

图 2-21　拉菲公司"资本分析"看板

 项目小结

资产负债表分析的目的在于了解企业会计对企业财务状况的反映程度，以及所提供会计信息的质量，据此对企业资产和权益的变动情况以及企业财务状况做出恰当的评价。资产负债表分析具体包括资产负债表水平分析、资产负债表垂直分析和资产负债表单项分析。

资产负债表水平分析就是通过水平分析法，将资产负债表的实际数与选定的标准进行比较，编制资产负债表水平分析表，在此基础上进行评价。

资产负债表垂直分析是通过计算资产负债表中各项目占总资产或权益总额的比重，分析评价企业资产结构和权益结构变动的合理程度。

资产负债表单项分析是在资产负债表全面分析的基础上，对资产负债表中资产、负债和所有者权益的主要项目进行深入分析。

 练习题

一、单项选择题

1. 正常情况下，在资产负债表中，期末值不应过高的是（　　）。
   A. 应收账款　　　B. 存货　　　C. 货币资金　　　D. 其他应收款
2. 在资产项目中，变现能力最强的是（　　）。
   A. 应收票据　　　B. 应收账款　　　C. 货币资金　　　D. 预付款项
3. 一般来说，不随产量和销售规模的变动而变动的资产项目是（　　）。
   A. 货币资金　　　B. 应收账款　　　C. 存货　　　D. 固定资产
4. 一个企业持有的货币资金数额过大，会导致其盈利能力（　　）。
   A. 不变　　　B. 上升　　　C. 下降　　　D. 不确定
5. 在资产负债表垂直分析中，计算各项目所占比重时，通常以（　　）项目的金额作为分母。
   A. 资产总额　　　B. 流动资产总额　　　C. 负债总额　　　D. 所有者权益总额

6. 对资产负债表进行综合分析时,一般首先(　　)。
   A. 计算财务比率　　B. 理解项目内涵　　C. 编制比较报表　　D. 进行综合评价
7. 企业资本结构发生变动的原因是(　　)。
   A. 发行新股　　B. 资本公积转股　　C. 盈余公积转股　　D. 以未分配利润送股
8. 下列关于货币资金的表述中,错误的是(　　)。
   A. 货币资金包括库存现金、银行存款和其他货币资金
   B. 货币资金是企业流动性最强的资产
   C. 为保证企业的支付能力,企业应尽可能多地持有货币资金
   D. 货币资金存量规模会随着销售规模的变动而变动

二、多项选择题

1. 资产负债表分析的内容包括(　　)。
   A. 资产负债表水平分析　　　　B. 资产负债表垂直分析
   C. 资产负债表单项分析　　　　D. 资产负债表统计分析
2. 企业货币资金存量及比重是否合适的分析评价应考虑的因素有(　　)。
   A. 资产规模与业务量　　　　B. 企业融资能力
   C. 行业特点　　　　　　　　D. 运用货币资金的能力
3. 采取保守的固流结构政策可能出现的财务结果是(　　)。
   A. 资产流动性提高　B. 资产风险降低　C. 资产流动性降低　D. 盈利水平下降
4. 进行负债结构分析时必须考虑的因素有(　　)。
   A. 负债规模　　B. 负债成本　　C. 债务偿还期限　　D. 财务风险
5. 进行股东权益结构分析时必须考虑的因素有(　　)。
   A. 企业控制权　　　　　　　B. 企业利润分配政策
   C. 财务风险　　　　　　　　D. 权益资金成本
6. 下列情况中,属于其他应收款异常的有(　　)。
   A. 其他应收款余额远远超过应收账款余额
   B. 其他应收款增长率远远超过应收账款增长率
   C. 其他应收款规模过大
   D. 其他应收款余额为零

三、判断题

1. 资产负债表中某项目的变动幅度越大,对资产或权益的影响就越大。　(　　)
2. 本期总资产比上期有较大幅度增长,表明企业本期经营卓有成效。　(　　)
3. 只要本期盈余公积增长,就可以断定企业本期经营是有成效的。　(　　)
4. 负债结构变动一定会引起负债规模发生变动。　(　　)
5. 如果企业的资金全部是权益资金,则企业既无财务风险,也无经营风险。(　　)
6. 如果本期未分配利润少于上期,则说明企业本期经营亏损。　(　　)
7. 企业的应收账款增长率超过销售(营业)收入增长率,表明企业收账不力或信用政策变动。　(　　)
8. 资产负债表结构分析通常采用水平分析法。　(　　)
9. 非生产用固定资产的增长速度一般不应超过生产用固定资产的增长速度。(　　)

10. 商业信用带来的负债不会产生实际的成本，因此可以尽量推迟支付，以便多占用对方资金。（ ）

四、案例分析题

【案例资料】ZSJ 地产控股股份有限公司为中外合资股份有限公司，该公司及其子公司主要从事房地产开发经营、公共事业（供应水和电）和物业管理。该公司 2022 年度资产负债表如表 2–12 所示。

表 2–12　资产负债表

编制单位：ZSJ 地产控股股份有限公司　　2022 年 12 月 31 日　　金额单位：元

资产	期末数	期初数	负债和股东权益	期末数	期初数
流动资产：			流动负债：		
货币资金	9 489 490 935.00	7 389 133 547.00	短期借款	1 372 929 609.00	3 613 956 278.00
交易性金融资产	6 437 479.00	97 331 980.00	交易性金融负债	12 829 413.00	
衍生金融资产			衍生金融负债		
应收票据			应付票据	257 896 108.00	143 287 841.00
应收账款	118 962 896.00	107 177 879.00	应付账款	2 705 521 285.00	1 863 688 472.00
预付款项	8 747 313.00	28 316 856.00	预收款项	9 498 461 291.00	2 731 472 693.00
其他应收款	1 926 509 243.00	778 506 128.00	应付职工薪酬	162 832 982.00	121 900 048.00
存货	30 461 181 900.00	23 869 301 251.00	应交税费	589 859 453.00	270 545 613.00
持有待售资产			其他应付款	5 964 954 292.00	3 204 399 025.00
一年内到期的非流动资产	26 754.00	40 129.00	持有待售负债		
其他流动资产	624 800 651.00	227 596 742.00	一年内到期的非流动负债	1 303 501 721.00	1 180 099 402.00
流动资产合计	42 636 157 171.00	32 497 404 512.00	其他流动负债	1 843 563 001.00	459 072 398.00
非流动资产：			流动负债合计	23 712 349 155.00	14 218 421 770.00
可供出售金融资产	4 898 240.00	1 743 773.00	非流动负债：		
持有至到期投资			长期借款	5 720 303 012.00	6 807 315 907.00
长期应收款	1 062 146 037.00	971 960 034.00	应付债券		
长期股权投资	616 512 618.00	771 232 269.00	长期应付款	46 469 703.00	33 285 411.00
投资性房地产	2 787 842 250.00	2 632 975 770.00	预计负债	108 052 194.00	90 466 298.00
固定资产	299 615 954.00	284 573 922.00	递延收益		
在建工程	19 254 007.00	39 614 982.00	递延所得税负债	731 713.00	34 300.00
生产性生物资产			其他非流动负债	7 218 243.00	7 984 305.00
油气资产			非流动负债合计	5 882 774 865.00	6 939 086 221.00
无形资产	54 121.00	94 212.00	负债合计	29 595 124 020.00	21 157 507 991.00
开发支出			股东权益：		
商誉			股本	1 717 300 503.00	1 717 300 503.00
长期待摊费用	180 194 127.00	196 539 294.00	其他权益工具		

续表

资产	期末数	期初数	负债和股东权益	期末数	期初数
递延所得税资产	290 485 972.00	40 876 227.00	资本公积	8 487 926 904.00	8 548 544 784.00
其他非流动资产			减：库存股		
非流动资产合计	5 261 003 326.00	4 939 610 483.00	其他综合收益		
			盈余公积	1 662 259 085.00	1 269 001 482.00
			未分配利润	6 434 549 985.00	4 744 660 235.00
			股东权益合计	18 302 036 477.00	16 279 507 004.00
资产总计	47 897 160 497.00	37 437 014 995.00	负债和股东权益总计	47 897 160 497.00	37 437 014 995.00

要求如下。

（1）编制资产负债表水平分析表（表2-13），并对资产负债表的增减变动情况进行分析。

（2）编制资产负债表垂直分析表（表2-14），并对资产负债表的结构变动情况进行分析。

（3）对资产负债表的主要项目进行分析。

（4）对资产负债表进行总体评价。

注：保留两位小数。

表2-13　资产负债表水平分析表　　　　　　　　　　金额单位：元

资　产	期末数	期初数	变动情况		对总资产的影响程度/%
			变动额	变动幅度/%	
流动资产：					
货币资金	9 489 490 935	7 389 133 547			
交易性金融资产	6 437 479	97 331 980			
应收账款	118 962 896	107 177 879			
预付款项	8 747 313	28 316 856			
其他应收款	1 926 509 243	778 506 128			
存货	30 461 181 900	23 869 301 251			
一年内到期的非流动资产	26 754	40 129			可忽略不计
其他流动资产	624 800 651	227 596 742			
流动资产合计	42 636 157 171	32 497 404 512			
非流动资产：					
长期应收款	1 062 146 037	971 960 034			
长期股权投资	616 512 618	771 232 269			
投资性房地产	2 787 842 250	2 632 975 770			
固定资产	299 615 954	284 573 922			
在建工程	19 254 007	39 614 982			
无形资产	54 121	94 212			可忽略不计

续表

资产	期末数	期初数	变动情况		对总资产的影响程度/%
			变动额	变动幅度/%	
长期待摊费用	180 194 127	196 539 294			
递延所得税资产	290 485 972	40 876 227			
非流动资产合计	5 261 003 326	4 939 610 483			
资产总计	47 897 160 497	37 437 014 995			
负债和股东权益					对总权益的影响（%）
流动负债：					
短期借款	1 372 929 609	3 613 956 278			
交易性金融负债	12 829 413				
应付票据	257 896 108	143 287 841			
应付账款	2 705 521 285	1 863 688 472			
预收账款	9 498 461 291	2 731 472 693			
应付职工薪酬	162 832 982	121 900 048			
应交税费	589 859 453	270 545 613			
其他应付款	5 964 954 292	3 204 399 025			
一年内到期的非流动负债	1 303 501 721	1 180 099 402			
其他流动负债	1 843 563 001	459 072 398			
流动负债合计	23 712 349 155	14 218 421 770			
非流动负债：					
长期借款	5 720 303 012	6 807 315 907			
长期应付款	46 469 703	33 285 411			
预计负债	108 052 194	90 466 298			
递延所得税负债	731 713	34 300			可忽略不计
其他非流动负债	7 218 243	7 984 305			可忽略不计
非流动负债合计	5 882 774 865	6 939 086 221			
负债合计	29 595 124 020	21 157 507 991			
股东权益：					
股本	1 717 300 503	1 717 300 503			
资本公积	8 487 926 904	8 548 544 784			
盈余公积	1 662 259 085	1 269 001 482			
未分配利润	6 434 549 985	4 744 660 235			
股东权益合计	18 302 036 477	16 279 507 004			
负债和股东权益总计	47 897 160 497	37 437 014 995			

表 2-14　资产负债表垂直分析表　　　　　　　　　　　　　金额单位：元

资　　产	期末数	期初数	期末/%	期初/%	变动幅度/%
流动资产：					
货币资金	9 489 490 935	7 389 133 547			
交易性金融资产	6 437 479	97 331 980			
应收账款	118 962 896	107 177 879			
预付款项	8 747 313	28 316 856			
其他应收款	1 926 509 243	778 506 128			
存货	30 461 181 900	23 869 301 251			
一年内到期的非流动资产	26 754	40 129	0.000 06	0.000 1	−0.000 04
其他流动资产	624 800 651	227 596 742			
流动资产合计	42 636 157 171	32 497 404 512			
非流动资产：					
长期应收款	1 062 146 037	971 960 034			
长期股权投资	616 512 618	771 232 269			
投资性房地产	2 787 842 250	2 632 975 770			
固定资产	299 615 954	284 573 922			
在建工程	19 254 007	39 614 982			
无形资产	54 121	94 212	0.000 1	0.000 3	−0.000 2
长期待摊费用	180 194 127	196 539 294			
递延所得税资产	290 485 972	40 876 227			
非流动资产合计	5 261 003 326	4 939 610 483			
资产总计	47 897 160 497	37 437 014 995			
负债和股东权益					
流动负债：					
短期借款	1 372 929 609	3 613 956 278			
交易性金融负债	12 829 413	—		—	—
应付票据	257 896 108	143 287 841			
预收账款	9 498 461 291	2 731 472 693			
应付账款	2 705 521 285	1 863 688 472			
应付职工薪酬	162 832 982	121 900 048			
应交税费	589 859 453	270 545 613			
其他应付款	5 964 954 292	3 204 399 025			
一年内到期的非流动负债	1 303 501 721	1 180 099 402			
其他流动负债	1 843 563 001	459 072 398			

续表

资　产	期末数	期初数	期末/%	期初/%	变动幅度/%
流动负债合计	23 712 349 155	14 218 421 770			
非流动负债：					
长期借款	5 720 303 012	6 807 315 907			
长期应付款	46 469 703	33 285 411			
预计负债	108 052 194	90 466 298			
递延所得税负债	731 713	34 300	0.002	0.000 1	0.001 9
其他非流动负债	7 218 243	7 984 305			
非流动负债合计	5 882 774 865	6 939 086 221			
负债合计	29 595 124 020	21 157 507 991			
股东权益：					
股本	1 717 300 503	1 717 300 503			
资本公积	8 487 926 904	8 548 544 784			
盈余公积	1 662 259 085	1 269 001 482			
未分配利润	6 434 549 985	4 744 660 235			
股东权益合计	18 302 036 477	16 279 507 004			
负债和股东权益总计	47 897 160 497	37 437 014 995			

项目二习题参考答案

利润表分析

学习目标

知识目标：
(1) 了解利润表分析的意义与内容。
(2) 熟悉利润表的结构。
(3) 掌握利润表的水平分析法、垂直分析法和单项分析法的概念和原理。
(4) 掌握利润表分析的框架和思路。

能力目标：
(1) 培养学生运用水平分析法、垂直分析法和单项分析法对利润表进行分析的能力。
(2) 培养学生能够编制利润表水平分析表、利润表垂直分析表，分析评价企业利润增减变动和利润构成。
(3) 培养学生熟练操作大数据平台工具进行利润表分析的能力。

素养目标：
(1) 培养学生认真、细致的职业素养，激发民族文化自觉和民族文化自信。
(2) 培养学生的财务风险意识。
(3) 培养学生诚信、公正、法治的社会主义核心价值观，树立正确的"义利观"。

任务导入

2017年，乐视公司造假故事曝光，当年乐视公司巨亏138亿元，此后持续亏损，三年累计亏损近300亿元。2020年6月5日，乐视公司进入退市整理期交易，其在A股的最后一个交易日报收0.18元/股，总市值仅剩7.18亿元。

作为一家曾经风光无限的大公司，乐视公司早在2007年就开始财务造假，通过虚增收入扭亏为盈，粉饰财务报表，最终遭到证监会调查，受到处罚。曾经的乐视公司投资人、债权人、供应商、股民因乐视公司留下的创伤依旧存在。

大数据财务分析……………………………………………

如何能够了解一家企业的经营成果，帮助投资者做出正确的投资决策？这需要对企业的财务报表进行详细的分析与解读。利润表是反映企业经营业绩的核心报表。通过对利润表的解读与分析，可以深入地了解企业经营情况。本项目介绍利润表编制与分析的有关知识。

知识学习

第一讲　利润表分析的意义与内容

利润表是反映企业在一定会计期间经营成果的会计报表。利润表的编制依据是收入、费用与利润之间的相互关系，它全面揭示了企业在某一会计期间实现的各种收入、发生的各种成本、费用，以及三者之间的对比关系，这种对比关系既可能表现为盈利，也可能表现为亏损。

一、利润表分析的意义

利润表分析的意义与作用主要表现在以下几个方面。

（一）可以帮助财务报告使用者了解企业实现收入的规模和成本耗费水平

企业在生产经营活动中，不断地发生各种费用，同时取得各种收入。利润表通过对收入和成本费用情况的反映，可以提供企业在一定会计期间的收益和成本费用情况，以及资金的投入和产出的比例关系，可以使财务报告使用者了解企业的经营业绩和财务成果，分析企业盈亏形成的原因。

（二）可以用来分析预测企业的偿债能力

企业偿债所需的资金不仅取决于现有资产的流动性，而且受企业获利多少的影响。如果企业获利能力不强，盈利性现金流入不足，则企业资产的流动性和权益结构也会恶化，从而使企业偿债能力下降。对于财务报告使用者而言，分析企业不同时期以及不同企业的利润信息，可以预测评价企业的偿债能力，据此做出是否维持、增加或收缩对企业信贷的决策。

（三）可以为企业经营者进行经营决策提供依据

通过对利润表中各项组成要素的比较分析，并与以前各期比较，可以反映企业各项收入、费用和利润的升降趋势及其变化幅度，发现企业经营管理中存在的问题。同时，财务报告使用者还可以分析企业利润的构成，对利润进行结构分析，为企业经营者进行经营决策提供依据。

（四）能够揭示利润的变化趋势，预测企业未来的获利能力

现行《企业会计制度》及《企业会计准则》要求利润表必须设计两个年度的比较报表，因此利润表提供不同时期的比较数字，可以反映企业获利水平的变动，能够揭示企业利润的发展变化趋势，从而有助于财务报告使用者预测企业未来的经营能力。

（五）可以作为企业分配经营成果的依据

利润表比较完整地提供了企业一定时期的营业利润、投资净收益和营业外收支等有关

损益的情况,在扣除了所得税费用后即可计算出企业的净利润。净利润的大小决定了企业各利害关系人的分配数额,因此,利润表为企业分配利润提供了基础数据和依据。

二、利润表分析的内容

根据对比对象和分析对象的不同,利润表的分析可分为利润表水平分析、利润表垂直分析和利润表单项分析。

(一)利润表水平分析

利润表水平分析,又称为利润表趋势分析,是将两期或连续数期利润表中的相同指标进行对比,确定其增减变动的方向、数额和幅度,从而说明企业经营成果的变动趋势。

利润表水平分析是从利润形成方面来反映利润额的变化情况,目的在于确定引起财务状况与经营成果变动的主要项目、确定变动趋势的性质是否有利以及预测发展趋势。

(二)利润表垂直分析

利润表垂直分析,又称为利润表结构分析,是以利润表中的某个总体指标作为100%,计算各组成项目占该总体指标的比重,从而比较各项目比重的增减变动,揭示各项目的相对地位,判断有关财务活动的变化趋势。

在利润表中,营业收入是计算净利润的起点,因此利润表垂直分析通常将营业收入设为100%,分别计算各项收入、费用和利润项目占营业收入的比重,从而反映各项收入对利润的贡献程度和各项费用开支的合理性。

计算公式如下:

$$结构比重 = 利润表中各项目的金额 \div 营业总收入 \times 100\%$$

比重变动则用分析期某项目的结构比重－基准期某项目的结构比重来表示。

(三)利润表单项分析

利润表单项分析主要是对利润表内各重要的项目进行分析。只有掌握利润表关键项目的内容和基本分析思路,才能更好地理解和把握企业整体的利润质量。

第二讲 利润表水平分析

微课11:利润表水平分析与垂直分析

具体而言,利润表水平分析就是将利润表的实际数与对比标准或基数进行比较,以揭示利润变动的差异。

其中,

$$增减变动额 = 分析期某指标的实际数 - 基准期同项指标的实际数$$
$$增减变动率 = 变动额 \div 基准期同项指标的实际数 \times 100\%$$

利润对比标准或基数不同,利润表水平分析的目的或作用也不同。当以预算为对比基数时,利润表水平分析的目的在于评价利润预算完成情况,揭示影响利润预算完成情况的原因;当以上年利润表为对比基数时,分析的目的在于评价利润增减变动情况,揭示本年利润与上年利润产生差异的原因。

进行利润表水平分析,应编制利润表水平分析表,即将连续数期的报表数据并列,并设置"比较"栏,反映增减变动额和增减变动率。现以前文中的A公司(母公司个别报表）为例（表中增减变动额和增减变动率是根据分析的需要依照A公司发布的数据计算而得的），说明利润表水平分析（表3-1）。

表3-1 利润表水平分析表

编制单位：A电器股份有限公司　　　　　　　　　　　　　　　　　　　　　金额单位：元

项目	本年	上年	本年比上年	
			增减变动额	增减变动率/%
一、营业收入	130 386 872 511.80	113 451 559 029.47	16 935 313 482.33	14.93
减：营业成本	91 513 904 545.52	83 523 033 950.67	7 990 870 594.85	9.57
税金及附加	926 927 025.43	720 276 631.67	206 650 393.76	28.69
销售费用	29 127 545 268.62	22 119 107 243.50	7 008 438 025.12	31.68
管理费用	2 276 709 422.04	2 533 835 319.13	-257 125 897.09	-10.15
研发费用				
财务费用	-1 939 847 457.08	-821 675 588.83	-1 118 171 868.25	136.08
加：其他收益				
投资收益（损失以"-"号填列）	557 810 947.37	578 699 101.15	-20 888 153.78	-3.61
其中：对联营企业和合营企业的投资收益	-3 600 894.26	2 855 797.81	-6 456 692.07	-226.09
净敞口套期收益（损失以"-"号填列）				
公允价值变动收益（损失以"-"号填列）	-832 188 505.49	839 260 888.59	-1 671 449 394.08	-199.16
信用减值损失（损失以"-"号填列）				
资产减值损失（损失以"-"号填列）				
资产处置收益（损失以"-"号填列）	10 746 773.18	139 947.16	10 606 826.02	7 579.16
二、营业利润（亏损以"-"号填列）	8 196 509 375.97	6 794 801 515.91	1 401 707 860.06	20.63
加：营业外收入	63 071 370.44	60 791 489.21	2 279 881.23	3.75
其中：非流动资产处置利得	1 033 268.95		1 033 268.95	
减：营业外支出	1 924 639.82	10 455 345.32	-8 530 705.50	-81.59
其中：非流动资产处置损失	1 187 459.35	663 466.07	523 993.28	78.98
三、利润总额（亏损总额以"-"号填列）	8 257 656 106.59	6 845 137 659.80	1 412 518 446.79	20.64
减：所得税费用	1 177 652 507.47	858 836 652.01	318 815 855.46	37.12
四、净利润（净亏损以"-"号填列）	7 080 003 599.12	5 986 301 007.79	1 093 702 591.33	18.27
（一）持续经营净利润（净亏损以"-"号填列）	7 080 003 599.12	5 986 301 007.79	1 093 702 591.33	18.27

续表

项目	本年	上年	本年比上年	
			增减变动额	增减变动率/%
（二）终止经营净利润（净亏损以"-"号填列）				
五、其他综合收益的税后净额	-68 290 498.03	14 229 075.04	-82 519 573.07	-579.94
（一）不能重分类进损益的其他综合收益	-12 874 330.00	12 994 580.00	-25 868 910.00	-199.07
1. 重新计量设定受益计划变动额	-12 874 330.00	12 994 580.00	-25 868 910.00	-199.07
2. 权益法下不能转损益的其他综合收益				
（二）将重分类进损益的其他综合收益	-55 416 168.03	1 234 495.04	-56 650 663.07	-4 588.97
1. 权益法下可转损益的其他综合收益中				
2. 其他债权投资公允价值变动				
3. 金融资产重分类计入其他综合收益的金额				
4. 其他债权投资信用减值准备				
5. 现金流量套期储备	-55 416 168.03	1 234 495.04	-56 650 663.07	-4 588.97
6. 外币财务报表折算差额				
7. 其他				
六、综合收益总额	7 011 713 101.09	6 000 530 082.83	1 011 183 018.26	16.85
七、每股收益				
（一）基本每股收益				
（二）稀释每股收益				

根据利润表水平分析表可以得出以下结论。

（1）A公司本年的营业收入比上年增长了14.93%，营业成本增长了9.57%，显然收入的增长快于营业成本的增长，A公司的毛利有了较大的提高。

（2）A公司的营业利润和净利润分别增长了20.63%和18.27%，这主要是因为A公司的毛利有较大的提高。

（3）税金及附加、销售费用、财务费用、资产减值损失都有较大幅度的增长，且远高于收入的增长，应引起分析人员的关注，它们的增长进一步制约了利润的增长。

（4）从总体上看，A公司的盈利能力有了较大的提高，主要源于A公司的营业收入增长快于营业成本的增长，但应关注并控制上升较快的费用，它们对利润的侵蚀不容小觑。

第三讲　利润表垂直分析

利用利润表垂直分析，既可从静态角度分析评价报告期利润的构成状况，也可从动态角度将实际利润构成与标准或基期利润构成进行分析评价。对于标准与基期利润构成,既可用预算数,也可用上期数,还可用同行业可比企业数。

进行利润表垂直分析时,比较分析期内各项目的比重与前期同项目的比重,研究各项目的比重变动情况,有助于了解企业各项业务、绩效的成长及发展趋势。

最短 IPO 背后不为人知的秘密

进行利润表垂直分析时,一般不编制单一期间的结构比重。为了更好地分析项目的变化趋势,通常将若干比较期的结构比重并列列示,进行结构分析和趋势分析。现以 A 公司(母公司个别报表)为例,说明利润表垂直分析(表3-2)。

表 3-2 利润表垂直分析表

编制单位:A 电器股份有限公司 金额单位:元

项目	本年		上年	
	金额	比重/%	金额	比重/%
一、营业收入	130 386 872 511.80	100.00	130 386 872 511.80	100.00
减:营业成本	91 513 904 545.52	70.19	83 523 033 950.67	64.06
税金及附加	926 927 025.43	0.71	720 276 631.67	0.55
销售费用	29 127 545 268.62	22.34	22 119 107 243.50	16.96
管理费用	2 276 709 422.04	1.75	2 533 835 319.13	1.94
研发费用				
财务费用	-1 939 847 457.08	-1.49	-821 675 588.83	-0.63
加:其他收益				
投资收益(损失以"-"号填列)	557 810 947.37	0.43	578 699 101.15	0.44
其中:对联营企业和合营企业的投资收益	-3 600 894.26	0.00	2 855 797.81	0.00
净敞口套期收益(损失以"-"号填列)	-832 188 505.49	-0.64	839 260 888.59	0.64
公允价值变动收益(损失以"-"号填列)	10 746 773.18	0.01	139 947.16	0.00
信用减值损失(损失以"-"号填列)				
资产减值损失(损失以"-"号填列)				
资产处置收益(损失以"-"号填列)				
二、营业利润(亏损以"-"号填列)	8 196 509 375.97	6.29	6 794 801 515.91	5.21
加:营业外收入	63 071 370.44	0.05	60 791 489.21	0.05
其中:非流动资产处置利得	1 033 268.95	0.00		0.00
减:营业外支出	1 924 639.82	0.00	10 455 345.32	0.01
其中:非流动资产处置损失	1 187 459.35	0.00	663 466.07	0.00

续表

项目	本年		上年	
	金额	比重/%	金额	比重/%
三、利润总额（亏损总额以"-"号填列）	8 257 656 106.59	6.33	6 845 137 659.80	5.25
减：所得税费用	1 177 652 507.47	0.90	858 836 652.01	0.66
四、净利润（净亏损以"-"号填列）	7 080 003 599.12	5.43	5 986 301 007.79	4.59
（一）持续经营净利润（净亏损以"-"号填列）	7 080 003 599.12	5.43	5 986 301 007.79	4.59
（二）终止经营净利润（净亏损以"-"号填列）				

根据利润表垂直分析表的数据可以得出以下结论。

（1）A公司的营业成本率本年为70.19%，比上年的64.06%上升了6.13%，成本在收入中所占比重的提高从另一个侧面说明了家电行业的激烈竞争，应引起高度的重视。

（2）本年度A公司的净利润占营业收入的比重为5.43%，比上年度的4.59%增长了0.84%。营业利润和利润总额占营业收入的比重均上升了1.08%，造成净利润比重上升幅度较小的原因是所得税费用增加。

（3）从营业利润的内部结构来看，A公司的营业成本、销售费用、税金及附加、资产减值损失所占比重有所上升，对利润影响较大，管理费用、财务费用等项目所占比重呈现小幅度下降，说明A公司在费用控制和资产管理方面取得了成绩。

（4）从总体上看，A公司在增加营业收入、控制费用方面取得了一定的成效，但是对销售费用、营业成本等项目的控制还需进一步加强。

第四讲　利润表单项分析

微课12：利润表单项分析1

一、营业收入

营业收入是影响企业财务成果的最主要因素，是所有其他利润形成的基础。营业收入是指企业在日常活动中形成的、会导致所有者权益增加的、与所有者投入资本无关的经济利益的总流入。其中，日常活动是指企业为完成其经营目标所从事的经常性活动以及与之相关的其他活动。

传统节日的经济效益（文化自信）

（一）营业收入的内涵

按照企业从事日常活动性质的不同，可以将营业收入分为销售商品收入、提供劳务收入、让渡资产使用权收入和建造合同收入等。例如，生产企业制造并销售产品、商业企业销售商品等取得的收入属于销售商品收入，软件开发企业为客户开发软件、咨询公司提供咨询服务、安装公司提供安装服务等取得的收入属于提供劳务收入，商业银行对外贷款、租赁公司出租资产等取得的收入属于让渡资产使用权收入，建筑企业承担建造合同所取得的收入属于建造合同收入。

上述各类活动均属于企业为完成其经营目标所从事的经常性活动，由此产生的经济利益的总流入就构成企业的主营业务收入。企业出售不需要的原材料、利用闲置资金对外投资、对外转让无形资产使用权等，则属于与为完成企业经营目标所从事的经常性活动相关的活动，由此产生的经济利益的总流入构成其他业务收入。也就是说，按照企业从事日常活动在企业的重要性，可以将收入分为主营业务收入和其他业务收入。

但是，企业处置固定资产、无形资产等活动，就不是企业为完成其经营目标所从事的经常性活动，也不属于与经常性活动相关的活动，因此，其所产生的经济利益的总流入就不构成收入，而应当确认为营业外收入。

（二）营业收入的分析维度

根据管理和经营决策的不同需求，可从不同维度对营业收入进行分析。常见的营业收入的分析维度有以下几种。

1. 营业收入的增长幅度

企业的营业收入增长稳定，其生产经营才能正常进行。同时，该增长幅度必须在合理的范围内。一个企业的发展是循序渐进的，其营业收入不可能突然有翻天覆地的增长。如果一个企业营业收入的增长幅度过大，则分析人员要注意其可信度。

2. 营业收入的构成

主营业务收入是企业最稳定的收入来源，在企业总收入中所占的比重通常最高。如果一个企业的主营业务收入逐年下降，但营业收入却在上升，则可能有两种情况：一种情况是，该企业可能在经营战略和经营方式上正在进行转型和调整；另一种情况是，企业可能正处在衰退阶段，其营业收入上升的持久性可能较弱。

企业从事多品种经营时，其不同品种的商品或劳务的营业收入构成及变动情况对分析预测企业的利润具有十分重要的意义。财务报表使用者要观察占总收入比重较高的商品或劳务的营业收入的变化情况，因为这些收入项目往往是企业过去和目前业绩的构成要素。可以通过这些收入项目的变动来预测企业利润的发展趋势，从而判断企业的发展走向和增长点。需要指出的是，如果企业对某项单一产品或者劳务过度依赖，则容易对外界某些环境变化因素异常敏感，从而增加企业的经营风险。

3. 营业收入的质量

一般来讲，营业收入的质量指的是营业收入的稳定性和可收回性。

稳定性主要是指营业收入正常波动且呈现上升趋势。一般认为，营业收入稳定的企业的市场地位较稳定，产品比较受市场欢迎。

当然，企业处在不同发展阶段，其营业收入会呈现行业生命周期特征。一般通过水平分析法分析营业收入的稳定性。

可收回性一般指确认的收入是否能够按时收回货款。如果企业的收入发生大量坏账，则这样的收入质量是有问题的，管理者应提高警惕。可收回性一般结合现金流量表进行分析。

4. 营业收入的市场维度

不同地区的消费者对不同企业的不同品牌具有不同的偏好，不同地区的市场潜力在很大程度上制约着企业未来的发展。在企业为不同地区提供产品或劳务的情况下，营业收入占总收入比重高的地区就是企业过去业绩的主要增长点。

分析不同地区的行业市场份额，有助于挖掘企业产品在不同地区的市场潜力，从而更好地预测企业业绩的持续性和未来的发展趋势。

5. 营业收入总体对利润的贡献

营业收入对利润贡献较小，表明企业利润不是由营业收入形成的，而是由投资收益、营业外收入等非主营业务活动形成的，从而说明企业主营业务萎缩或管理团队不务正业。这种企业的业绩往往不佳，投资者应谨慎评估。

6. 营业收入对应的货款是否及时收回

如果企业的营业收入规模不错，但现金流量表中"销售商品、提供劳务收到的现金"项目金额较少，与营业收入或应收账款严重不匹配，则说明企业回收货款管理出现问题，或营业收入有虚增的可能性。

二、营业成本

营业成本是指与营业收入相关的，已经确定了归属期和归属对象的费用，主要包括主营业务成本和其他业务成本。主营业务成本是指企业在确认销售商品和提供劳务等经常性活动收入时应结转的成本。其他业务成本是指企业确认的除主营业务活动以外的其他经营活动所发生的支出，包括销售材料的成本、出租固定资产的折旧额、出租无形资产的摊销额、出租包装物的成本或摊销额等。

在对营业成本进行质量分析时，需要注意以下几点。

（1）营业成本的确认。营业成本是与营业收入配比的，企业应在确认收入的同时结转相关营业成本。

（2）营业成本的计量方法。根据日常存货发出方法，其成本的计量方法有先进先出法、加权平均法、移动平均法和个别认定法。如果企业采用计划成本法，则应关注企业所制定的计划成本是否符合实际。

（3）有无操纵营业成本的现象。将营业成本作资产挂账，使当期费用低估，资产价值高估，利润虚增；将资产列作费用，使当期费用高估，资产低估，利润虚减；随意变更营业成本计算的方法和费用分配方法，使营业成本数据波动不正常。

三、税金及附加

税金及附加主要包括消费税、资源税、城市维护建设税和教育费附加等。税金及附加体现了企业在生产经营环节中负担的税收情况，是反映企业对国家财政贡献水平的重要指标。通常，该指标越大，说明企业对国家财政贡献越多，受政府关注的程度也越高。税金及附加金额一般应与营业收入匹配，如果出现较大的不匹配，则应具体分析其原因，可能是因为税法变化，也可能是因为税收申报方面出现了问题，还有可能是因为享受了某些税收优惠。

企业税金及附加的多少不仅取决于国家相关的税收政策，还取决于企业自身在纳税筹划中所做的努力，因此，税金及附加也是企业战略筹划结果的体现。

四、期间费用

期间费用是企业当期发生的费用的重要组成部分，包括销售费用、管理费用和财务费用。

（一）销售费用

销售费用是指企业在销售商品和材料、提供劳务的过程中发生的各种费用。由于不同行业企业的商业和营销模式不同，所以产品、劳务送达或

微课13：利润表单项分析2

提供到消费者手中的渠道、方式、方法也不一样，由此发生的费用也不一样。因此，分析销售费用时，首先要了解企业的行业特征和经营管理模式，然后分析相对于销售规模，企业所发生的销售费用是否合理。例如，农业企业、建筑企业、金融保险企业的销售费用一般较低，而制造企业、批发零售企业的销售费用则通常较高。

针对销售费用，在会计实务中常用的分析方法和思路如下。

1. 了解企业所处的发展阶段

企业所处的发展阶段不同，市场营销活动投入就不同，销售费用也会不同。

2. 按一定的顺序进行分析

一般先分析总额，然后具体分析其构成内容。通过结构、对比分析，观察实际金额相对于预算水平、历史水平、同业水平是否异常，如果异常，则需要展开具体内容进行分析。

3. 对重点项目重点分析

例如，企业进行大型的营销活动时，对该活动发生的费用要重点分析。

4. 固定费用和变动费用分开分析

在进行企业盈亏平衡分析时，需要划分固定和变动销售费用，因为固定费用具有支出的刚性，而变动费用则具有可控性。

5. 注意从销售额分析销售费用的合理性

销售费用多少合适没有绝对的标准，具体要结合销售规模进行分析；同时，从销售规模的角度很容易发现企业通过虚增营业收入来管理利润的问题。

6. 注意从企业产能看销售费用的匹配性

一般来说，销售费用属于产能成本，企业产能规模越大，市场越大，对应的销售费用也越高。

（二）管理费用

管理费用是指企业为组织和管理企业生产经营所发生的各种费用。管理费用项目所包括的内容非常多，且每个项目之间的差异也非常大。不仅要关注管理费用总额的大小，还要关注具体费用项目的性质和变化。管理费用能反映企业管理团队的综合管理水平，同时该项目也是一些上市公司粉饰报表的重点对象。

分析管理费用时应关注以下两个问题。

1. 要关注管理费用异常的可能原因

如果管理费用呈上升趋势，则可能是因为企业规模在扩张，也可能是因为企业管理水平在下降，需要结合产能和销售规模来分析。

反之，如果管理费用呈下降趋势，则可能是因为企业规模在收缩，也可能是因为企业管理水平在提高，同样要结合产能和销售规模来分析。如果某企业的管理费用经常超出预算，则说明该企业的成本管控和预算管理能力较差。

2. 要关注上市公司操纵管理费用的常见手法

由于管理费用涉及内容广泛，所以很多企业会通过管理费用来调节利润，常见的手法有不按规定摊销无形资产、管理费用不全额结转、应资本化的支出费用化、应费用化的支出资本化、任意列支管理费用等。

（三）财务费用

财务费用是企业为筹集和使用资金而付出的代价，分析财务费用，能了解企业利用财务杠杆经营的水平和企业财务风险的高低。

财务费用是由企业筹资活动而发生的，因此在进行财务费用分析时，应当将财务费用的增减变动和企业的筹资活动联系起来，分析财务费用增减变动的合理性和有效性，发现其中存在的问题，查明原因，采取对策，以期控制和降低费用，提高企业利润水平。

例如，如果企业要增加利润，可以通过压缩借款规模来降低财务费用，但借款规模的缩小是否会限制企业生产经营的持续发展，这也是企业需要考虑的问题。

五、所得税费用

所得税费用是指企业在会计期间发生的利润总额，经调整后，按照国家税法规定的比率，计算交纳的税款所形成的费用。利润总额减去所得税费用后的差额，即净利润。

在按照资产负债表债务法核算所得税的情况下，利润表中的所得税费用包括当期所得税和递延所得税两部分，即所得税费用＝当期所得税＋递延所得税。企业所得税费用的高低除了取决于国家的企业所得税相关法律法规，也与企业自身纳税筹划水平的高低有关。

六、资产减值损失

资产减值损失是指企业在资产负债表日，经过对资产的测试，判断资产的可收回金额低于其账面价值而计提的各项资产减值准备所确认的相应损失。该项目反映了企业各项资产发生的减值损失。

资产减值损失的确认直接减少企业当期的利润，但是它不会带来企业当期现金的流出，而是企业资产使用过程中的"潜在亏损"。在未来相关因素发生变化的情况下，资产的价值既有可能减损，也有可能增长，带有很大的不确定性。对资产减值损失既要关注当期减值的金额和不同期间资产减值的变化情况，也要关注资产减值的具体项目构成，以便发现引起企业资产价值减损的主要项目，从而有针对性地进行资产管理，降低资产经营风险。分析该项目时，还要注意关注报表附注中的资产减值明细表，明确其构成，评价每项资产减值准备的计提是否充分，是否存在企业计提不足或过度计提的情况，并且与历史资产减值情况对比，观察减值准备的异常变化，看是否存在利用资产减值来调节利润的可能。

七、营业外收支

营业外收入和营业外支出是指企业发生的、与日常活动无直接关系的各项收支，它们属于非常项目，即必须同时具备以下两个特征：①引起业务发生的主要原因高度反常，即在正常的生产经营过程中一般是不应该发生的；②业务的发生极其偶然。

（一）营业外收入

营业外收入并不是由企业经营资金耗费所产生的，不需要企业付出代价，实际上是一种纯收入，不可能，也不需要与有关费用进行配比。因此，在会计处理上，对营业外收入与营业收入进行了严格区分的。营业外收入主要包括非流动资产处置利得、非货币性资产交换利得、债务重组利得、政府补助、盘盈利得和捐赠利得等。

（二）营业外支出

营业外支出主要包括非流动资产处置损失、非货币性资产交换损失、债务重组损失、公益性捐赠支出、非常损失和盘亏损失等。

需要注意的是，如果发现一项利得或损失被披露为非常项目，但是又年复一年地发生，则有必要分析企业是否存在故意将正常的损益放入非常项目的行为。

对营业外收支项目进行分析时，应注意以下两点：①关注其发生的原因、其收支是否具有配比性，应根据内容具体分析；②该数额不应过大，关注是否存在关联方交易、违法经营等行为。

八、利润类项目

利润类项目主要包括营业利润、利润总额和净利润（或净收益）。

营业利润反映了企业自身正常经营活动取得的财务成果，它的大小不仅取决于营业收入、营业成本以及期间费用的影响，还包括资产减值损失、公允价值变动损益和投资收益的影响，是综合收益观的体现。

利润总额反映了企业全部活动的财务成果，它不仅反映企业的营业利润，还反映非流动资产处置损益及营业外收支净额等一系列财务数据。

净利润或税后利润是企业所有者最终取得的财务成果，或可供企业所有者分配或使用的财务成果。利润表报表项目之间的顺序体现出净利润的形成过程，从净利润报表项目到营业收入报表项目的计算过程就是寻找哪些具体要素影响企业的最终财务成果。从上述分析可以看出，所得税费用、营业外收支净额、投资收益、期间费用、营业成本和税金及附加都是具体影响要素。

九、每股收益

每股收益是衡量上市公司盈利能力的最重要的财务指标。它反映普通股的获利水平，包括基本每股收益和稀释每股收益。

基本每股收益＝归属于普通股股东的当期净利润÷当期发行在外普通股的加权平均数

企业存在稀释性潜在普通股的，应当分别调整归属于普通股股东的当期净利润和发行在外普通股股东的加权平均数，并据以计算稀释每股收益。

在分析时，可以进行企业间的比较，以评价企业的相对盈利能力；可以进行不同时期的比较，以了解企业盈利能力的变化趋势；也可以进行经营实绩和盈利预测的比较，掌握企业的管理能力。

 案例演练

【案例演练（一）】

根据 W 公司利润表（表3-3）编制利润表水平分析表，并根据利润表水平分析表分析评价变动产生的原因，以及这些变动对 W 公司的影响。

表3-3　W 公司2020年利润表

编制单位：W 公司　　　　　　　　　　　2020年度　　　　　　　　　　　金额单位：万元

项目	本期金额	上期金额
一、营业收入	8 315 547.45	6 043 162.61
减：营业成本	6 813 211.53	4 740 918.71
税金及附加	49 790.80	53 881.54
销售费用	805 040.82	841 013.56

续表

项目	本期金额	上期金额
管理费用	278 326.61	197 805.44
财务费用	-45 270.76	-30 896.95
加：其他收益（损失以"-"填列）		
投资收益（损失以"-"填列）	9 109.41	6 219.77
其中：对联营企业和合营企业的投资收益	-491.05	-808.89
公允价值变动收益（损失以"-"填列）	-5 750.87	6 919.25
资产减值损失（损失以"-"填列）	2 059.47	-9 959.67
二、营业利润（亏损以"-"号填列）	419 866.46	243 619.66
加：营业外收入	184 578.56	235 332.41
减：营业外支出	5 953.16	4 378.33
其中：非流动资产处置损失	701.51	416.14
三、利润总额（亏损以"-"号填列）	598 491.86	474 573.74
减：所得税费用	103 121.99	75 311.71
四、净利润（亏损以"-"号填列）	495 369.87	399 262.03
其中：被合并方在合并前实现的净利润		
归属于母公司股东的净利润	423 693.86	327 572.16
少数股东损益	71 676.01	71 689.87

【分析过程（一）】

1. 利润表水平分析表的编制

根据利润表编制 W 公司利润表水平分析表（表 3-4）。

表 3-4　W 公司利润表水平分析表

编制单位：W 公司　　　　　　　　　　　　　　　　　　　　　　　　　金额单位：万元

项目	本期金额	上期金额	增减变动额	增减变动率/%
一、营业收入	8 315 547.45	6 043 162.61	2 272 384.84	37.60
减：营业成本	6 813 211.53	4 740 918.71	2 072 292.82	43.71
税金及附加	49 790.80	53 881.54	-4 090.74	-7.59
销售费用	805 040.82	841 013.56	-35 972.74	-4.28
管理费用	278 326.61	197 805.44	80 521.17	40.71
财务费用	-45 270.76	-30 896.95	-14 373.81	46.52
加：其他收益（损失以"-"填列）				
投资收益（损失以"-"填列）	9 109.41	6 219.77	2 889.64	46.46
其中：对联营企业和合营企业的投资收益	-491.05	-808.89	317.84	-39.29
公允价值变动收益（损失以"-"填列）	-5 750.87	6 919.25	-12 670.12	-183.11
资产减值损失（损失以"-"填列）	2 059.47	-9 959.67	12 019.14	-120.68
二、营业利润（亏损以"-"号填列）	419 866.46	243 619.66	176 246.80	72.35
加：营业外收入	184 578.56	235 332.41	-50 753.85	-21.57
减：营业外支出	5 953.16	4 378.33	1 574.83	35.97

续表

项目	本期金额	上期金额	增减变动额	增减变动率/%
其中：非流动资产处置损失	701.51	416.14	285.37	68.58
三、利润总额（亏损以"-"号填列）	598 491.86	474 573.74	123 918.12	26.11
减：所得税费用	103 121.99	75 311.71	27 810.28	36.93
四、净利润（亏损以"-"号填列）	495 369.87	399 262.03	96 107.84	24.07
其中：被合并方在合并前实现的净利润				
归属于母公司股东的净利润	423 693.86	327 572.16	96 121.70	29.34
少数股东损益	71 676.01	71 689.87	-13.86	-0.02

2. 利润表水平分析

1）净利润水平分析

从表3-4可以看出，W公司2020年实现净利润495 369.87万元，比上年增加了96 107.84万元，增长幅度为24.07%，增长幅度较大。其中，归属于母公司股东的净利润比上年增加了96 121.70万元，增长幅度为29.34%；少数股东损益比上年减少了13.86万元，增长幅度为-0.02%。从利润表水平分析表看，W公司净利润增长主要是利润总额比上年增加123 918.12万元引起的，所得税费用比上年增加了27 810.28万元，在二者的共同作用下2020年净利润最终增加了96 107.84万元。

2）利润总额水平分析

从利润表水平分析表可以看出，W公司2020年利润总额增加了123 918.12万元，关键原因是W公司营业利润比上年增加了176 246.80万元，增长幅度为72.35%，营业利润增长是影响利润总额增长的有利因素。同时，营业外收入的减少使利润总额减少了50 753.85万元，营业外支出增加使利润总额减少了1 574.83万元，在各因素的综合作用下，利润总额增加了123 918.12万元。

3）营业利润水平分析

从利润表水平分析表可以看出，W公司2020年营业利润的增长主要由营业收入和投资收益的增长所致。营业收入比上年增加了2 272 384.84万元，增长幅度为37.60%；投资收益的增长使营业利润增加了2 889.64万元。同时，由于营业成本、管理费用增加，以及税金及附加、销售费用、财务费用、资产减值损失，公允价值变动收益减少，在各因素的综合作用下，营业利润增加了176 246.80万元，增长幅度72.35%。

【案例演练（二）】

根据表W公司利润表编制W公司的利润表垂直分析表，并分析评价利润表变动的原因，以及这些变动对W公司的影响。

【分析过程（二）】

1. 利润表垂直分析表的编制

根据W公司2020年度利润表，编制W公司利润表垂直分析表（表3-5）。

表3-5 W公司利润表垂直分析表

编制单位：W公司　　　　　　　　　　　　　　　　　　　　　　　　金额单位：万元

项目	本期金额	上期金额	本期占比/%	上期占比/%	增减变动率/%
一、营业收入	8 315 547.45	6 043 162.61	100.00	100.00	0.00
减：营业成本	6 813 211.53	4 740 918.71	81.93	78.45	3.48

续表

项目	本期金额	上期金额	本期占比/%	上期占比/%	增减变动率/%
税金及附加	49 790.80	53 881.54	0.60	0.89	-0.29
销售费用	805 040.82	841 013.56	9.68	13.92	-4.24
管理费用	278 326.61	197 805.44	3.35	3.27	0.08
财务费用	-45 270.76	-30 896.95	-0.54	-0.51	-0.03
加：其他收益（损失以"-"填列）					
投资收益（损失以"-"填列）	9 109.41	6 219.77	0.11	0.10	0.01
其中：对联营企业和合营企业的投资收益	-491.05	-808.89	-0.01	-0.01	0.00
公允价值变动收益（损失以"-"填列）	-5 750.87	6 919.25	-0.07	0.11	-0.18
资产减值损失（损失以"-"填列）	2 059.47	-9 959.67	0.02	-0.16	0.18
二、营业利润（亏损以"-"号填列）	419 866.46	243 619.66	5.05	4.03	1.02
加：营业外收入	184 578.56	235 332.41	2.22	3.89	-1.67
减：营业外支出	5 953.16	4 378.33	0.07	0.07	0.00
其中：非流动资产处置损失	701.51	416.14	0.01	0.01	0.00
三、利润总额（亏损以"-"号填列）	598 491.86	474 573.74	7.20	7.85	-0.65
减：所得税费用	103 121.99	75 311.71	1.24	1.25	-0.01
四、净利润（亏损以"-"号填列）	495 369.87	399 262.03	5.96	6.61	-0.65
其中：被合并方在合并前实现的净利润					
归属于母公司股东的净利润	423 693.86	327 572.16	5.10	5.42	-0.32
少数股东损益	71 676.01	71 689.87	0.86	1.19	-0.33

2. 利润表垂直分析

从 W 公司利润表垂直分析表可以看出 W 公司 2020 年度各项经营成果的构成情况。其中，本年度营业利润占营业收入的比重为 5.05%，比上年度的 4.03% 增加了 1.02 个百分点；本年度利润总额占营业收入的比重为 7.20%，比上年度的 7.85% 下降了 0.65 个百分点；本年度净利润占营业收入的比重为 5.96%，比上年度的 6.61% 下降了 0.65 个百分点。可见，从利润的构成情况看，2020 年 W 公司的盈利能力比上年度稍有减弱。

根据 W 公司利润表垂直分析表，营业利润比重上升主要是税金及附加、销售费用、财务费用、资产减值损失下降所致，这说明税金及附加、销售费用、财务费用、资产减值损失下降是营业利润比重上升的根本原因。

由 W 公司利润表垂直分析表还可以看出，利润总额降低的主要原因在于营业外收入比重下降。另外，投资收益比重的上升，税金及附加、销售费用、财务费用、资产减值损失比重的下降，对营业利润、利润总额和净利润结构都带来一定的有利影响。

【案例演练（三）】

根据表 3-6 提供的资料，编制×公司利润表水平分析表和利润表垂直分析表并进行分析评价。

表3-6 ×公司利润表

编制单位：×公司　　　　　　　　　　202×年度　　　　　　　　　　金额单位：元

项目	本年度	上年度
一、营业收入	500 825 388.30	478 503 678.72
减：营业成本	414 347 374.98	403 708 188.42
税金及附加	2 038 958.87	2 588 271.22
销售费用	16 251 137.97	9 925 950.66
管理费用	45 898 208.68	28 980 108.11
研发费用		
财务费用	10 069 947.35	11 935 030.80
其中：利息费用		
利息收入		
资产减值损失	4 338 996.16	2 639 276.41
加：其他收益		
投资收益	67 667 955.90	67 115 706.01
其中：对联营企业和合营企业的投资收益	15 483 559.89	12 240 741.18
公允价值变动收益		
资产处置收益		
二、营业利润	75 548 720.19	85 842 559.11
加：营业外收入	22 626 384.41	3 764 591.60
减：营业外支出	539 956.48	1 178 560.64
三、利润总额	97 635 148.12	88 428 590.07
减：所得税	2 502 735.30	2 210 822.59
四、净利润	95 132 412.82	86 217 767.48
（一）持续经营净利润		
（二）终止经营净利润		
五、其他综合收益的税后净额		
六、综合收益总额	95 132 412.82	86 217 767.48
七、每股收益：		
（一）基本每股收益	0.335 6	0.304 3
（二）稀释每股收益	0.333 7	0.304 3

（1）编制×公司利润表水平分析表，如表3-7所示。

表3-7 ×公司利润表水平分析表　　　　　　　　　　　　　　　金额单位：元

项目	本年度	上年度	增减变动额	增减变动率/%
一、营业收入	500 825 388.30	478 503 678.72	22 321 709.58	4.67
减：营业成本	414 347 374.98	403 708 188.42	10 639 186.56	2.64
税金及附加	2 038 958.87	2 588 271.22	−549 312.35	−21.22
销售费用	16 251 137.97	9 925 950.66	6 325 187.31	63.72
管理费用	45 898 208.68	28 980 108.11	16 918 100.57	58.38
研发费用				

续表

项目	本年度	上年度	增减变动额	增减变动率/%
财务费用	10 069 947.35	11 935 030.80	-1 865 083.45	-15.63
资产减值损失	4 338 996.16	2 639 276.41	1 699 719.75	64.40
加：其他收益				
投资收益	67 667 955.90	67 115 706.01	552 249.89	0.82
其中：对联营企业和合营企业的投资收益	15 483 559.89	12 240 741.18	3 242 818.71	26.49
公允价值变动收益				
资产处置收益				
二、营业利润	75 548 720.19	85 842 559.11	-10 293 838.92	-11.99
加：营业外收入	22 626 384.41	3 764 591.60	18 861 792.81	501.03
减：营业外支出	539 956.48	1 178 560.64	-638 604.16	-54.19
三、利润总额	97 635 148.12	88 428 590.07	9 206 558.05	10.41
减：所得税	2 502 735.30	2 210 822.59	291 912.71	13.21
四、净利润	95 132 412.82	86 217 767.48	8 914 645.34	10.34
五、其他综合收益的税后净额				
六、综合收益总额	95 132 412.82	86 217 767.48	8 914 645.34	10.34
七、每股收益：				
（一）基本每股收益	0.3 356	0.3 043	0.0 313	10.29
（二）稀释每股收益	0.3 337	0.3 043	0.0 294	9.66

分析评价如下。

① 净利润分析。

×公司本年度实现净利润95 132 412.82元，比上年增加了8 914 645.34元，增长幅度为10.34%。从利润表水平分析表来看，×公司净利润增长主要是由利润总额比上年增加9 206 558.05元引起的。所得税费用比上年增加了291 912.71元，二者相抵，导致净利润增加了8 914 645.34元。

② 利润总额分析。

×公司本年利润总额比上年增加了9 206 558.05元，关键原因是营业外收入比上年增加了18 861 792.81元，增长幅度为501.03%。同时，营业外支出下降也是导致利润总额增长的有利因素，营业外支出减少了638 604.16元，下降幅度为54.19%。但×公司营业利润减少的不利影响使利润总额减少了10 293 838.92元。增减因素相抵，利润总额增加了9 206 558.05元。必须指出的是，尽管营业外收入的增长和营业外支出的下降对利润总额的增长是有利的，但其毕竟是非常项目，数额过大是不正常现象。

③ 营业利润分析。

×公司本年营业利润减少主要是成本费用过高所致。营业收入比上年增加了22 321 709.58元，增长幅度为4.67%；税金及附加和财务费用的下降，增利2 414 395.80元；投资收益的增长导致增利552 249.89元。但其他成本费用均有不同程度的增长，抵消了营业收入的增长。营业成本、销售费用、管理费用增加了33 882 474.44元；资产减值损失增长，减利1 699 719.75元，增减相抵，营业利润减少了10 293 838.92元，下降幅度为11.99%。值得注意的是，销售费用、管理费用及资产减值损失的大幅度上升可能是不正常的现象。

④ 营业毛利分析。

营业毛利是指企业营业收入与营业成本之间的差额。在本案例中，×公司本年营业毛利是 86 478 013.32 元，上年营业毛利是 74 795 490.30 元，本年营业毛利比上年增加了 11 682 523.02 元，增长幅度为 15.62%，其中最关键的影响因素是营业收入大幅增加 22 321 709.58 元，增长幅度为 4.67%。

从总体看，×公司本年利润比上年有所增长，如利润总额和净利润均大幅增长，但营业利润大幅下降。增利的主要原因如下：一是营业收入增长，增利 22 321 709.58 元；二是税金及附加、财务费用减少，分别增利 549 312.35 元、1 865 083.45 元；三是投资收益增长，增利 552 249.89 元；四是营业外收入增长和营业外支出减少，分别增利 18 861 792.81 元、638 604.16 元。减利的主要原因如下：一是营业成本增长，减利 10 639 186.56 元；二是销售费用、管理费用增长，分别减利 6 325 187.31 元、16 918 100.57 元；三是资产减值损失增长，减利 1 699 719.75 元；四是所得税费用增长，减利 291 912.71 元。因此，应根据利润表附注提供的资料进一步对×公司影响利润的各项因素进行分析。

（2）根据表 3-6 提供的资料，编制×公司利润表垂直分析表，如表 3-8 所示。

表 3-8 利润表垂直分析表　　　　　　金额单位：元

项目	上年度	本年度	上年度/%	本年度/%	增减变动率/%
一、营业收入	478 503 678.72	500 825 388.30	100.00	100.00	—
减：营业成本	403 708 188.42	414 347 374.98	84.37	82.73	-1.64
税金及附加	2 588 271.22	2 038 958.87	0.54	0.41	-0.13
销售费用	9 925 950.66	16 251 137.97	2.07	3.24	1.17
管理费用	28 980 108.11	45 898 208.68	6.06	9.16	3.10
研发费用					
财务费用	11 935 030.80	10 069 947.35	2.49	2.01	-0.48
资产减值损失	2 639 276.41	4 338 996.16	0.55	0.87	0.32
加：其他收益					
投资收益	67 115 706.01	67 667 955.90	14.03	13.51	-0.52
公允价值变动净收益	12 240 741.18	15 483 559.89			
资产处置收益					
二、营业利润			17.94	15.09	-2.85
加：营业外收入	85 842 559.11	75 548 720.19	0.79	4.52	3.73
减：营业外支出	3 764 591.60	22 626 384.41	0.25	0.11	-0.14
三、利润总额	1 178 560.64	539 956.48	18.48	19.49	1.01
减：所得税	88 428 590.07	97 635 148.12	0.46	0.50	0.04
四、净利润	2 210 822.59	2 502 735.30	18.02	18.99	0.97

分析评价如下。

从表 3-8 可以看出，×公司本年度各项财务成果的构成情况如下：营业利润占营业收入的比重为 15.09%，比上年的 17.94% 下降了 2.85%；利润总额占营业收入的比重为 19.49%，比上年的 18.48% 增长了 1.01%；净利润占营业收入的比重为 18.99%，比上年的 18.02% 增长了 0.97%。由此可见，从企业利润的构成上看，利润总额和净利润结构都有所增长，这说明×公司的盈利能力比上年有所增强。但营业利润的结构下降，这说明×公司利润的质量不容乐观。

(3) 利润表单项分析。

① 营业收入分析。

由表 3-7 可以看出，×公司本年营业收入比上年增加了 22 321 709.58 元，增长幅度为 4.67%，这说明×公司的经营规模在不断扩大。

×公司本年、上年营业收入构成分析表如表 3-9 所示。

表 3-9 营业收入构成分析表　　　　　　　　　　　　金额单位：元

项目	本年		上年	
	金额	比重/%	金额	比重/%
主营业务收入	486 889 522.60	97.22	462 236 570.56	96.60
其他业务收入	13 935 865.70	2.78	16 267 108.16	3.40
营业收入	500 825 388.30	100	478 503 678.72	100

由表 3-9 可知，×公司本年营业收入总额比上年有所增长，主要原因在于主营业务收入增长。在这两年的营业收入中，超过 96% 的部分均来自主营业务收入，只有不到 4% 的部分来源于其他业务收入，这说明×公司主营业务突出，收入来源稳定。

② 营业成本分析。

a. 营业成本增减变动分析。

营业成本增减变动应与营业收入匹配。在本案例中，×公司本年营业成本比上年增加了 10 639 186.56 元，增长幅度为 2.64%，低于营业收入增长幅度 4.67%，这说明×公司的经营状况良好。

b. 营业成本构成分析。

×公司本年、上年营业成本构成分析表如表 3-10 所示。

表 3-10 营业成本构成分析表　　　　　　　　　　　金额单位：元

项目	本年		上年	
	金额	比重/%	金额	比重/%
主营业务成本	408 840 256.48	98.67	392 756 423.25	97.29
其他业务成本	5 507 118.50	1.33	10 951 765.17	2.71
营业成本	414 347 374.98	100	403 708 188.42	100

由表 3-10 可知，×公司本年营业成本总额较上年有所增长，主要原因在于主营业务成本增长。在这两年×公司营业成本中，超过 97% 的部分均来自主营业务成本，这说明×公司主营业务突出，营业成本主要由主营业务成本构成。主营业务成本相比上年略有增长，比重增长了 1.38%，其他业务成本相比上年略有下降，比重降低了 1.38%。营业成本处于增长态势，主要原因是主营业务成本增长。应分析主营业务成本增长的具体原因，做好成本管控，提升利润空间。

③ 销售费用分析。

×公司本年销售费用比上年增加了 6 325 187.31 元，增长幅度为 63.72%。销售费用的变动是否合理，还应进一步从结构方面及百元销售收入销售费用方面进行分析。

④ 管理费用分析。

由表 3-7 可以看出，×公司本年管理费用比上年增加了 16 918 100.57 元，增长幅度为 58.38%。如果管理性费用增长过多，则说明×公司的费用管理存在问题。

实验操作

实验一　营业收入与净利润分析

微课 14：利润表分析实验

【任务描述】
分析拉菲公司近 6 年的营业收入、净利润变动情况。

【任务实施】
(1) 观察数据源。

观察"拉菲公司经营数据"库中所包含的企业损益信息数据表：a03 传统式利润表_纵向。

(2) 提出问题。

明确分析范围和分析目标为"拉菲公司营业收入和净利润变动趋势分析"。营业收入和净利润是反映企业经营成果的两个重要数据，通过分析营业收入和净利润变动趋势，可以了解企业的收入和利润的稳定性与成长性等。

(3) 获取数据。

确定数据源，选择"a03 传统式利润表_纵向"。

(4) 清洗数据。

① 字段选择：全选。

② 过滤条件：企业名称="拉菲首饰有限公司"and(报表项目 like "%营业收入%" or 报表项目 like "%净利润%")（图 3-1）。

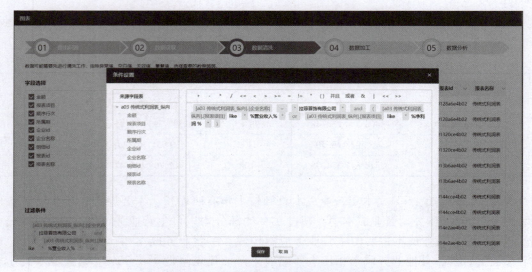

图 3-1　拉菲公司营业收入和净利润分析数据清洗

(5) 加工数据。

① 数据合并：无。

② 自定义列：项目=if(报表项目="一、营业收入","营业收入","净利润")（图 3-2）。

(6) 分析数据。

① 制作图形：图形：折线图 3；横轴：所属期；纵轴：金额；图例：项目。

② 预览图形：直观地观察数据的特征（图 3-3）。

项目三 利润表分析

图 3-2 拉菲公司营业收入和净利润分析数据加工

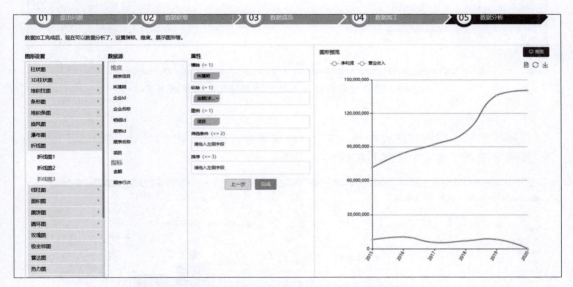

图 3-3 拉菲公司营业收入和净利润分析折线图

实验二 营业收入与净利润横向分析

【任务描述】

对比分析拉菲公司与同行业公司 2020 年的营业收入及净利润。

【任务实施（一）】

（1）观察数据源。

观察"拉菲公司经营数据"库中所包含的企业损益信息数据表：a04 传统式利润表_横向。

（2）提出问题。

明确分析范围和分析目标为"拉菲公司与同行业公司 2020 年营业收入和净利润对比分析"。营业收入和净利润是反映企业经营成果的两个重要数据，通过与同行业企业的营业收入和净利润规模进行对比分析，可以了解本企业所处的行业地位。

125

(3) 获取数据。

确定数据源，选择"a04 传统式利润表_横向"。

(4) 清洗数据。

① 字段选择：营业收入、净利润、所属期、企业名称。

② 过滤条件：所属期＝2020（图3-4）。

图3-4　拉菲公司营业收入与净利润横向分析数据清洗

(5) 分析数据。

① 制作图形：图形：线柱图2；横轴：企业名称；纵轴：营业收入、净利润。

② 预览图形：直观地观察数据的特征（图3-5）。

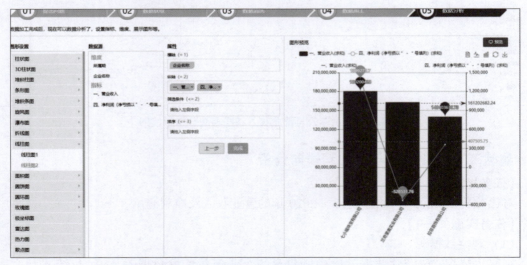

图3-5　拉菲公司营业收入与净利润横向分析线柱图

【任务实施（二）】

(1) 观察数据源。

观察"拉菲公司经营数据"库中所包含的企业损益信息数据表：a04 传统式利润表_横向。

（2）提出问题。

明确分析范围和分析目标为"拉菲公司与同行业公司 2020 年销售净利率对比分析"。销售净利率是考察企业盈利能力的重要指标，通过与同行业企业的销售净利率进行对比分析，可以进一步评价本企业的盈利水平。

（3）获取数据。

确定数据源，选择"a04 传统式利润表_横向"。

（4）清洗数据。

① 字段选择：营业收入、净利润、所属期、企业名称。

② 过滤条件：所属期＝2020（图 3-6）。

图 3-6　拉菲公司销售净利率横向分析数据清洗

（5）加工数据。

① 数据合并：无。

② 自定义列：销售净利率＝round（净利润/营业收入，4）（图 3-7）。

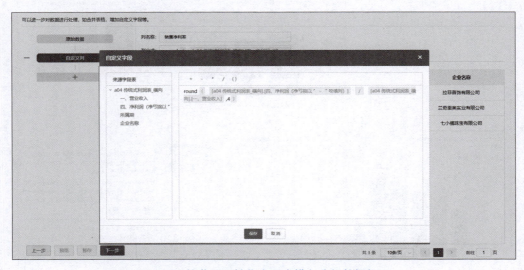

图 3-7　拉菲公司销售净利率横向分析数据加工

(6) 数据分析。

① 制作图形：图形：柱状图1；横轴：企业名称；纵轴：销售净利率；排序：销售净利率（倒序）。

② 预览图形：直观地观察数据的特征（图3-8）。

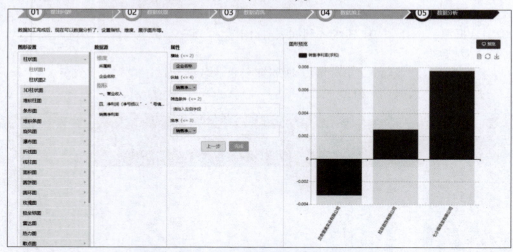

图3-8　拉菲公司销售净利率横向分析柱状图

实验三　"利润分析"看板

【任务描述】

设计利润分析看板，对利润数据进行分析洞察。

【任务实施】

参考图3-9，对看板进行排版设计，添加文本框编写分析结论，将看板命名为"利润分析"，保存并提交看板。

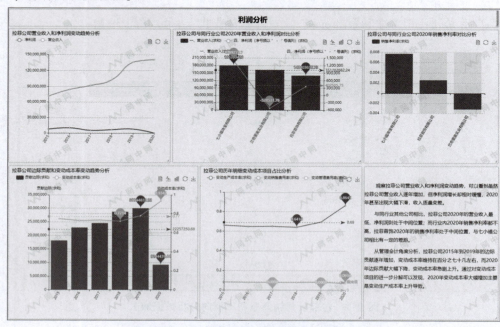

图3-9　拉菲公司"利润分析"看板

项目小结

对利润表进行分析，可以正确评价企业各方面的经营业绩，及时、准确地发现企业经营管理中存在的问题，为投资者、债权人的投资与信贷决策提供正确信息。

利润表分析主要包括利润表综合分析和利润表单项分析。利润表综合分析包括利润增减变动分析和利润结构变动分析。利润增减变动分析是借助水平分析法，结合利润形成过程中的相关影响因素，反映利润额的变动情况，评价企业在利润形成过程中的各方面管理业绩并揭露存在的问题。利润结构变动分析主要是在对利润表进行垂直分析的基础上，通过各项利润及成本费用相对于收入的占比，反映企业各环节的利润构成及成本费用水平。

利润表单项分析包括营业收入分析、成本费用分析、投资收益分析、资产减值损失分析、营业外收入分析和利润类项目分析。

 练习题

一、单项选择题

1. （　　）是企业利润表所反映的第一个层次的业绩，反映企业自身生产经营业务的财务成果。
   A. 销售毛利　　　　B. 营业利润　　　　C. 利润总额　　　　D. 净利润
2. 下列各项中，属于反映企业全部财务成果的指标是（　　）。
   A. 主营业务利润　　B. 营业利润　　　　C. 利润总额　　　　D. 净利润
3. 下列各项中，属于反映企业最终财务成果的指标是（　　）。
   A. 营业收入　　　　B. 营业利润　　　　C. 利润总额　　　　D. 净利润
4. 在企业的利润项目中，稳定性最差的是（　　）。
   A. 主营业务利润　　B. 营业利润　　　　C. 利润总额　　　　D. 净利润
5. 如果企业本年营业收入增长快于营业成本增长，那么企业本年营业利润（　　）。
   A. 一定大于零　　　　　　　　　　　B. 一定大于上年营业利润
   C. 一定大于上年利润总额　　　　　　D. 不一定大于上年营业利润
6. 对利润表进行结构分析时，通常选择（　　）项目的金额作为分母，其他项目的金额作为分子，计算占该项目的比重。
   A. 利润总额　　　　B. 营业利润　　　　C. 营业收入　　　　D. 营业成本
7. 下列项目中，属于影响企业营业利润因素的是（　　）。
   A. 营业外支出　　　B. 营业外收入　　　C. 所得税费用　　　D. 其他收益
8. 下列项目中，不属于影响企业利润总额因素的是（　　）。
   A. 营业利润　　　　B. 营业收入　　　　C. 所得税费用　　　D. 投资收益

二、多项选择题

1. 下列各项中，属于利润表综合分析内容的有（　　）。
   A. 营业收入分析　　　　　　　　　　B. 利润增减变动分析
   C. 利润结构变动分析　　　　　　　　D. 成本费用分析
2. 下列各项中，不属于影响企业营业利润因素的有（　　）。
   A. 投资收益　　　　B. 营业外收入　　　C. 其他收益　　　　D. 营业外支出

3. 下列关于销售费用的表述，正确的有（   ）。
A. 销售费用与本期营业收入密切相关，产生的影响也仅止于本期，因此应从本期收入中全额扣除
B. 由于销售费用是一项抵减收入的费用，所以企业应该尽可能降低销售费用
C. 销售费用中的运输费、装卸费等与企业销售量的变动呈正相关关系
D. 专设销售机构的费用通常随企业营业规模的扩大而呈阶梯状下降
4. 为了便于对管理费用进行分析，可将其按经济内容和经济用途等划分为（   ）。
A. 管理性费用　　　B. 业务性费用　　　C. 经营性费用　　　D. 责任性费用
5. 对利润总额进行分析时，主要侧重于对组成利润总额的（   ）项目进行比较分析。
A. 营业外收入　　　B. 营业利润　　　C. 营业外支出　　　D. 所得税费用
6. 净利润分析的内容包括对形成净利润的（   ）等方面的分析。
A. 各项目的增减变动　　　　　　　B. 各项目的结构变动
C. 营业外支出　　　　　　　　　　D. 变动差异较大的重点项目

三、判断题

1. 营业利润是营业收入与营业成本和税金及附加之间的差额，它既包括主营业务利润，又包括其他业务利润，并在二者之和的基础上减去管理费用与财务费用。（　　）
2. 营业成本变动对利润有直接影响，营业成本降低多少，利润就会增加多少。（　　）
3. 如果企业的营业利润主要来源于投资净收益，则说明企业的主营业务下滑，对企业利润的贡献减小。（　　）
4. 企业成本总额的增长不一定意味着利润的下降和企业管理水平的下降。（　　）
5. 税率的变动对企业营业利润没有影响。（　　）
6. 其他收益，是指与企业日常活动相关，但又不宜确认收入或冲减成本费用的政府补助。（　　）
7. 管理费用中的工会经费、待业保险费和劳动保险费属于企业承担的社会责任，企业不得为控制费用开支而随意减少。（　　）
8. 运用水平分析法可以更深入地说明销售费用的变动情况及其合理性。（　　）

四、案例分析题

【案例资料】引用项目二练习题中 ZSJ 地产控股股份有限公司的案例资料。

该公司 2022 年度利润表如表 3-11 所示。

表 3-11　利润表

编制单位：ZSJ 地产控股股份有限公司　　　　2022 年度　　　　金额单位：元

项目	2022 年度	2021 年度
一、营业收入	10 137 701 049.00	3 573 184 200.00
减：营业成本	5 961 738 151.00	2 097 773 113.00
税金及附加	1 623 223 320.00	264 980 117.00
销售费用	285 334 726.00	226 715 702.00
管理费用	208 542 650.00	203 223 524.00
研发费用		

续表

项目	2022 年度	2021 年度
财务费用	-15 356 044.00	30 913 643.00
资产减值损失	484 187.00	407 654 635.00
加：其他收益		
投资收益	304 569 607.00	802 815 289.00
其中：对联营企业和合营企业的投资收益	176 731 790.00	176 812 461.00
公允价值变动收益	-103 663 503.00	145 469 305.00
资产处置收益		
二、营业利润	2 274 640 163.00	1 290 208 060.00
加：营业外收入	29 522 960.00	24 173 367.00
减：营业外支出	30 433 088.00	12 516 456.00
三、利润总额	2 273 730 035.00	1 301 864 971.00
减：所得税	519 264 184.00	209 864 866.00
四、净利润	1 754 465 851.00	1 092 000 105.00
五、每股收益：		
（一）基本每股收益	0.96	0.94
（二）稀释每股收益	0.96	0.94

要求如下。

（1）编制利润表水平分析表（表 3-12），并对利润增减变动情况进行分析。

（2）编制利润表垂直分析表（表 3-13），并对利润结构变动情况进行分析。

（3）对利润表的主要项目进行分析。

（4）对利润表进行总体评价。

注：保留两位小数。

表 3-12　利润表水平分析表　　　　　　　　　　　　　　金额单位：元

项目	2022 年度	2021 年度	增减变动额	增减变动率/%
一、营业收入	10 137 701 049	3 573 184 200		
减：营业成本	5 961 738 151	2 097 773 113		
税金及附加	1 623 223 320	264 980 117		
销售费用	285 334 726	226 715 702		
管理费用	208 542 650	203 223 524		
财务费用	-15 356 044	30 913 643		
资产减值损失	484 187	407 654 635		
加：公允价值变动收益	-103 663 503	145 469 305		
投资收益	304 569 607	802 815 289		
其中：对联营企业和合营企业的投资收益	176 731 790	176 812 461		
二、营业利润	2 274 640 163	1 290 208 060		
加：营业外收入	29 522 960	24 173 367		
减：营业外支出	30 433 088	12 516 456		

续表

项目	2022 年度	2021 年度	增减变动额	增减变动率/%
其中：非流动资产处置损失	631 517	—	—	—
三、利润总额	2 273 730 035	1 301 864 971		
减：所得税	519 264 184	209 864 866		
净利润	1 754 465 851	1 092 000 105		
五、每股收益				
（一）基本每股收益	0.96	0.94		
（二）稀释每股收益	0.96	0.94		

表 3-13 利润表垂直分析表　　　　　　　　　　　　金额单位：元

项目	2022 年度	2021 年度	增减变动率/%
一、营业收入			
减：营业成本			
税金及附加			
销售费用			
管理费用			
财务费用			
资产减值损失			
加：公允价值变动收益			
投资收益			
其中：对联营企业和合营企业的投资收益			
二、营业利润			
加：营业外收入			
减：营业外支出			
其中：非流动资产处置损失			
三、利润总额			
减：所得税			
四、净利润			
五、每股收益			
（一）基本每股收益			
（二）稀释每股收益			

项目三习题参考答案

现金流量表分析

学习目标

知识目标：
(1) 了解现金流量表分析的意义与内容。
(2) 熟悉现金流量表的结构。
(3) 掌握现金流量表的水平分析法、垂直分析法和单项分析法的概念和原理。
(4) 掌握现金流量表分析的框架和思路。

能力目标：
(1) 培养学生运用水平分析法、垂直分析法和单项分析法对现金流量表进行分析的能力。
(2) 培养学生能够编制现金流量表水平分析表、现金流量表垂直分析表，分析评价企业现金流量项目增减变动和现金流量的构成。
(3) 培养学生熟练操作大数据平台工具进行现金流量表分析的能力。

素养目标：
(1) 培养学生认真、细致的职业素养，弘扬工匠精神。
(2) 培养学生的财务风险意识、忧患意识，树立"科技向善"的理念。
(3) 培养学生的底线思维，树立"现金为王"和高质量发展理念。

任务导入

钱从哪来？钱花在了哪里？钱还剩多少？这是短期生存的大问题。

企业的实力和能力固然重要，有资产、有利润当然很好，但如果资产不能很快变现，利润只是纸上富贵，只有源源不断的现金流才能真正起作用。现金流量表就是企业财力的体现，其主要目的是提供企业一段时间内现金收入和支付的相关信息，记录现金的流入和流出，最终反映为现金流量表中的现金余额。现金的流入和流出与三类活动相关——经营活动、投资活动、筹资活动。

知识学习

第一讲 现金流量表概述

现金流量表是以收付实现制为基础编制的,反映企业一定会计期间现金及现金等价物流入和流出信息的动态报表。现金流量表反映了企业在一定时期内创造的现金数额,揭示了在一定时期内现金流动的状况。现金流量表中的现金是一个广义的概念,它包括现金和现金等价物。现金是指企业库存现金以及可以随时用于支付的存款。不能随时用于支取的存款不属于现金。现金等价物是指企业持有的期限短、流动性强、易于转换为已知金额现金、价值变动风险很低的投资。期限短一般是指从购买日起3个月内到期。现金等价物通常包括3个月内到期的债券投资等。

一、现金流量分类

在现金流量表中,将现金流量分为三大类:经营活动现金流量、投资活动现金流量和筹资活动现金流量。

(1)经营活动是指企业投资活动和筹资活动以外的所有交易或事项。经营活动产生的现金流量主要包括销售商品、提供劳务、购买商品、接受劳务、支付工资和交纳税款等活动中流入和流出的现金和现金等价物。

(2)投资活动是指企业非流动资产的购建和不包括在现金等价物范围内的投资及其处置活动。这里的投资活动不仅包括对外投资,还包括对内投资,实际上是长期资产的取得和处置活动。投资活动产生的现金流量主要包括购建固定资产、处置子公司及其他营业单位等活动中流入和流出的现金和现金等价物。

(3)筹资活动是指导致企业资本及债务规模和构成发生变化的活动。筹资活动产生的现金流量主要包括吸收投资、发行股票、分配利润、发行债券、偿还债务等活动中流入和流出的现金和现金等价物。偿付应付账款、应付票据等商业应付款等属于经营活动,不属于筹资活动。

在上述划分的基础上,又将每大类活动中的现金流量分为现金流入量和现金流出量两类,即经营活动现金流入和经营活动现金流出、投资活动现金流入和投资活动现金流出、筹资活动现金流入和筹资活动现金流出。每类现金流入或流出又包括若干具体项目。

现金净流量是指现金流入与现金流出的差额。现金净流量可能是正数,也可能是负数。如果是正数,则为净流入;如果是负数,则为净流出。现金净流量反映了企业各类活动形成的现金流量的最终结果,即企业在一定时期内是现金流入大于现金流出,还是现金流出大于现金流入。现金净流量是现金流量表要反映的一个重要指标。

二、现金流量表回答的三个问题

现金流量表描述企业现金的来龙去脉,即本期现金从何而来、本期现金用在何处、现金余额发生了什么变化。

(一)本期现金从何而来

现金流量表首先要回答的就是本期所取得的现金来自何方;有多少来自企业经营活动,

又有多少来自投资活动,或者筹资活动及非常项目;从经营活动中取得的现金,有多少来自销售商品和提供劳务,有多少来自增值税额等。

(二) 本期现金用在何处

在回答现金的来源后,现金流量表还必须回答现金的运用去向,即企业当期的现金用在何处;有多少用于企业的经营活动,又有多少用于企业的投资活动,还有多少用于筹资活动;在用于经营活动的现金中,有多少用于购买货物,有多少用于借款的利息,有多少用于缴纳税金,有多少用于支付工资,又有多少用于支付其他营业费用等。

(三) 现金余额发生了什么变化

现金流量表除了反映本期现金从何而来、本期现金用在何处,还反映本期现金余额的增减变化。例如,某企业当年收到现金1 000万元,这1 000万元全年收支相抵后,现金增加了200万元,这200万元净增加的现金中,有多少是经营活动带来的,有多少是投资活动带来的,又有多少是筹资活动带来的等。

除了上述三个方面,现金流量表还包括其他有关内容,如现金的投资活动和筹资活动等。

三、现金流量表分析的意义与内容

现金流量表反映了企业在一定时期内创造的现金数额,揭示了在一定时期内现金流动的状况,通过现金流量表分析,可以达到以下目的。

(1) 提供企业一定时期内因经营活动而发生的现金收入来源和支出去向的信息,借以预测企业未来产生现金流量的能力。

(2) 反映企业现金增减变动的原因,分析在一定时期内企业所产生的现金是否足够偿还债务和满足其他需要现金的预算支出,判断和衡量企业的偿债能力和支付股利的能力。

(3) 反映企业经营成果和营业活动的现金流量之间的关系,便于分析企业现金充裕或紧缺的原因。

(4) 分析企业投资活动和筹资活动对财务状况的影响,有助于会计信息使用者评价和比较不同企业未来现金流量的情况以及投资的风险。

根据对比对象和分析对象的不同,现金流量表的分析可分为现金流量表水平分析、现金流量表垂直分析和现金流量表单项分析。

第二讲 现金流量表水平分析

现金流量表水平分析,也称为现金流量表趋势分析,是通过对比不同时期的现金流量表各项目的变动情况,对企业的现金收入、支出及结余的变动情况、变动趋势进行分析,揭示企业当期现金流量水平及其变动情况,反映企业现金流量管理的水平和特点。

现金流量表水平分析通常按照下列程序进行。

第一步,根据资料编制现金流量表水平分析表,计算不同会计年度

微课15:现金流量表水平分析

经营活动、投资活动、筹资活动现金流量的横向差异,即增减额和增减幅度。

第二步,分析不同会计年度现金净增加额的总体变动额及原因,以及不同会计年度的经营活动、投资活动、筹资活动现金流量变动额及原因;结合现金流量表的补充资料,详细分析现金流量净额变动的影响因素。

采用现金流量表水平分析法,可以说明企业当期现金流量产生的原因,还可以揭示当期现金流量与前期或预计现金流量的差异。现金流量表水平分析根据企业现金流产生情况的不同,可分为经营活动现金流量分析、筹资活动现金流量分析和投资活动现金流量分析三部分。其中,经营活动是企业的主要活动,是企业获取现金流的基本方式,经营活动现金流的质量也直接体现了企业的经营状态和财务状况,相对于净利润而言,企业的经营活动现金流量趋势在一定程度上更能反映企业的真实经营成果。

进行现金流量表水平分析时,应编制现金流量表水平分析表,即将连续数期的报表数据并列起来,并设置"比较"栏,反映增减额和增减幅度。现以 A 公司(母公司个别报表)为例(表中增减变动额和增减变动率是根据分析的需要依照 A 公司发布的数据计算而得的),说明现金流量表水平分析。

A 公司现金流量表水平分析表如表 4-1 所示。

表 4-1 A 公司现金流量表水平分析表

编制单位:A 电器股份有限公司　　　　　　　　　　　　　　　　　　　　　　金额单位:元

项目	本年	上年	本年比上年	
			增减变动额	增减变动率/%
一、经营活动产生的现金流量				
销售商品、提供劳务收到的现金	81 121 907 908.96	61 581 129 826.06	19 540 778 082.90	31.73
收到的税费返还	439 259 771.97	409 412 848.92	29 846 923.05	7.29
收到其他与经营活动有关的现金	2 044 956 873.73	2 176 543 361.33	−131 586 487.60	−6.05
经营活动现金流入小计	83 606 124 554.66	64 167 086 036.31	19 439 038 518.35	30.29
购买商品、接受劳务支付的现金	46 433 067 550.09	39 819 995 898.06	6 613 071 652.03	16.61
支付给职工以及为职工支付的现金	2 108 619 806.11	2021 725 506.49	86 894 299.62	4.30
支付的各项税费	8 867 754 724.24	5 447 946 168.06	3 419 808 556.18	62.77
支付其他与经营活动有关的现金	6 201 781 599.39	5 024 411 625.09	1 177 369 974.30	23.43
经营活动现金流出小计	63 611 223 679.83	52 314 079 197.70	11 297 144 482.13	21.59
经营活动产生的现金流量净额	19 994 900 874.83	11 853 006 838.61	8 141 894 036.22	68.69
二、投资活动产生的现金流量				
收回投资收到的现金				
取得投资收益收到的现金	31 332 303.10	220 474 066.99	−189 141 763.89	−85.79
处置固定资产、无形资产和其他长期资产收回的现金净额	1 516 760.00	26 230.00	1 490 530.00	5 682.54
处置子公司及其他营业单位收到的现金净额	6 986 414.44		6 986 414.44	
收到其他与投资活动有关的现金	507 637 912.96		507 637 912.96	
投资活动现金流入小计	547 473 390.50	220 500 296.99	326 973 093.51	148.29

续表

项目	本年	上年	本年比上年 增减变动额	本年比上年 增减变动率/%
购建固定资产、无形资产和其他长期资产支付的现金	349 976 946.59	269 303 482.81	80 673 463.78	29.96
投资支付的现金	253 000 000.00	251 552 743.20	1 447 256.80	0.58
取得子公司及其他营业单位支付的现金净额				
支付其他与投资活动有关的现金		24 926 702.72	−24 926 702.72	−100.00
投资活动现金流出小计	602 976 946.59	545 782 928.73	57 194 017.86	10.48
投资活动产生的现金流量净额	−55 503 556.09	−325 282 631.74	269 779 075.65	−82.94
三、筹资活动产生的现金流量				
吸收投资收到的现金				
取得借款收到的现金	6 321 749 791.33	2 393 992 106.76	3 927 757 684.57	164.07
收到其他与筹资活动有关的现金	235 620 087.87	475 964 970.99	−240 344 883.12	−50.50
筹资活动现金流入小计	6 557 369 879.20	2 869 957 077.75	3 687 412 801.45	128.48
偿还债务支付的现金	4 961 710 236.95	2 063 965 287.70	2 897 744 949.25	140.40
分配股利、利润或偿付利息支付的现金	4 607 076 863.78	3 063 394 203.02	1 543 682 660.76	50.39
支付其他与筹资活动有关的现金				
筹资活动现金流出小计	9 568 787 100.73	5 127 359 490.72	4 441 427 610.01	86.62
筹资活动产生的现金流量净额	−3 011 417 221.53	−2 257 402 412.97	−754 014 808.56	33.40
四、汇率变动对现金及现金等价物的影响	38 392 791.70	−447 758 783.98	486 151 575.68	−108.57
五、现金及现金等价物净增加额	16 966 372 888.91	8 822 563 009.92	8 143 809 878.99	92.31
加：期初现金及现金等价物余额	33 405 450 196.45	24 582 887 186.53	8 822 563 009.92	35.89
六、期末现金及现金等价物余额	50 371 823 085.36	33 405 450 196.45	16 966 372 888.91	50.79

通过表 4-1 中的数据，可以得出以下结论。

（1）经营活动现金流量分析。经营活动产生的现金净流量净额比上年增加了 8 141 894 036.22 元，增长幅度为 68.69%。经营活动流入量与流出量分别比上年增长了 30.29% 和 21.59%，增长额分别为 19 439 038 518.35 元和 11 297 144 482.13 元。经营活动在现金流出方面，主要体现在税费支出提升幅度较大，这也反映了 A 公司对国家的贡献度较高，经营活动产生的现金流量增长的原因主要得益于 A 公司销售业绩的提升。从 A 公司的利润表可以发现，A 公司本年的营业收入增长了 14.93%，尤其是现销收入大幅度提升了 31.73%，促使 A 公司经营活动现金净流量增长。

（2）投资活动现金流量分析。本年投资活动现金净流出比上年减少了 269 779 075.65 元，增长幅度为 −82.94%，这反映出 A 公司在投资活动中的现金净流出在大幅减少，其中投资活动现金流入量增加了 326 973 093.51 元，增长了 148.29%，这主要是因为 A 公司在处置固定资产、无形资产和其他长期资产、处置子公司及其他营业单位方面收回了大量的现金，在投资活动的现金流出方面增加了 57 194 017.86 元，增长了 10.48%。

（3）筹资活动现金流量分析。筹资活动现金净流出本年比上年增加了 754 014 808.56 元，增长幅度为 33.40%，其中在现金流入方面主要是由于 A 公司取得借款收到的现金大幅增长，比上年增长了 128.48%，在现金流出方面主要体现在偿还债务支付的现金和分配股利、利润或偿付利息支付的现金两个项目上，分别比上年增长了 140.40% 和 50.39%，这也是 A 公司高负债现状的必然结果，这一点可以从 A 公司的资产负债表的分析中明显看出。

第三讲　现金流量表垂直分析

现金流量表垂直分析，又称为现金流量表结构分析，是通过计算企业各项现金流入量占现金总流入量的比重，以及各项现金流出量占现金总流出量的比重，揭示企业经营活动、投资活动和筹资活动的特点及其对现金流量净额的影响方向和程度。

一、现金流入结构分析

现金流入结构分为总流入结构和内部流入结构。总流入结构反映企业经营活动的现金流入量、投资活动的现金流入量和筹资活动的现金流入量分别占现金总流入量的比重。

内部流入结构反映经营活动、投资活动和筹资活动等各项业务活动现金流入中具体项目的构成情况。现金流入结构分析可以明确企业的现金来源，以及增加现金流入应采取的措施等。

总体来说，在企业的现金流入量中，经营活动的现金流入量应当占较高比重，特别是其销售商品、提供劳务收到的现金应明显多于其他业务活动流入的现金。但是，对于不同性质的企业，这个比重可能有较大的差异。

微课 16：现金流量表垂直分析

二、现金流出结构分析

现金流出结构分为总流出结构和内部流出结构。总流出结构反映企业经营活动的现金流出量、投资活动的现金流出量和筹资活动的现金流出量分别在全部现金流出量中所占的比重。内部流出结构反映经营活动、投资活动和筹资活动等各项业务活动现金流出中具体项目的构成情况。现金流出结构可以表明企业的现金流向，以及要节约开支应从哪些方面入手等。

在一般情况下，购买商品、接受劳务支付的现金往往占较高的比重，投资活动和筹资活动的现金流出比重则因企业的投资政策和筹资政策状况不同而存在很大的差异。

三、现金流量组合分析

将经营活动、投资活动和筹资活动的现金流量净额的正负组合进行分析，可以发现企业当前的经营状况特征。

（一）同时存在大量的经营活动、投资活动和筹资活动现金净流入量

这种组合体现出企业拥有充沛的现金流入量。在经营活动和投资活动都为企业带来现金净流入量的同时，企业还在积极地开展筹资活动，可能在为大笔支出做准备。企业的现金存量增加，如果没有很好的投资计划，可能出现资金闲置的情况。

（二）经营活动和投资活动产生现金净流入量，筹资活动导致现金净流出量

这种组合往往意味着企业的经营和投资状况良好，已进入债务偿还期或者为股东分配股利。

（三）经营活动和筹资活动产生现金净流入量，投资活动导致现金净流出量

这种组合反映企业利用经营活动产生的现金流量以及筹资获得的资金进行了投资活动。企业实施积极的扩张政策可能有助于企业未来持续稳定的利润增长，这还要视投资活动的效果而定。

（四）经营活动产生现金净流入量，投资活动和筹资活动导致现金净流出量

这种组合意味着企业依赖经营活动的现金流入量进行投资活动并偿还债务或分配股利，体现经营活动强大的现金产生能力，也要提防现金消耗量过大导致现金不足。

（五）经营活动导致现金净流出量，投资活动和筹资活动产生现金净流入量

在这种情况下，经营收现收入无法弥补经营付现成本，出现现金短缺；企业正在通过筹资活动以及投资变现或投资收益来补充经营活动现金缺口。如果企业无法采取有效措施扭转经营活动的困境，长此以往将可能导致企业资金链断裂。

（六）经营活动和筹资活动导致现金净流出量，投资活动产生现金净流入

这样的企业形成了由投资活动现金流量独自苦苦支撑的局面。投资活动产生的现金流量既要填补经营活动现金缺口，又要偿还债务或支付股利。此时要分析投资活动现金流量的产生来源。如果其来自子公司或联营、合营企业的可持续的投资收益，则尚可维持局面。如果其来自出售投资性资产，则会坐吃山空。

（七）经营活动和投资活动导致现金净流出量，筹资活动产生现金净流入量

企业一方面经营陷入困境，一方面扩大投资，此时企业严重依赖外部融资，希望通过高质量的投资挽救困局。

（八）经营活动、投资活动和筹资活动导致现金流量全部净流出

此时企业内部经营活动在流失现金，外部的筹资活动也在抽取现金，企业只能通过消耗存量资金进行对外投资，投资活动的效果决定了企业未来的命运。

现金流量组合分析只是针对一般性情况的初步分析，在此基础上应结合具体的现金流量信息进一步深入分析。如有特殊情况发生，则及时纠正分析结论。

同样以 A 公司（母公司个别报表）为例，进行现金流量表垂直分析，A 公司现金流量表垂直分析表如表 4-2 所示。

表 4-2　A 公司现金流量表垂直分析表

编制单位：A 电器股份有限公司

项目	本年/元	现金流入结构/%	现金流出结构/%	内部结构/%
一、经营活动产生的现金流量：				
销售商品、提供劳务收到的现金	81 121 907 908.96	89.43		97.03
收到的税费返还	439 259 771.97	0.48		0.53
收到其他与经营活动有关的现金	2 044 956 873.73	2.25		2.45
经营活动现金流入小计	83 606 124 554.66	92.17		100.00

续表

项目	本年/元	现金流入结构/%	现金流出结构/%	内部结构/%
购买商品、接受劳务支付的现金	46 433 067 550.09		62.93	73.00
支付给职工以及为职工支付的现金	2 108 619 806.11		2.86	3.31
支付的各项税费	8 867 754 724.24		12.02	13.94
支付其他与经营活动有关的现金	6 201 781 599.39		8.41	9.75
经营活动现金流出小计	63 611 223 679.83		86.21	100.00
经营活动产生的现金流量净额	19 994 900 874.83			
二、投资活动产生的现金流量:				
收回投资收到的现金				
取得投资收益收到的现金	31 332 303.10	0.03		5.72
处置固定资产、无形资产和其他长期资产收回的现金净额	1 516 760.00	0.00		0.28
处置子公司及其他营业单位收到的现金净额	6 986 414.44	0.01		1.28
收到其他与投资活动有关的现金	507 637 912.96	0.56		92.72
投资活动现金流入小计	547 473 390.50	0.60		100.00
购建固定资产、无形资产和其他长期资产支付的现金	349 976 946.59		0.47	58.04
投资支付的现金	253 000 000.00		0.34	41.96
取得子公司及其他营业单位支付的现金净额				
支付其他与投资活动有关的现金				
投资活动现金流出小计	602 976 946.59		0.82	100.00
投资活动产生的现金流量净额	-55 503 556.09			
三、筹资活动产生的现金流量:				
吸收投资收到的现金				
取得借款收到的现金	6 321 749 791.33	6.97		96.41
收到其他与筹资活动有关的现金	235 620 087.87	0.26		3.59
筹资活动现金流入小计	6 557 369 879.20	7.23		100.00
偿还债务支付的现金	4 961 710 236.95		6.72	51.85
分配股利、利润或偿付利息支付的现金	4 607 076 863.78		6.24	48.15
支付其他与筹资活动有关的现金				
筹资活动现金流出小计	9 568 787 100.73		12.97	100.00
筹资活动产生的现金流量净额	-3 011 417 221.53			
现金流入总额	90 710 967 824.36	100.00		
现金流出总额	73 782 987 727.15		100.00	
四、汇率变动对现金及现金等价物的影响	38 392 791.70			
五、现金及现金等价物净增加额	16 966 372 888.91			
加:期初现金及现金等价物余额	33 405 450 196.45			
六、期末现金及现金等价物余额	50 371 823 085.36			

根据现金流量表垂直分析表的数据,可以得出以下结论。

(1) 现金流入结构分析。A 公司本年现金流入总量为 90 710 967 824.36 元,其中经营活动现金流入量、投资活动现金流入量和筹资活动现金流入量所占比重分别为 92.17%、0.60% 和 7.23%。可见,A 公司的现金流入量基本上都是由经营活动产生的。经营活动的现金流入量中销售商品、提供劳务收到的现金占 89.43%。总体来说,A 公司的现金流入量中,经营活动的现金流入量占大部分,特别是其销售商品、提供劳务收到的现金明显多于其他业务活动流入的现金。

(2) 现金流出结构分析。A 公司本年现金流出总量为 73 782 987 727.15 元,其中经营活动现金流出量、投资活动现金流出量和筹资活动现金流出量所占比重分别为 86.21%、0.82% 和 12.97%。可见,在现金流出总量中经营活动现金流出量所占的比重最高。在经营活动现金流出量中,购买商品、接受劳务支付的现金占 73.00%,比重最高,是现金流出的主要项目。投资活动现金流出量仅占 0.82%,其主要用于购建固定资产、无形资产和其他长期资产等项目的投资。筹资活动现金流出量占 12.97%,其主要用于偿还债务和分配股利、利润或偿付利息支付。这两项现金流出量占筹资活动现金流出量的比重分别为 51.85% 和 48.15%。总体来说,A 公司的现金流出量中,购买商品、接受劳务支付的现金占较高的比重,筹资活动的现金流出主要是企业的资本结构偏重于负债所导致的。

第四讲　现金流量表单项分析

一、经营活动现金流量项目分析

经营活动产生的现金流量,是企业在日常的营业活动中从事正常经营业务所产生的现金流量,反映企业经常性的、持续的资金流入和流出情况。它是现金流量分析的重点,体现了企业现金的主要来源。

(一) 销售商品、提供劳务收到的现金

该项目反映企业销售商品、提供劳务实际收到的现金(含销售收入和应向购买者收取的增值税额),包括本期销售商品、提供劳务收到的现金,以及前期销售商品、前期提供劳务本期收到的现金和本期预收的账款,减去本期销售本期退回的商品和前期销售本期退回的商品支付的现金。企业销售材料和代购代销业务收到的现金,也在该项目中反映。

销售商品、提供劳务收到的现金项目是企业现金流入的主要来源,通常具有数额大、所占比例高的特点。其与利润表中的营业收入项目相对比,可以判断企业销售收现情况。

微课 17:现金流量表单项分析

(二) 收到的税费返还

该项目反映企业收到返还的各种税费,如收到的增值税、消费税、所得税、关税和教育费附加返还等。

此项目通常数额不大,对经营活动现金流量影响也不大。很多企业的该项目数额为零,只有外贸出口型企业、国家财政扶持领域的企业或地方政府支持的上市公司才可能涉及此项目。

(三) 收到其他与经营活动有关的现金

该项目反映企业除了上述各项目,收到的其他与经营活动有关的现金流入,如罚款收

入、流动资产损失中由个人赔偿的现金收入、经营租赁固定资产收到的现金、投资性房地产收到的租金收入、除了税费返还的其他政府补助、收到的押金、收到退还的其他应收款等。其他现金流入如价值较大的，应单列项目反映。

此项目具有不稳定性，数额不应过大。

（四）购买商品、接受劳务支付的现金

该项目反映企业购买材料、商品、接受劳务实际支付的现金，包括本期购入材料、商品，接受劳务支付的现金（包括增值税进项税额）以及本期支付前期购入商品、接受劳务的未付款项和本期预付款项。本期发生的购货退回收到的现金应从该项目内减去。企业代购代销业务支付的现金也在该项目反映。

购买商品、接受劳务支付的现金项目一般是企业现金流出的主要方向，通常具有数额大、所占比重高的特点。将其与资产负债表中的"应付账款""应付票据"和"预付账款"等项目变化情况比较，可以判断企业购买商品付现率的情况，借此可以了解企业资金的紧张程度或企业的商业信用情况，从而可以更加清楚地认识企业目前所面临的财务状况。

（五）支付给职工以及为职工支付的现金

支付给职工以及为职工支付的现金项目反映企业本期实际支付给职工的工资、奖金、各种津贴和补贴等职工薪酬，但是应由在建工程、无形资产负担的职工薪酬以及支付给离退休人员的职工薪酬除外。两者分别在"购建固定资产、无形资产和其他长期资产支付的现金"和"支付其他与经营活动有关的现金"项目反映。此项目能够反映企业的人力成本水平。

（六）支付其他与经营活动有关的现金

支付其他与经营活动有关的现金项目反映企业支付的罚款支出、差旅费、业务招待费、保险费等其他与经营活动有关的项目的现金流出，金额较大的应当单独列示。该项目主要与利润表的"销售费用"以及"管理费用"项目对应，可结合相关信息进行分析。

（七）经营活动现金流量净额

经营活动现金流量阶段性分析评价表如表 4-3 所示。

表 4-3　经营活动现金流量阶段性分析评价表

现金流量	经营周期			
	萌芽期	成长期	成熟期	衰退期
经营活动产生的现金流量<0	正常	长期持续，说明回笼现金能力很差		很差
经营活动产生的现金流量=0	中等	长期持续，说明回笼现金能力很差		一般
经营活动产生的现金流量>0，但不足以补偿当期的非现金消耗性成本	较好	长期持续，仍然不能给予较高评价		较好
经营活动产生的现金流量>0，并恰好能补偿当期的非现金消耗性成本	好	较好	好	好
经营活动产生的现金流量>0，在补偿当期的非现金消耗性成本后仍有剩余	很好	很好	很好	很好

在三类业务活动引起的现金流量中，经营活动现金流量的稳定性和再生性较好，在一般情况下应占较高比重。如果经营活动现金流入量小于现金流出量，即经营活动现金流量净额小于零，则说明经营活动的现金流量自我适应能力较差，经营活动现金流入量不仅不能支持投资或偿债的资金需要，而且经营活动还在"蚕食"企业的现金存量。如果这种状

况一直持续，则企业需要借助收回投资或举借新债取得现金才能维持正常的经营。

如果经营活动的现金流入量大于现金流出量，即经营活动的现金流量净额大于零，则通过经营活动收取的现金不仅能够弥补经营的付现成本，还可弥补一部分非付现成本。如果经营活动现金流量净额大于非付现成本，则企业经营活动的现金流量自我适应能力较强，通过经营活动收取的现金不仅能够弥补经营的付现成本和非付现成本，经营现金流量净额大于零的部分还可以用于再投资或偿债。

二、投资活动现金流量项目分析

（一）收回投资收到的现金

该项目反映企业出售、转让或到期收回除了现金等价物的对其他企业的交易性金融资产、债权投资、其他债权投资、其他权益工具投资、长期股权投资（不包括处置子公司）等投资收到的现金。

如果盈利出售投资性资产导致现金流入量，则说明前期投资活动取得了收益。如果企业在大量出售投资，缩小投资规模，则可能意味着企业在规避投资风险、投资战略改变或企业存在资金紧张的问题。

（二）取得投资收益收到的现金

该项目反映企业交易性金融资产、债权投资、其他债权投资，其他权益工具投资等投资分得的现金股利，从子公司、联营企业或合营企业分回利润、现金股利而收到的现金（收到的现金股利），因债权性投资而取得的现金利息收入，包括在现金等价物范围内的债权性投资，其利息收入在该项目反映，不包括股票股利。

（三）处置固定资产、无形资产和其他长期资产收回的现金净额

该项目反映企业出售固定资产、无形资产和其他长期资产（如投资性房地产）所取得的现金，减去为处置这些资产而支付的有关税费后的净额。自然灾害等原因造成的固定资产等长期资产报废、损失而收到的保险赔偿收入也在该项目反映。如处置固定资产、无形资产和其他长期资产所收回的现金净额为负数，则应将其作为投资活动产生的现金流量，在"支付其他与投资活动有关的现金"项目反映。

（四）处置子公司及其他营业单位收到的现金净额

该项目反映企业处置子公司及其他营业单位所取得的现金减去相关处置费用后的净额。

（五）购建固定资产、无形资产和其他长期资产支付的现金

该项目反映企业本期购买、建造固定资产、取得无形资产和其他长期资产（如投资性房地产）实际支付的现金，包括购买固定资产、无形资产等支付的价款和相关税费，以及用现金支付的应由在建工程和无形资产负担的职工薪酬，不包括为购建固定资产而发生的借款利息资本化的部分；企业支付的借款利息，在筹资活动产生的现金流量在"分配股利、利润偿付利息支付的现金"中反映。企业分期付款购建固定资产、无形资产各期支付的现金，均在"支付其他与筹资活动有关的现金"中反映。此项目能够表明企业扩大再生产能力的强弱，可以借此了解企业未来的经营方向和获利能力，揭示企业未来经营方式和经营战略的发展变化。

（六）投资支付的现金

该项目反映企业取得的除现金等价物以外的权益性投资和债权性投资所支付的现金以

及佣金、手续费等附加费用。该项目可结合资产负债表中对外投资各项目的增加额分析。此项目可以表明企业参与资本市场运作、实施股权及债权投资能力的强弱，分析投资方向与企业的战略目标是否一致。

（七）取得子公司及其他营业单位支付的现金净额

该项目反映企业购买子公司及其他营业单位购买出价中以现金支付的部分，减去子公司或其他营业单位持有的现金和现金等价物后的净额。

（八）投资活动现金流量净额

投资活动的现金流入量减去投资活动的现金流出量，所得到的结果就是投资活动给企业增加的现金净流量，即投资活动产生的现金流量净额。如果净额大于零，可得到两种相反的结论：一种是企业投资收益显著，尤其是短期投资回报收现能力较强；另一种可能是企业因财务危机，同时难以从外部筹资，而不得不处置一些长期资产，以补偿日常经营活动的现金需求。通过比较"投资支付的现金"和"取得投资收益收到的现金"，会计信息使用者可以对企业资本运营的效果做出评价和判断。此外，通过比较"投资支付的现金"与利润表中的投资收益项目，会计信息使用者可以对企业"投资收益"的含金量做出判断：如果"取得投资收益收到的现金"小于"投资收益"，则说明企业"投资收益"的变现能力较差。当然，其中也不排除利润操纵的可能性，应予以关注。处于初创期或成长期的企业，投资现金流量净额通常是负数；处于成熟期的企业，投资现金流量净额是正负相间的；处于衰退期的企业，投资现金流量净额通常是正数。

三、筹资活动现金流量项目分析

（一）吸收投资收到的现金

该项目反映企业以发行股票等方式筹集资金实际收到的款项净额（发行收入减去支付的佣金、手续费、宣传费、咨询费、印刷费等发行费用后的净额）。

（二）取得借款收到的现金

该项目反映企业举借各种短期、长期借款而收到的现金。此项目数额的大小表明企业通过银行筹集资金能力的强弱，在一定程度上代表了企业信用水平的高低。

（三）收到其他与筹资活动有关的现金

该项目反映除上述项目外，产生的其他与筹资活动有关的现金流入，如接受现金捐赠等。注意，如果其他现金流入价值较大，则应单独列报。

（四）偿还债务支付的现金

该项目反映企业以现金偿还债务的本金。此项目有助于分析企业资金周转是否已经达到良性循环状态。

（五）分配股利、利润或偿付利息支付的现金

该项目反映企业实际支付的现金股利，支付给其他投资单位的利润或用现金支付的借款利息、债券利息。利润的分配情况可以反映企业现金的充裕程度。

（六）支付其他与筹资活动有关的现金

该项目反映企业除上述项目外，产生的其他与筹资现金有关的现金流出，包括以发行股票、债券等方式筹集资金而由企业直接支付的审计和咨询等费用，为购建固定资产而发

生的借款利息资本化部分，融资租入固定资产所支付的租赁费，以分期付款方式购建固定资产的各期支付的现金等。

（七）筹资活动现金流量净额

筹资活动的净现金变化规律与投资活动相反：处于初创期或成长期的企业，筹资现金流量净额通常是正数；处于成熟期的企业，筹资现金流量净额是正负相间的；处于衰退期的企业，筹资现金流量净额通常是负数。

筹资活动产生的现金流量净额小于零意味着企业在吸收权益性投资、借款等方面所收到的现金之和大于企业在偿还债务、偿付利息和股利等方面所支付的现金之和。它的出现，或是由于企业在本会计期间集中发生偿还债务、偿付利息和股利；或是由于企业经营活动与投资活动在现金流量方面运转较好，有能力完成上述各项支付。但是，企业筹资活动产生的现金流量净额小于零，也可能是企业在投资和扩张方面没有更多作为的一种表现。

筹资活动产生的现金流量净额大于零，意味着企业在吸收权益性投资、借款等方面所收到的现金之和大于企业在偿还债务、偿付利息和股利等方面所支付的现金之和。企业处于发展的起步阶段时，需要大量资金，在企业经营活动产生的现金流量小于零的条件下，企业对现金的需求主要通过筹资活动来满足。因此，财务分析人员应当分析企业筹资活动产生的现金流量净额大于零是否正常，企业的筹资活动是否已经被纳入企业的发展规划，其是企业管理层以扩大投资和经营活动为目标的主动筹资行为，还是企业因投资活动和经营活动的现金流出失控而不得已发生的筹资行为。

我国货币政策的供求与均衡

案例演练

【案例演练（一）】（现金流量表水平分析）

根据 LN 公司 2021 年和 2022 年的现金流量表（表 4-4），利用 LN 公司不同期间的现金流量变动情况，编制其现金流量表水平分析表，并自主分析评价现金流量的变动原因，以及这些变动对 LN 公司的影响。

表 4-4 LN 公司 2021 年和 2022 年的现金流量表   金额单位：万元

项目	2022 年	2021 年
一、经营活动产生的现金流量		
销售商品、提供劳务收到的现金	1 240.00	1 039.00
收到的税费返还	33.00	20.00
收到其他与经营活动有关的现金	59.00	70.00
经营活动现金流入小计	1 332.00	1 129.00
购买商品、接受劳务支付的现金	985.00	854.00
支付给职工以及为职工支付的现金	60.00	63.00
支付的各项税费	143.00	159.00
支付的其他与经营活动有关的现金	109.00	202.00
经营活动现金流出小计	1 297.00	1 278.00
经营活动产生的现金流量净额	35.00	−149.00
二、投资活动产生的现金流量		
收回投资收到的现金	205.00	260.00

续表

项目	2022 年	2021 年
取得投资收益收到的现金	37.00	30.00
投资活动现金流入小计	242.00	290.00
购建固定资产、无形资产和其他长期资产支付的现金	155.00	175.00
投资支付的现金	104.00	200.00
投资活动现金流出小计	259.00	375.00
投资活动产生的现金流量净额	-17.00	-85.00
三、筹资活动产生的现金流量		
吸收投资收到的现金	150.00	177.00
取得借款收到的现金	165.00	263.00
筹资活动现金流入小计	315.00	440.00
偿还债务支付的现金	187.00	335.00
分配股利、利润或偿付利息支付的现金	15.00	15.00
筹资活动现金流出小计	202.00	350.00
筹资活动产生的现金流量净额	113.00	90.00
四、汇率变动对现金及现金等价物的影响		
五、现金及现金等价物净增加额	131.00	-144.00
加：期初现金及现金等价物余额		
六、期末现金及现金等价物余额		

【分析过程】

1. 现金流量表水平分析表的编制

根据 LN 公司的现金流量表，编制其现金流量表水平分析表，如表 4-5 所示。

表 4-5　LN 公司现金流量表水平分析表　　　　金额单位：万元

项目	2022 年	2021 年	增减变动额	增减变动率/%
一、经营活动产生的现金流量				
销售商品、提供劳务收到的现金	1 240.00	1 039.00	201.00	19.35
收到的税费返还	33.00	20.00	13.00	65.00
收到的其他与经营活动有关的现金	59.00	70.00	-11.00	-15.71
经营活动现金流入小计	1 332.00	1 129.00	203.00	17.98
购买商品、接受劳务支付的现金	985.00	854.00	131.00	15.34
支付给职工以及为职工支付的现金	60.00	63.00	-3.00	-4.76
支付的各项税费	143.00	159.00	-16.00	-10.06
支付的其他与经营活动有关的现金	109.00	202.00	-93.00	-46.04
经营活动现金流出小计	1 297.00	1 278.00	19.00	1.49
经营活动产生的现金流量净额	35.00	-149.00	184.00	123.49
二、投资活动产生的现金流量				
收回投资收到的现金	205.00	260.00	-55.00	-21.15
取得投资收益收到的现金	37.00	30.00	7.00	23.33

续表

项目	2022年	2021年	增减变动额	增减变动率/%
投资活动现金流入小计	242.00	290.00	-48.00	-16.55
购建固定资产、无形资产和其他长期资产支付的现金	155.00	175.00	-20.00	-11.43
投资支付的现金	104.00	200.00	-96.00	-48.00
投资活动现金流出小计	259.00	375.00	-116.00	-30.93
投资活动产生的现金流量净额	-17.00	-85.00	68.00	80.00
三、筹资活动产生的现金流量				
吸收投资收到的现金	150.00	177.00	-27.00	-15.25
取得借款收到的现金	165.00	263.00	-98.00	-37.26
筹资活动现金流入小计	315.00	440.00	-125.00	-28.41
偿还债务支付的现金	187.00	335.00	-148.00	-44.18
分配股利、利润或偿付利息支付的现金	15.00	15.00	0.00	0.00
筹资活动现金流出小计	202.00	350.00	-148.00	-42.29
筹资活动产生的现金流量净额	113.00	90.00	23.00	25.56
四、汇率变动对现金及现金等价物的影响				
五、现金及现金等价物净增加额	131.00	-144.00	275.00	-190.97
加：期初现金及现金等价物余额				
六、期末现金及现金等价物余额				

2. 现金流量表水平分析

从LN公司现金流量表水平分析表可以看出，LN公司2022年的现金流量净额比2021年增加了275万元。经营活动、投资活动和筹资活动产生的现金流量净额较上年的增长额分别是184万元、68万元和23万元。

经营活动现金流量净额2022年比2021年增加了184万元，增长幅度为123.49%。经营活动的现金流入量和流出量分别比去年增长了17.98%和1.49%，增长额分别为203万元和19万元。经营活动现金流入量的增长远远大于经营活动现金流出量的增长，致使经营活动现金流量净额大幅增长。经营活动现金流入量的增长主要是因为销售商品、提供劳务收到的现金增加了201万元，增长幅度为19.35%。经营活动现金流出量的增加主要是因为购买商品、接受劳务支付的现金增加了131万元，增长幅度为15.34%。支付的各项税费减少了16万元，减少幅度为10.06%；支付的其他与经营活动有关的现金减少了93万元，减少幅度为46.04%。上述因素共同作用，最终使经营活动现金流出量小幅上涨，即上涨1.49%。

投资活动现金流量净额2022年比2021年增加了68万元，增长幅度为80%，这主要是因为2022年投资活动现金流出量比去年少。2022年和2021年的投资活动现金流出量都大于投资活动现金流入量，且2022年的投资活动现金流出量比2021年少，这主要是因为：投资支付的现金减少了96万元，减少幅度为48%；购建固定资产、无形资产和其他长期资产支付的现金减少了20万元，减少幅度为11.43%。上述数据说明LN公司2022年对外投资减少，且对内减少了固定资产等长期资产的购建。

筹资活动现金流量净额2022年比2021年增加了23万元，增长幅度为25.56%，这主要是因为筹资活动总现金流出减少的幅度大于筹资活动总现金流入减少的幅度，使得最终现金流量净额较上年增长。具体来说，偿还债务支付的现金减少了 148 万元，这说明 LN 公司债务负担减轻，筹资活动范围缩小。而筹资活动现金流入量减少了 125 万元，这主要是因为取得借款收到的现金和吸收投资收到的现金较上年减少。

【案例演练（二）】（现金流量表垂直分析）

根据 LN 公司的现金流量表编制现金流量表垂直分析表，并根据所编制的现金流量表垂直分析表自主分析评价现金流量表变动原因，以及这些变动对 LN 公司的影响。

【分析过程】

1. 现金流量表垂直分析表的编制

根据 LN 公司现金流量表，编制其现金流量表垂直分析表，如表 4-6 所示。

表 4-6　LN 公司现金流量表垂直分析表　　　　　　　金额单位：万元

项目	2022 年				2021 年			
	金额	流入结构/%	流出结构/%	内部结构/%	金额	流入结构/%	流出结构/%	内部结构/%
一、经营活动产生的现金流量								
销售商品、提供劳务收到的现金	1 240.00	65.64		93.09	1 039.00	55.89		92.03
收到的税费返还	33.00	1.75		2.48	20.00	1.08		1.77
收到其他与经营活动有关的现金	59.00	3.12		4.43	70.00	3.77		6.20
经营活动现金流入小计	1 332.00	70.51		100.00	1 129.00	60.73		100.00
购买商品、接受劳务支付的现金	985.00		56.03	75.94	854.00		42.64	66.82
支付给职工以及为职工支付的现金	60.00		3.41	4.63	63.00		3.15	4.93
支付的各项税费	143.00		8.13	11.03	159.00		7.94	12.44
支付其他与经营活动有关的现金	109.00		6.20	8.40	202.00		10.08	15.81
经营活动现金流出小计	1 297.00		73.78	100.00	1 278.00		63.80	100.00
经营活动产生的现金流量净额	35.00				−149.00			
二、投资活动产生的现金流量								
收回投资收到的现金	205.00	10.85		84.71	260.00	13.99		89.66
取得投资收益收到的现金	37.00	1.96		15.29	30.00	1.61		10.34
投资活动现金流入小计	242.00	12.81		100.00	290.00	15.60		100.00
购建固定资产、无形资产和其他长期资产支付的现金	155.00		8.82	59.85	175.00		8.74	46.67
投资支付的现金	104.00		5.92	40.15	200.00		9.99	53.33
投资活动现金流出小计	259.00		14.73	100.00	375.00		18.72	100.00
投资活动产生的现金流量净额	−17.00				−85.00			
三、筹资活动产生的现金流量								

续表

项目	2022 年				2021 年			
	金额	流入结构/%	流出结构/%	内部结构/%	金额	流入结构/%	流出结构/%	内部结构/%
吸收投资收到的现金	150.00	7.94		47.62	177.00	9.52		40.23
取得借款收到的现金	165.00	8.73		52.38	263.00	14.15		59.77
筹资活动现金流入小计	315.00	16.68		100.00	440.00	23.67		100.00
偿还债务支付的现金	187.00		10.64	92.57	335.00		16.72	95.71
分配股利、利润或偿付利息支付的现金	15.00		0.85	7.43	15.00		0.75	4.29
筹资活动现金流出小计	202.00		11.49	100.00	350.00		17.47	100.00
筹资活动产生的现金流量净额	113.00				90.00			
现金流入总额	1 889.00	100.00			1 859.00	100.00		
现金流出总额	1 758.00		100.00		2 003.00		100.00	
四、汇率变动对现金及现金等价物的影响								
五、现金及现金等价物净增加额	131.00				-144.00			
加：期初现金及现金等价物余额								
六、期末现金及现金等价物余额								

2. 现金流量表垂直分析

1）现金流入结构分析

从表 4-6 可以看出，LN 公司 2022 年现金流入总量为 1 889 万元。其中，经营活动现金流入量、投资活动现金流入量和筹资活动现金流入量所占比重分别为 70.51%、12.81% 和 16.68%，可见 LN 公司的现金流入主要由经营活动产生，表明 LN 公司经营状况良好。

在经营活动现金流入的构成中，比重最高的是销售商品、提供劳务收到的现金，这说明 LN 公司经营活动正常开展。在投资活动现金流入的构成中，比重最高的是收回投资收到的现金，虽然收回投资收到的现金比重有所下降，但不影响其主导地位。筹资活动现金流入由吸收投资收到的现金和取得借款收到的现金构成，这表明 LN 公司对外融资的能力较强。另外，LN 公司 2022 年取得借款收到的现金的比重比 2021 年有所下降，这说明债务负担减轻，财务风险变低。

总体来说，在 LN 公司的现金流入中，经营活动的现金流入量应当占较高比重，特别是销售商品、提供劳务收到的现金的比重应明显高于其他业务活动流入的现金。但是，对于不同性质的企业，这个比重也可能不同。一个专注于某一特定经营业务、较少进行对外投资、筹资政策保守、较少举债经营的企业，该比重可能尤其高。

2）现金流出结构分析

LN 公司 2022 年现金流出总量为 1 758 万元。其中，经营活动现金流出量、投资活动现金流出量和筹资活动现金流出量所占比重分别为 73.78%、14.73% 和 11.49%，可见 LN 公司的现金流出主要由经营活动产生，结合 LN 公司的现金流入结构分析，说明 LN 公司经营状况良好。

经营活动现金流出中 2022 年和 2021 年购买商品、接受劳务支付的现金占经营活动现金总流出的比重分别为 75.94% 和 66.82%，这是引起大量现金流出的主要原因。2022 年支付给职工以及为职工支付的现金占全部现金流出的比重为 3.41%，占经营活动现金流出量比重为 4.63%，相对较低，这说明支付给职工的报酬可能偏低，对职工士气可能产生影响。

2022 年和 2021 年投资活动的主要构成部分不同。2021 年投资支付的现金占投资活动现金总流出的 53.33%，是投资活动主要的现金流出。而 2022 年投资活动现金流出中占主要地位的是购建固定资产、无形资产和其他长期资产支付的现金，占投资活动现金总流出的 59.85%，这说明 LN 公司增加了对内投资。

在筹资活动现金流出中，偿还债务支付的现金在 2022 年和 2021 年都处于主导地位，这说明 LN 公司偿还债务能力较强，也从侧面反映了 LN 公司现金充足，财务状况良好。

在一般情况下，购买商品、接受劳务支付的现金往往要占现金流出总额较高的比重，而投资活动和筹资活动的现金流出比重则因企业的投资政策和筹资政策与企业经营状况不同而存在很大的差异。

【案例演练（三）】

根据×公司现金流量表（表 4-7），对×公司的现金流量情况进行分析评价。

表 4-7 ×公司现金流量表

编制单位：×公司　　　　202×年 12 月 31 日　　　　金额单位：元

项目	本年	上年
一、经营活动产生的现金流量		
销售商品、提供劳务收到的现金	469 234 955.89	441 230 068.03
收到的税费返还	885 303.19	5 577 938.18
收到的其他与经营活动有关的现金	140 475 274.34	27 515 492.44
经营活动现金流入小计	610 595 533.42	474 323 498.65
购买商品、接受劳务支付的现金	334 374 490.59	325 039 019.91
支付给职工以及为职工支付的现金	44 557 809.35	37 539 638.32
支付的各项税费	21 594 053.78	21 704 168.21
支付的其他与经营活动有关的现金	141 781 095.52	65 332 312.98
经营活动现金流出小计	542 307 449.24	449 615 139.42
经营活动产生的现金流量净额	68 288 084.18	24 708 359.23
二、投资活动产生的现金流量		
收回投资收到的现金	0	950 000.00
取得投资收益收到的现金	55 757 999.14	55 746 113.03
处置固定资产、无形资产和其他长期资产收回的现金净额	24 121 740.00	76 475.24
处置子公司及其他营业单位收到的现金净额	0	0
收到的其他与投资活动有关的现金	0	0
投资活动现金流入小计	79 879 739..14	56 772 588.27
购建固定资产、无形资产和其他长期资产支付的现金	78 118 157.21	63 370 998.14
投资支付的现金	108 204 563.25	13 112 500.00
取得子公司及其他营业单位支付的现金净额	0	0

续表

项目	本年	上年
支付的其他与投资活动有关的现金	0	0
投资活动现金流出小计	186 322 720.46	76 483 498.14
投资活动产生的现金流量净额	−106 442 981.32	−19 710 909.87
三、筹资活动产生的现金流量		
吸收投资收到的现金	22 909 150.00	0
取得借款收到的现金	448 190 000.00	224 460 000.00
收到的其他与筹资活动有关的现金	0	0
筹资活动现金流入小计	471 099 150.00	224 460 000.00
偿还债务支付的现金	337 310 000.00	234 460 000.00
分配股利、利润或偿付利息支付的现金	41 993 670.83	45 026 353.42
支付的其他与筹资活动有关的现金	875 707.60	845 000.00
筹资活动现金流出小计	380 179 378.43	280 331 353.42
筹资活动产生的现金流量净额	90 919 771.57	−55 871 353.42
四、汇率变动对现金的影响	0	0
五、现金及现金等价物净增加额	52 764 874.43	−50 873 904.06
加：年初现金及现金等价物余额	74 765 564.65	125 639 468.71
六、期末现金及现金等价物余额	127 530 439.08	74 765 564.65

（1）下面以表4-7为基础，对×公司本年现金流量进行总体分析。

×公司本年末现金及现金等价物比年初增加了52 764 874.43元，其中，经营活动产生的现金流量净额为68 288 084.18元，投资活动产生的现金流量净额为−106 442 981.32元，筹资活动产生的现金流量净额为90 919 771.57元。

① ×公司经营活动产生的现金流量净额为68 288 084.18元，其中经营活动现金流入610 595 533.42元，现金流出542 307 449.24元，这说明×公司经营活动的现金流量自我造血能力较强，通过经营活动收回的现金不仅能够满足经营本身的需要，还可以为其他各项活动（如用于再投资或偿债）提供有力的支持。

② ×公司投资活动产生的现金流量净额为−106 442 981.32元，其中投资活动现金流入79 879 739.14元，现金流出186 322 720.46元。×公司购建固定资产、无形资产和其他长期资产支付的现金为78 118 157.21元，远远大于处置固定资产、无形资产的现金流入24 121 740.00元，这是扩展中的企业的常态。而全部投资活动现金流量之所以为负数，主要是投资支付的现金和购建固定资产、无形资产和其他长期资产支付的现金数额较大所致。值得肯定的是，×公司对外投资取得的收益不错，收回的现金高达55 757 999.14元。

③ ×公司筹资活动产生的现金流量净额为90 919 771.57元，其中筹资活动现金流入471 099 150.00元，现金流出380 179 378.43元。×公司的筹资以债务筹资为主，金额高达448 190 000.00元，占全部筹资活动现金流入的95.14%。大量的债务筹资使还本付息的压力相当大。从表4-7可以看到，×公司以现金偿还债务的本金高达337 310 000.00元。因此，企业应注重调整筹资的结构和比例，借以防范债务融资风险。

×公司正处于高速发展扩张时期。这时产品的市场占有率高，销售呈现快速上升趋势，造就经营活动中大量货币资金的回笼。当然，为了扩大市场份额，×公司仍需要大量追加投资，仅靠经营活动现金流量净额远不能满足所追加投资，必须筹集必要的外部资金作为补充。

从以上分析可以看出，对于一个健康的正在成长的企业来说，经营活动的现金流量净额应是正数，投资活动现金流量净额应是负数，筹资活动的现金流量净额应是正负相间的。

（2）下面以×公司资料为例，编制现金流量表水平分析表，如表 4-8 所示。

表 4-8　×公司现金流量表水平分析表　　　　　金额单位：元

项目	本年	上年	增减变动额	增减变动率/%
一、经营活动产生的现金流量				
销售商品、提供劳务收到的现金	469 234 955.89	441 230 068.03	28 004 887.86	6.35
收到的税费返还	885 303.19	5 577 938.18	-4 692 634.99	-84.13
收到的其他与经营活动有关的现金	140 475 274.34	27 515 492.44	112 959 781.90	410.53
经营活动现金流入小计	610 595 533.42	474 323 498.65	136 272 034.77	28.73
购买商品、接受劳务支付的现金	334 374 490.59	325 039 019.91	9 335 470.68	2.87
支付给职工以及为职工支付的现金	44 557 809.35	37 539 638.32	7 018 171.03	18.70
支付的各项税费	21 594 053.78	21 704 168.21	-110 114.43	-0.51
支付的其他与经营活动有关的现金	141 781 095.52	65 332 312.98	76 448 782.54	117.02
经营活动现金流出小计	542 307 449.24	449 615 139.42	92 692 309.82	20.62
经营活动产生的现金流量净额	68 288 084.18	24 708 359.23	43 579 724.95	176.38
二、投资活动产生的现金流量				
收回投资收到的现金	0	950 000.00	-950 000.00	-100.00
取得投资收益收到的现金	55 757 999.14	55 746 113.03	11 886.11	0.02
处置固定资产、无形资产和其他长期资产收回的现金净额	24 121 740.00	76 475.24	24 045 264.76	31 441.90
处置子公司及其他营业单位收到的现金净额	0	0		
收到的其他与投资活动有关的现金	0	0		
投资活动现金流入小计	79 879 739.14	56 772 588.27	23 107 150.87	40.70
购建固定资产、无形资产和其他长期资产支付的现金	78 118 157.21	63 370 998.14	14 747 159.07	23.27
投资支付的现金	108 204 563.25	13 112 500.00	95 092 063.25	725.20
取得子公司及其他营业单位支付的现金净额	0	0		
支付的其他与投资活动有关的现金	0	0		
投资活动现金流出小计	186 322 720.46	76 483 498.14	109 839 222.32	143.61
投资活动产生的现金流量净额	-106 442 981.32	-19 710 909.87	-86 732 071.45	440.02
三、筹资活动产生的现金流量				
吸收投资收到的现金	22 909 150.00	0	22 909 150.00	
取得借款收到的现金	448 190 000.00	224 460 000.00	223 730 000.00	99.67
收到的其他与筹资活动有关的现金	0	0		
筹资活动现金流入小计	471 099 150.00	224 460 000.00	246 639 150.00	109.88
偿还债务支付的现金	337 310 000.00	234 460 000.00	102 850 000.00	43.87

续表

项目	本年	上年	增减变动额	增减变动率/%
分配股利、利润或偿付利息支付的现金	41 993 670.83	45 026 353.42	-3 032 682.59	-6.74
支付的其他与筹资活动有关的现金	875 707.60	845 000.00	30 707.60	3.63
筹资活动现金流出小计	380 179 378.43	280 331 353.42	99 848 025.01	35.62
筹资活动产生的现金流量净额	90 919 771.57	-55 871 353.42	146 791 124.99	无意义
四、汇率变动对现金的影响	0	0		
五、现金及现金等价物净增加额	52 764 874.43	-50 873 904.06	103 638 778.49	无意义
六、期末现金及现金等价物余额	127 530 439.08	74 765 564.65	52 764 874.43	70.57

从表4-8可以看出，×公司本年净现金流量比上年增加了103 638 778.49元。经营活动、投资活动和筹资活动产生的现金流量净额较上年的变动额分别为43 579 724.95元、-86 732 071.45元和146 791 124.99元。

经营活动产生的现金流量净额比上年增加了43 579 724.95元，增长幅度为176.38%。经营活动现金流入量和现金流出量分别比上年增长28.73%和20.62%，增长额分别为136 272 034.77元和92 692 309.82元。经营活动现金流入量的增长主要是因为收到的其他与经营活动有关的现金增加了112 959 781.90元，增长幅度为410.53%；还有销售商品、提供劳务收到的现金增加了28 004 887.86元，增长幅度为6.35%。经营活动现金流出量的增长主要受支付的其他与经营活动有关的现金增加76 448 782.54元（增长幅度为117.02%）的影响；另外，购买商品、接受劳务支付的现金和支付给职工以及为职工支付的现金亦有不同程度的增长。

投资活动产生的现金流量净额比上年减少了86 732 071.45元，其主要原因是投资支付的现金和购建固定资产、无形资产和其他长期资产支付的现金分别比上年增加了95 092 063.25元和14 747 159.07元；而处置固定资产、无形资产和其他长期资产收回的现金净额却只有24 045 264.76元，取得投资收益收到的现金只增加了11 886.11元，可以忽略不计。

筹资活动产生的现金流量净额比上年增加了146 791 124.99元，这主要是因为本年取得借款收到的现金较上年增加了223 730 000.00元。

（3）以下以×公司现金流量表为基础，经过处理，编制现金流量表垂直分析表，如表4-9所示。

表4-9 ×公司现金流量表垂直分析表　　　　　　金额单位：元

项目	本年	流入结构/%	流出结构/%	内部结构/%
一、经营活动产生的现金流量				
销售商品、提供劳务收到的现金	469 234 955.89	40.40		76.85
收到的税费返还	885 303.19	0.08		0.14
收到的其他与经营活动有关的现金	140 475 274.34	12.09		23.01
经营活动现金流入小计	610 595 533.42	52.57		100.00
购买商品、接受劳务支付的现金	334 374 490.59		30.16	61.66
支付给职工以及为职工支付的现金	44 557 809.35		4.02	8.22
支付的各项税费	21 594 053.78		1.95	3.98
支付的其他与经营活动有关的现金	141 781 095.52		12.79	26.14

续表

项目	本年	流入结构/%	流出结构/%	内部结构/%
经营活动现金流出小计	542 307 449.24		48.91	100.00
经营活动产生的现金流量净额	68 288 084.18			
二、投资活动产生的现金流量				
取得投资收益收到的现金	55 757 999.14	4.80		69.80
处置固定资产、无形资产和其他长期资产收回的现金净额	24 121 740.00	2.08		30.20
投资活动现金流入小计	79 879 739.14	6.88		100.00
购建固定资产、无形资产和其他长期资产支付的现金	78 118 157.21		7.04	41.93
投资支付的现金	108 204 563.25		9.76	58.07
投资活动现金流出小计	186 322 720.46		16.80	100.00
投资活动产生的现金流量净额	-106 442 981.32			
三、筹资活动产生的现金流量				
吸收投资收到的现金	22 909 150.00	1.97		4.86
取得借款收到的现金	448 190 000.00	38.58		95.14
筹资活动现金流入小计	471 099 150.00	40.55		100.00
偿还债务支付的现金	337 310 000.00		30.42	88.72
分配股利、利润或偿付利息支付的现金	41 993 670.83		3.79	11.05
支付的其他与筹资活动有关的现金	875 707.60		0.08	0.23
筹资活动现金流出小计	380 179 378.43		34.29	100.00
筹资活动产生的现金流量净额	90 919 771.57			
现金流入总额	1 161 574 422.56	100.00		
现金流出总额	1 108 809 548.13		100.00	
四、汇率变动对现金的影响	0			
五、现金及现金等价物净增加额	52 764 874.43			
六、期末现金及现金等价物余额	127 530 439.08			

×公司本年现金流入总量为1 161 574 422.56元，其中经营活动现金流入量、投资活动现金流入量和筹资活动现金流入量所占比重分别为52.57%、6.88%和40.55%。可见×公司的现金流入量主要是由经营活动产生的。经营活动的现金流入量中销售商品、提供劳务收到的现金与收到的其他与经营活动有关的现金，投资活动的现金流入量中取得投资收益收到的现金，筹资活动的现金流入量中取得借款收到的现金分别占各类现金流入量的较高比重。

×公司现金流出总量为1 108 809 548.13元，其中经营活动现金流出量、投资活动现金流出量和筹资活动现金流出量所占比重分别为48.91%、16.80%和34.29%。可见，在现金流出总量中经营活动现金流出量所占的比重最高，筹资活动现金流出量所占比重次之。在经营活动现金流出量中，购买商品、接受劳务支付的现金占30.16%，比重最高；支付的其他与经营活动有关的现金占现金总流出量的比重为12.79%，占经营活动现金流出量的比重为26.14%，是现金流出的主要项目。投资活动现金流出量主要是投资支付的现金，其占现金总流出量的比重为9.76%，占投资活动现金流出量的比重为58.07%。筹资活动现金流出量主要用于偿还债务,当期偿还债务支付的现金占现金总流出量的比重为 30.42%,占筹资活动现金流出量的比重为 88.72%。

 实验操作

实验一 现金流量净额分析

【任务描述】

分析拉菲公司近 6 年各财务活动现金流量净额变动趋势。

微课 18:现金流量表分析实验

【任务实施】

(1) 观察数据源。

观察"拉菲公司经营数据"库中所包含的企业现金流量信息数据表:a08 现金流量表_横向。

(2) 提出问题。

明确分析范围和分析目标为"拉菲公司现金流量净额变动趋势分析"。现金流量由经营活动现金流量净额、投资活动现金流量净额和筹资活动现金流量净额构成,通过观察各期间各财务活动现金流量净额变动情况,可以了解企业整体现金流的健康程度。

(3) 获取数据。

确定数据源,选择"a08 现金流量表_横向"。

(4) 清洗数据。

① 字段选择:经营活动产生的现金流量净额、投资活动产生的现金流量净额、筹资活动产生的现金流量净额、所属期、企业名称。

② 过滤条件:企业名称="拉菲首饰有限公司"(图 4-1)。

图 4-1 拉菲公司现金流量净额分析数据清洗

(5) 分析数据。

① 制作图形:图形:柱状图 1;横轴:所属期;纵轴:经营活动产生的现金流量净额、投资活动产生的现金流量净额、筹资活动产生的现金流量净额。

② 预览图形：直观地观察数据的特征（图4-2）。

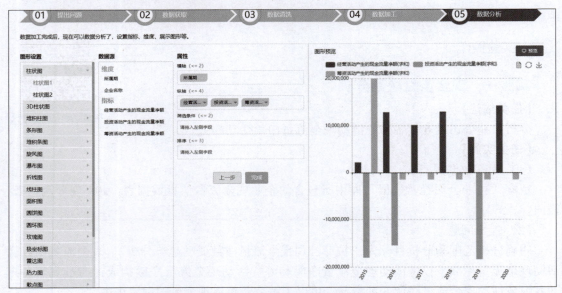

图4-2　拉菲公司现金流量净额分析柱状图

实验二　现金流入、流出结构分析

【任务描述】

分析拉菲公司各年现金流入、流出结构。

【任务实施】

（1）观察数据源。

观察"拉菲公司经营数据"库中所包含的企业现金流量信息数据表：a07现金流量表_纵向。

（2）提出问题。

明确分析范围和分析目标为"拉菲公司历年现金流入、流出结构分析"。现金流入结构分析反映了企业的各项业务活动现金流入，如经营活动现金流入、投资活动现金流入、筹资活动现金流入等在全部现金流入中的比重。现金流出结构分析反映了企业的各项业务活动现金流出，如经营活动现金流出、投资活动现金流出、筹资活动现金流出等在全部现金流出中的比重。通过现金流入、流出结构分析，可以了解企业现金流入的来源和支出的去向，为现金管理提供决策依据。

（3）获取数据。

确定数据源，选择"a07现金流量表_纵向"。

（4）清洗数据。

① 字段选择：全选。

② 过滤条件：企业名称="拉菲首饰有限公司" and（报表项目 like "%现金流入小计" or 报表项目 like "%现金流出小计"）（图4-3）。

（5）加工数据。

① 合并数据：无。

② 自定义列：财务活动=left(报表项目,4)，现金流方向=mid(报表项目,5,4)（图4-4、图4-5）。

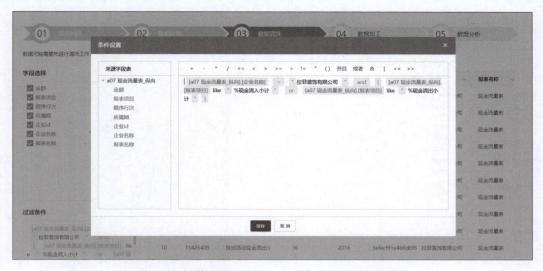

图 4-3 拉菲公司现金流入、流出结构分析数据清洗

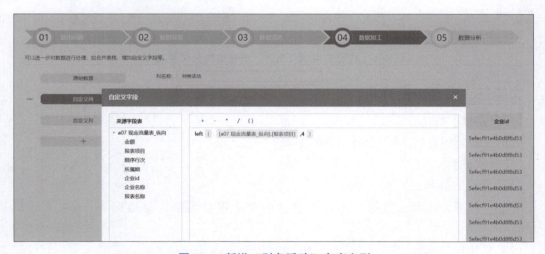

图 4-4 新增"财务活动"自定义列

图 4-5 新增"现金流方向"自定义列

(6) 分析数据。

① 制作图形：图形：桑基图；分类：所属期、现金流方向、财务活动；值：金额。

② 预览图形：直观地观察数据的特征（图 4-6）。

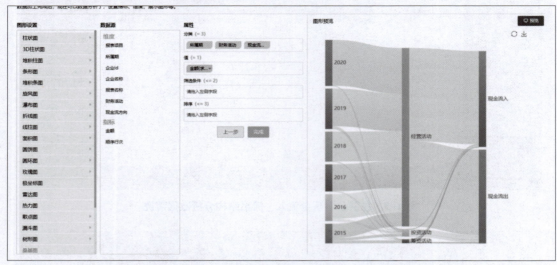

图 4-6　拉菲公司现金流入、流出结构分析桑基图

实验三　现金流出分析

【任务描述】

分析拉菲公司各年实际现金流出情况。

【任务实施】

（1）观察数据源。

观察"拉菲公司经营数据"库中所包含的企业现金流量信息数据表：a09 资金流动记录。

（2）提出问题。

明确分析范围和分析目标为"拉菲公司历年实际现金流出分析"。通过现金流出分析可以了解企业的现金主要流向何方，为企业资金安排和现金流出控制提供决策依据。

（3）获取数据。

确定数据源，选择"a09 资金流动记录"。

（4）清洗数据。

① 字段选择："发生额""现金流水名称""流入-I；流出-O""发生期""企业名称"、"实际 or 预算"。

② 过滤条件：企业名称="拉菲首饰有限公司" and 流入-I；流出-O="O" and 实际 or 预算="实际"（图 4-7）。

（5）分析数据。

① 制作图形：图形：条形图 2；横轴：发生额；纵轴：现金流水名称；筛选条件：发生期；排序：发生额（正序）。

② 预览图形：直观地观察数据的特征（图 4-8）。

项目四 现金流量表分析

图 4-7 拉菲公司现金流出分析数据清洗

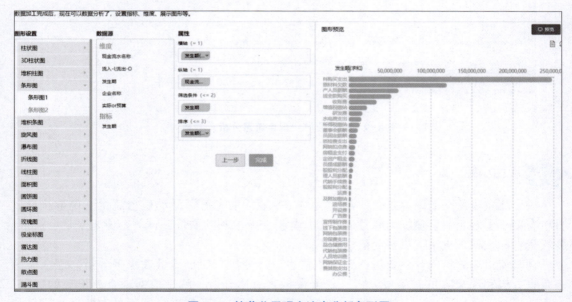

图 4-8 拉菲公司现金流出分析条形图

实验四 "现金流量分析"看板

【任务描述】

设计现金流量分析看板,对现金流量数据进行分析洞察。

【任务实施】

参考图 4-9,对看板进行排版设计,添加文本框编写分析结论,将看板命名为"现金流量分析",保存并提交看板。

159

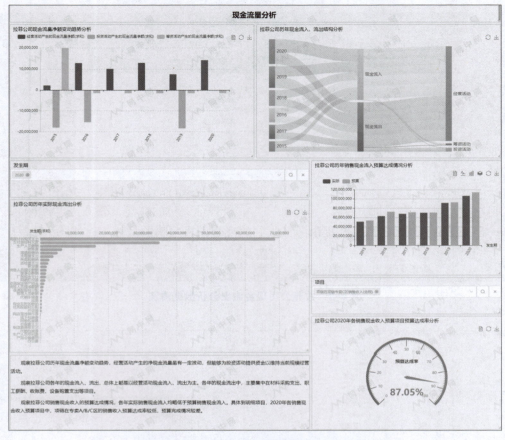

图 4-9　拉菲公司"现金流量分析"看板

 项目小结

现金流量表反映的内容是企业经营活动、投资活动和筹资活动现金流量。现金流量表分析有助于了解企业偿债能力和营运能力，分析企业盈利的质量，预测企业未来现金流量，为投资者和债权人决策提供必要信息。

现金流量表分析内容主要包括现金流量表总体分析、现金流量表水平分析、现金流量表垂直分析和现金流量表单项分析。现金流量表总体分析，就是根据现金流量表的数据，对企业现金流量情况进行总体分析与评价；现金流量表水平分析则是通过本期现金流量与前期或预计现金流量的比较，揭示其差异；现金流量表垂直分析的目的在于揭示现金流入和现金流出的结构情况，从而抓住企业现金流量管理的重点；现金流量表单项分析是按现金流量的项目或类别，分析各类业务活动的现金流入与流出状况及其产生的原因。

 练习题

一、单项选择题

1. 下列选项中，不属于现金及现金等价物的是（　　）。
　A. 三个月内到期的债券　　　　　　　B. 库存现金
　C. 银行活期存款　　　　　　　　　　D. 银行定期存款

2. 在企业处于高速成长阶段时，投资活动现金流量往往是（　　）。
   A. 现金流入量大于现金流出量　　　　B. 现金流出量大于现金流入量
   C. 现金流入量等于现金流出量　　　　D. 不一定
3. 根据《企业会计准则第31号——现金流量表》的规定，支付的现金股利归属于（　　）现金流量。
   A. 经营活动　　　B. 筹资活动　　　C. 投资活动　　　D. 销售活动
4. 下列财务活动中不属于企业筹资活动的是（　　）。
   A. 发行债券　　　B. 分配股利　　　C. 吸收权益性投资　　D. 购建固定资产
5. 下列各项属于工业企业投资活动产生的现金流量的是（　　）。
   A. 向银行借款收到的现金　　　　　B. 以现金支付的债券利息
   C. 发行公司债券收到的现金　　　　D. 以现金支付的在建工程人员工资
6. 下列各项不在销售商品、提供劳务收到的现金项目反映的是（　　）。
   A. 应收账款的收回　　　　　　　　B. 预收销货款
   C. 向购买方收取的增值税销项税额　D. 本期的购货退回

二、多项选择题

1. 现金流量表中现金所包括的具体内容是（　　）。
   A. 库存现金　　　B. 银行存款　　　C. 短期证券　　　D. 发行债券
2. 下列选项中，属于筹资活动现金流量的项目有（　　）。
   A. 短期借款增加　　　　　　　　　B. 增加长期投资
   C. 取得债券利息收入收到的现金　　D. 偿还长期债券
3. 下列选项中，属于经营活动现金流量的项目有（　　）。
   A. 销售商品收到的现金　　　　　　B. 分配股利支付的现金
   C. 提供劳务收到的现金　　　　　　D. 出售设备收到的现金
4. 下列选项可能导致资产负债表货币资金项目期末余额不等于现金流量表中现金及现金等价物期末余额的有（　　）。
   A. 以交易为目的的股票投资
   B. 银行定期存款
   C. 申请开立银行承兑汇票时支付的保证金
   D. 银行活期存款
5. 下列选项可能导致营业收入和销售商品、提供劳务收到的现金两个项目不一致的有（　　）。
   A. 应收账款增加　　B. 应收票据增加　　C. 应付账款增加　　D. 预收账款增加

三、判断题

1. 固定资产折旧的变动不影响当期现金流量的变动。（　　）
2. 经营活动产生的现金流量大于零，说明企业盈利。（　　）
3. 企业分配股利必然引起现金流出量的增长。（　　）
4. 利息支出将对筹资活动现金流量和投资活动现金流量产生影响。（　　）
5. 企业支付所得税将引起筹资活动现金流量的增长。（　　）
6. 现金流量表的编制基础是权责发生制。（　　）
7. 计提坏账准备将引起经营活动现金净流量的增长。（　　）

8. 企业经营活动现金流量净额大于零，说明企业当期销售商品所获得的收入全部收回现金。（ ）

四、案例分析题

【案例资料】仍引用项目二练习题中 ZSJ 地产控股股份有限公司的资料。

该公司 2022 年度现金流量表如表 4-10 所示。

表 4-10 现金流量表

编制单位：ZSJ 地产控股股份有限公司　　　　2022 年 12 月 31 日　　　　　　　　金额单位：元

项目	2022 年	2021 年
一、经营活动产生的现金流量		
销售商品、提供劳务收到的现金	15 926 683 850.00	6 195 335 331.00
收到的税费返还	598 706.00	25 520 015.00
收到的其他与经营活动有关的现金	3 542 739 117.00	887 926 560.00
经营活动现金流入小计	19 470 021 673.00	7 108 781 906.00
购买商品、接受劳务支付的现金	8 370 247 406.00	9 374 818 057.00
支付给职工以及为职工支付的现金	561 496 643.00	515 097 597.00
支付的各项税费	1 426 342 512.00	802 008 011.00
支付的其他与经营活动有关的现金	2 057 203 779.00	336 701 916.00
经营活动现金流出小计	12 415 290 340.00	11 028 625 581.00
经营活动产生的现金流量净额	7 054 731 333.00	-3 919 843 675.00
二、投资活动产生的现金流量		
收回投资收到的现金	—	40 702 142.00
取得投资收益收到的现金	413 971.00	12 870 616.00
处置固定资产、无形资产和其他长期资产收回的现金净额	251 567.00	2 772 549.00
处置子公司及其他营业单位收到的现金净额	13 304 811.00	681 912 273.00
收到的其他与投资活动有关的现金	485 915 710.00	—
投资活动现金流入小计	499 886 059.00	738 257 580.00
购建固定资产、无形资产和其他长期资产支付的现金	75 630 570.00	83 837 658.00
投资支付的现金	870 044 567.00	1 013 522 765.00
取得子公司及其他营业单位支付的现金净额	—	5 252 240.00
支付的其他与投资活动有关的现金	—	54 886 338.00
投资活动现金流出小计	945 675 137.00	1 157 499 001.00
投资活动产生的现金流量净额	-445 789 078.00	-419 241 421.00
三、筹资活动产生的现金流量		
吸收投资收到的现金	338 613 350.00	6 444 200 352.00
取得借款收到的现金	5 612 106 753.00	8 943 642 350.00
收到的其他与筹资活动有关的现金	—	—
筹资活动现金流入小计	5 950 720 103.00	15 387 842 702.00
偿还债务支付的现金	10 044 491 466.00	6 329 137 678.00
分配股利、利润或偿付利息支付的现金	1 095 366 405.00	894 253 290.00

续表

项目	2022 年	2021 年
支付的其他与筹资活动有关的现金	—	—
筹资活动现金流出小计	11 139 857 871.00	7 223 390 968.00
筹资活动产生的现金流量净额	−5 189 137 768.00	8 164 451 734.00
四、汇率变动对现金的影响	−2 200 526.00	−12 294 446.00
五、现金及现金等价物净增加额	1 417 603 961.00	3 813 072 192.00
加：年初现金及现金等价物余额	7 358 057 106.00	3 544 984 914.00
六、期末现金及现金等价物余额	8 775 661 067.00	7 358 057 106.00

要求如下。

（1）编制现金流量表水平分析表（表 4-11），并对该公司的现金流量表进行水平分析。
（2）编制现金流量表垂直分析表（表 4-12），并对该公司的现金流量表进行垂直分析。
（3）对该公司的现金流量状况进行总体评价。
注：保留两位小数。

表 4-11　现金流量表水平分析表　　　　　　　　　　金额单位：元

项目	2022 年	2021 年	增减变动额	增减变动率/%
一、经营活动产生的现金流量				
销售商品、提供劳务收到的现金	15 926 683 850	6 195 335 331		
收到的税费返还	598 706	25 520 015		
收到的其他与经营活动有关的现金	3 542 739 117	887 926 560		
经营活动现金流入小计	19 470 021 673	7 108 781 906		
购买商品、接受劳务支付的现金	8 370 247 406	9 374 818 057		
支付给职工以及为职工支付的现金	561 496 643	515 097 597		
支付的各项税费	1 426 342 512	802 008 011		
支付的其他与经营活动有关的现金	2 057 203 779	336 701 916		
经营活动现金流出小计	12 415 290 340	11 028 625 581		
经营活动产生的现金流量净额	7 054 731 333	−3 919 843 675		无意义
二、投资活动产生的现金流量				
收回投资收到的现金	—	40 702 142		—
取得投资收益收到的现金	413 971	12 870 616		
处置固定资产、无形资产和其他长期资产收回的现金净额	251 567	2 772 549		
处置子公司及其他营业单位收到的现金净额	13 304 811	681 912 273		
收到的其他与投资活动有关的现金	485 915 710	—		—
投资活动现金流入小计	499 886 059	738 257 580		
购建固定资产、无形资产和其他长期资产支付的现金	75 630 570	83 837 658		
投资支付的现金	870 044 567	1 013 522 765		

续表

项目	2022年	2021年	增减变动额	增减变动率/%
取得子公司及其他营业单位支付的现金净额	—	5 252 240		—
支付的其他与投资活动有关的现金	—	54 886 338		—
投资活动现金流出小计	945 675 137	1 157 499 001		
投资活动产生的现金流量净额	−445 789 078	−419 241 421		
三、筹资活动产生的现金流量				
吸收投资收到的现金	338 613 350	6 444 200 352		
取得借款收到的现金	5 612 106 753	8 943 642 350		
收到的其他与筹资活动有关的现金	—	—		
筹资活动现金流入小计	5 950 720 103	15 387 842 702		
偿还债务支付的现金	10 044 491 466	6 329 137 678		
分配股利、利润或偿付利息支付的现金	1 095 366 405	894 253 290		
支付的其他与筹资活动有关的现金	—	—		
筹资活动现金流出小计	11 139 857 871	7 223 390 968		
筹资活动产生的现金流量净额	−5 189 137 768	8 164 451 734		
四、汇率变动对现金的影响	−2 200 526	−12 294 446		
五、现金及现金等价物净增加额	1 417 603 961	3 813 072 192		
加：年初现金及现金等价物余额	7 358 057 106	3 544 984 914		
六、期末现金及现金等价物余额	8 775 661 067	7 358 057 106		

表 4–12　现金流量垂直分析表　　　　　　　　　金额单位：元

项目	金额	流入结构/%	流出结构/%
一、经营活动产生的现金流量			
销售商品、提供劳务收到的现金	15 926 683 850		
收到的税费返还	598 706	忽略不计	
收到的其他与经营活动有关的现金	3 542 739 117		
经营活动现金流入小计	19 470 021 673		
购买商品、接受劳务支付的现金	8 370 247 406		
支付给职工以及为职工支付的现金	561 496 643		
支付的各项税费	1 426 342 512		
支付的其他与经营活动有关的现金	2 057 203 779		
经营活动现金流出小计	12 415 290 340		
二、投资活动产生的现金流量			
收回投资收到的现金	—	—	
取得投资收益收到的现金	413 971	忽略不计	
处置固定资产、无形资产和其他长期资产收回的现金净额	251 567	忽略不计	
处置子公司及其他营业单位收到的现金净额	13 304 811		

续表

项目	金额	流入结构/%	流出结构/%
收到的其他与投资活动有关的现金	485 915 710		
投资活动现金流入小计	499 886 059		
购建固定资产、无形资产和其他长期资产支付的现金	75 630 570		
投资支付的现金	870 044 567		
取得子公司及其他营业单位支付的现金净额	—		—
支付的其他与投资活动有关的现金	—		—
投资活动现金流出小计	945 675 137		
三、筹资活动产生的现金流量			
吸收投资收到的现金	338 613 350		
取得借款收到的现金	5 612 106 753		
收到的其他与筹资活动有关的现金	—	—	
筹资活动现金流入小计	5 950 720 103		
偿还债务支付的现金	10 044 491 466		
分配股利、利润或偿付利息支付的现金	1 095 366 405		
支付的其他与筹资活动有关的现金	—		
筹资活动现金流出小计	11 139 857 871		
现金流入总额	25 920 627 835		
现金流出总额	24 500 823 348		

项目四习题参考答案

偿债能力分析

学习目标

知识目标：
(1) 了解偿债能力分析的内容与意义。
(2) 熟悉影响短期偿债能力和长期偿债能力的主要因素。
(3) 掌握短期偿债能力指标的计算与分析。
(4) 掌握长期偿债能力指标的计算与分析。

能力目标：
(1) 培养学生能够熟练运用短期偿债能力指标对企业的短期偿债能力进行分析。
(2) 培养学生能够熟练运用长期偿债能力指标对企业的长期偿债能力进行分析。
(3) 培养学生能够熟练操作大数据平台工具进行企业偿债能力分析。

素养目标：
(1) 培养学生认真、细致的职业素养，弘扬工匠精神。
(2) 培养学生树立经营风险意识，维护社会稳定。
(3) 培养学生诚实守信的优良品质，树立社会责任意识。

任务导入

企业的偿债能力直接体现了企业财务状况的安全性，影响企业即将遇到的财务风险的高低。在全球经济一体化的大背景下，企业若想顺应时代的发展，募集资金，举债是毫无疑问的。可以说，偿债能力直接关系到企业的持续经营能力，是企业利益相关者最关心的财务能力之一，是衡量企业财务管理的核心内容，也是财务分析的一个重要方面，因此，对企业偿债能力分析的学习十分必要。

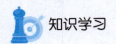
知识学习

第一讲　偿债能力分析概述

偿债能力是指企业偿还到期债务（包括本息）的能力，即企业对全部到期债务清偿的承受能力或现金保证程度。偿债能力分析则是对企业偿还到期债务能力的衡量与评价。

一、偿债能力分析内容

由于债务分为短期债务和长期债务，所以偿债能力又分为短期偿债能力和长期偿债能力。其中，反映企业偿付流动负债能力的是短期偿债能力；反映企业偿付非流动负债能力的是长期偿债能力。

（一）短期偿债能力

短期偿债能力一般称为企业的支付能力，主要是通过流动资产的变现来偿还到期的短期债务。一个企业短期偿债能力的强弱，一方面要看流动资产的多少和质量如何，另一方面要看流动负债的多少和质量如何。流动资产的质量是指"流动性"和"变现能力"。流动性是指流动资产转化为现金所需要的时间。

（二）长期偿债能力

长期偿债能力是指企业偿还长期负债的能力，是指长期债务到期时，企业盈利或资产可用于偿还长期负债的能力。由于长期债务的期限长，所以企业的长期偿债能力主要取决于企业资产与负债的比例关系以及获利能力，而不是资产的短期流动性。

但在会计实务中，充裕的现金才能保证真正的偿债能力，因此，长期负债得以偿还的前提是企业具有较强的短期偿债能力，短期偿债能力是长期偿债能力的基础。

二、偿债能力分析的目的与意义

偿债能力是投资人、债权人、经营者等都十分关心的重要问题。站在不同的角度，偿债能力分析的目的有所区别。

（一）偿债能力分析有利于投资人进行正确的投资决策

投资人更重视企业的盈利能力，但他们认为若企业拥有良好的财务环境和较强的偿债能力更有助于提高企业的盈利能力。因此，他们同样会关注企业的偿债能力。

（二）偿债能力分析有利于债权人进行正确的信贷决策

只有企业具有较强的偿债能力，才能保证债权人按期收回信贷资金，并得到相应的利息。企业是否有能力按期支付借款本金和利息，是债权人向企业提供信用贷款的基本前提，因此债权人在进行贷款决策时，需要对企业的偿债能力进行深入分析。

（三）偿债能力分析有利于经营者进行正确的经营决策

经营者要保证企业经营目标的实现，必须保证企业生产经营各环节的畅通。企业偿债能力的好坏，既是对企业资金循环状况的直接反映，又对企业生产经营各环节的资金循环和周转有着重要的影响。因此，偿债能力分析对于经营者及时发现企业在经营过程中存在的问题，并采取相应措施加以解决，保证企业生产经营顺利进行有着十分重要的作用。

（四）企业偿债能力分析有利于关联企业正确评价企业的财务状况

对于关联企业（如企业的购货单位和供货单位）而言，偿债能力分析的主要目的是判断其业务往来企业是否有足够的支付能力和供货能力，以确定是否继续与其发生业务往来。

第二讲　短期偿债能力分析

短期偿债能力是指一个企业以其流动资产支付流动负债的能力。由于流动资产的变现期限和流动负债的偿还期限都不超过一个会计年度（或一个营业周期），一般认为企业应以流动资产来保证流动负债的偿还。

分析企业短期偿债能力的强弱，主要看其流动资产、流动负债的数量和质量。流动资产的质量是指其"流动性"，即转换成现金的能力，包括是否能不受损失地转换为现金及转换需要的时间。流动负债的质量是指其是否可以展期，即偿还的强制程度和紧迫性。一般来说，企业的债务都是要偿还的，但是并非所有债务都需要在到期时立即偿还。

微课 19：短期偿债能力分析

一、短期偿债能力的影响因素

（一）企业内部因素

1. 流动资产的规模与结构

在企业的资产结构中，如果流动资产所占比重较高，则企业短期偿债能力相对强些，因为流动负债一般通过流动资产变现来偿还。如果流动资产所占比重较高，但其内部结构不合理，则其实际偿债能力也会受到影响。在流动资产中，如果存货资产占较高比重，而存货资产的变现速度通常又低于其他类流动资产，则其偿债能力要打折扣。

2. 流动负债的规模与结构

企业的流动负债有些必须以现金偿付，如短期借款、应交税费等，有些则要用商品或劳务来偿还，如预收货款等。需要用现金偿付的流动负债对资产的流动性要求更高，企业只有拥有足够的现金才能保证其偿债能力。从质量上看，偿债时间的刚性强会增加企业实际的偿债压力，而偿债时间的刚性弱会减轻企业的实际偿债压力。此外，流动负债中各种负债的偿还期限是否集中，都会对企业偿债能力产生影响。

3. 企业的经营现金流量水平

如果没有充足的现金流量，即使盈利的企业也可能因无法及时偿还到期债务而导致信用危机，甚至被迫破产。经营活动带来的现金净流量在各期之间相对比较稳定，能够比较稳定地满足企业的短期现金支付，因此，与企业的短期偿债能力关系最为密切。

4. 融资能力

企业的融资能力也是影响偿债能力的一个重要因素。有时企业各种偿债能力指标都较高，但却不能按期偿付到期的债务；而另一些企业因为有较强的融资能力，如与银行等金融机构保持良好的信用关系，随时能够筹集到大量的资金，即使各种偿债能力指标不高，却总能按期偿付其债务和支付利息。

（二）企业外部因素

1. 宏观经济形势

当一国经济持续稳定增长时，社会的有效需求也会随之稳定增长，产品畅销。当市场条件良好时，企业的产品和存货可以较容易地通过销售转化为货币资金，从而提高企业的短期偿债能力。

2. 证券市场的发育与完善程度

如果证券市场发达，则企业随时可将手中持有的有价证券转换为现金；如果证券市场不发达，则企业转让有价证券就很困难，或者不得不以较低的价格出售。这些都会对企业的短期偿债能力产生影响。

3. 银行的信贷政策

当国家采取较宽松的信贷政策时，所有企业都会在需要资金时较容易地取得银行信贷资金，其实际偿债能力就会提高。

二、评价短期偿债能力的主要财务指标

企业的短期偿债能力可以从以下两个方面进行分析评价：一是根据资产负债表可供偿债资产与债务的存量进行对比分析；二是根据现金流量与债务存量进行对比分析。第一方面的对比分析主要指标有营运资本、流动比率、速动比率和现金比率。第二方面的对比分析主要指标是现金流量比率。

（一）可供偿债资产与债务的存量对比分析

1. 营运资本

营运资本又称为营运资金。广义的营运资本是指企业的流动资产总额；狭义的营运资本是指企业的流动资产总额减去各类流动负债后的余额，又称为净营运资本。它反映了企业流动资产在偿还全部流动负债后的剩余，是一个绝对数指标。其计算公式如下：

$$营运资本 = 流动资产 - 流动负债$$

在上述公式中，流动资产是指资产负债表中的流动资产合计项目；流动负债是指资产负债表中的流动负债合计项目。营运资本越多，不能偿还债务的风险越低，债权人收回债权的安全性就越高，因此，一个企业的营运资本状况不仅对企业的内部管理非常重要，而且是反映企业财务风险的良好指示器。

关于营运资本，需要注意以下三点。

（1）该指标越高，表示企业可用于偿还流动负债的资金越充足，企业的短期偿付能力越强，企业面临的短期流动性风险越低，债权人的安全程度越高。但营运资本不是越大越好，因为营运资本过大，说明企业闲置资金过多，既未用于投资，也未用于偿还债务。因此，可以将营运资本作为评价企业短期偿债能力的绝对数指标。对营运成本进行分析，可以从静态上评价企业当期的偿债能力状况，也可以结合企业规模等因素，评价企业不同时期的偿债能力的变动情况。

（2）当营运资本呈负数时，表明营运资本出现短缺，企业已完全没有偿债能力，但如果企业融资能力较强，也可以偿还流动负债。

（3）营运资本是一个绝对数指标，不便于进行不同规模企业之间的比较，有时即使两个企业的营运资本完全相同，其偿债能力也不一定相同。

2. 流动比率

流动比率是指企业流动资产与流动负债的比率。它表明企业在某一时点，对每 1 元的流动负债，有多少流动资产作为偿还的保证，体现了一个企业流动资产在短期债务到期前可以变为现金偿还流动负债的能力。流动比率是衡量企业短期偿债能力的核心比率。

$$流动比率 = \frac{流动资产}{流动负债}$$

一般来讲，企业的流动比率指标越高，说明企业资产流动性越好，反映企业的短期偿债能力越强，债权人的本息权益越有保障。如果流动比率指标过低，则表明企业可能存在短期偿债能力较弱，偿还短期债务困难等问题。但是，如果流动比率指标过高，则表明企业可能存在闲置浪费、配置欠佳、资金使用效率不高、利用效果不好等问题。

一般认为，流动比率为 2∶1 比较适宜，此时企业的财务基础较为稳固，但 2∶1 只是经验值，不同企业流动比率的确定还要结合企业自身的情况。

> **小提示**
>
> 不同国家、不同行业，甚至同一个企业的不同时期对于流动比率的评价标准都是不同的。一个企业的流动比率，必须通过与同行业平均流动比率、本企业历史流动比率进行比较，才能得出相对客观的优劣判断。
>
> 流动比率被普遍采用，作为衡量企业短期偿债能力的标准，主要是因为该指标计算方法简单，资料来源比较可靠，即使企业外部关系人也能很容易地计算出企业的流动比率，以对企业的偿债能力做出判断。
>
> 该指标也不可避免地存在一些问题，主要如下。
>
> 第一，流动比率所反映的是企业在某一时点可以动用的流动资产存量与流动负债的比率关系，只反映了企业短期内由流动资产和流动负债产生的现金流入量与现金流出量的可能途径，企业的经营、销售利润的取得与分配又与现金流入和流出有直接关系，这些因素在计算流动比率时未加以考虑。
>
> 第二，在某些特殊情况下，流动比率不能正确反映企业的偿债能力，如季节性经营的企业、大量使用分期付款结算方式的企业、年末销售量大幅度上升或下降的企业等。企业应收账款规模的大小受企业销售政策和信用条件的影响，信用条件越宽松，销售量越大，应收账款规模就越大，发生坏账损失的可能性就越大。因此，不同的主观管理方法会影响应收账款的规模和变现程度，使流动比率计算的客观性受到损害，容易导致计算结果产生误差。
>
> 第三，存货资产在流动资产中占较高比重，而企业又可以随意选择存货的计价方式，不同的计价方式对存货规模的影响也不同，这会使流动比率的计算带有主观色彩。同时，如果企业存货积压或在管理方面存在问题，反而会表现出较高的流动比率。
>
> 在使用流动比率进行具体的财务分析时应注意以下几点。
>
> 第一，要注意分析流动资产的结构。主要考察流动资产各项目的比例关系，了解所评价的各项目所占比重及其合理性，以确定重点项目与重点资产，进而恰当地评价资产的流动性和短期偿债能力，从而抓住关键问题，完善资产组合，改进资产管理。

第二，要注意分析具体项目的流动性。事实上，流动比率指标只能用来粗略地衡量流动性与短期偿债能力，并没有考虑流动资产中各具体项目的流动性和质量。在资产变现的时间或变现价格的确定性方面，通常有价证券比应收账款流动性好、变现力强，而应收账款又较存货流动性好、变现力强。在分析流动比率时，流动负债的质量也很重要，而流动负债的质量主要取决于偿付的紧迫性。

第三，要注意分析流动负债的结构。在分析流动比率指标时，需要对不同性质的流动负债分别加以考察，分析流动负债的数额及结构对流动资产需要程度的具体影响。在具体偿付的过程中，不同的流动负债项目仍有先后之别，企业可以区分轻重缓急，进行有序、合理的安排。例如，各种应交税费大多必须立即偿还，但对与企业有长期合作关系的那些供应商的债务，在供应商对其业务具有依赖性并且需要估价，而企业又处于财务困境的情况下，很有可能被推迟支付或者重新协商。

思考讨论：
如果两个企业的流动比率相同，那么它们的短期偿债能力也相同吗？

3. 速动比率

速动比率又称为酸性测试比率，是指企业的速动资产与流动负债的比率。它是比流动比率更严格的用于检测企业短期流动性和偿债能力的指标，表明企业每单位流动负债有多少速动资产可作为偿还的保证，反映企业动用可以在短期内迅速产生或转换为现金的流动资产偿还到期流动负债的能力。其计算公式如下：

$$速动比率 = \frac{速动资产}{流动负债}$$

速动资产是指几乎可以立即变现用来偿付流动负债的那些资产，一般包括货币资金、交易性金融资产、应收票据、应收账款、应收利息、应收股利、合同资产、其他应收款和其他流动资产。另一种表述是：速动资产是指流动资产扣除存货和预付账款等预付费项目后的数额。在计算速动资产时，之所以要扣除存货，是因为它是流动资产中变现较慢的部分，它通常要经过产品的售出和账款的收回两个过程才能变为现金，而且可能存在抵押、报废损失未做处理等情况。因此，把存货从流动资产总额中减去而计算出的速动比率所反映的企业短期偿债能力更加令人信服。

速动比率的内涵是对于每1元流动负债，有多少元速动资产作为保障。该指标是流动比率的一个重要辅助指标，用于评价速动资产变现能力的强弱。通常认为，速动比率为1较为合适。如果速动比率过低，说明企业的偿债能力存在问题；如果速动比率过高，则说明企业因拥有过多的货币性资产而可能失去一些有利的投资和获利机会。关于速动比率，需要注意以下三点。

（1）速动比率与流动比率一样，也是一个静态指标。它揭示了在某一时点速动资产与流动负债的关系，但不能说明未来现金流入的多少，未来现金流入才是反映流动性的最好指标。它同样可能存在受人为因素控制来粉饰财务状况的情况。

（2）速动资产中虽剔除了存货等，但仍包含了流动性较差的应收账款，特别是当应收账款数额较大、账龄较长时，实际的坏账可能高于计提的准备金损失，这必然会减弱企业的短期偿债能力，使速动比率的可靠度受到怀疑。

（3）各种预付款项的变现能力很差。预付款项需要经过一定时期变为存货以后，才能恢复其流动性。因此，在计算速动比率时，可以在流动资产总额的基础上，分别减去存货、预付账款和其他流动资产计算。

需要特别指出的是,一个企业的流动比率和速动比率较高,虽然能够说明企业有较强短期偿债能力,反映企业财务状况良好,但过高的流动比率和速动比率会影响企业的盈利能力。另外,一些企业的存货周转很快,产品畅销,存货对流动比率影响不大,即使剔除存货,速动比率也不能弥补流动比率的缺陷,因此还需要分析现金比率。

4. 现金比率

现金比率是指企业的现金类资产与流动负债的比率。它能够反映企业的立即偿债能力,但没有考虑流动资产和流动负债的再生性。财务分析者可将现金比率看作流动比率和速动比率的补充与延伸,是对企业短期资产的流动性、变现能力及偿债能力更为严格的计量,是比流动比率和速动比率更加直接、更为严格的指标。现金类资产通常包括企业持有的所有货币资金和交易性金融资产。其计算公式如下:

$$现金比率 = \frac{现金资产}{流动负债}$$

现金比率虽然能反映企业的直接支付能力,但在一般情况下,企业不可能,也没有必要保留过多现金类资产。如果现金率过高,则可能意味着企业所筹集的流动负债未能得到合理的运用,而以获利能力低的现金类资产形态持有。

关于现金比率,需要注意以下两点。

(1) 在评价企业偿债能力时,现金比率的重要性不大,但如果当企业的应收款项、存货的变现能力存在问题时,现金比率就显得尤为重要了,它表示了企业在最坏情况下的短期偿债能力。

(2) 一般认为现金比率应为 0.2 左右,在这一水平上,企业的直接支付能力不会有太大的问题。现金比率的高低同样没有一个统一的评价标准,企业应根据所属行业的性质与特点、企业经营活动的规模与特点、管理层对未来现金流量的估计及对风险的态度等多方面确定现金持有量,而不是仅为了提高企业的短期偿债能力而多持有现金资产。

(二) 现金流量与债务存量对比分析

现金流量与债务存量对比分析的主要指标是现金流量比率。现金流量比率是指经营活动现金流量净额与流动负债的比率,用于衡量企业的流动负债用经营活动所产生的现金来支付的程度。其计算公式如下:

$$现金流量比率 = \frac{经营活动现金流量净额}{流动负债}$$

经营活动现金流量净额的大小反映企业在某一会计期间经营活动产生现金的能力,是偿还企业到期债务的基本资金来源。当该指标等于或大于 1 时,表示企业有足够的能力以经营活动产生的现金来偿还其短期债务;当该指标小于 1 时,表示企业经营活动产生的现金不足以偿还到期债务,必须采取对外筹资或出售资产等其他方式才能偿还债务。

第三讲 长期偿债能力分析

长期偿债能力是企业偿还长期债务的现金保障程度。企业的长期债务是指偿还期在 1 年或者超过 1 年的一个营业周期以上的负债,包括长期借款、应付债券和长期应付款等。企业对一笔债务总是负有两种责任:一是偿还债务本金的责任;二是支付债务利息的责任。分析一个企业的长期偿

微课 20:长期偿债能力分析

债能力，主要是为了确定该企业偿还债务本金和支付债务利息的能力。

一、影响长期偿债能力的因素

影响长期偿债能力的主要因素如下。

（一）企业的盈利能力

企业的偿债义务包括按期偿付本金和按期支付利息两个方面。企业的非流动负债大多用于非流动资产投资，形成企业的长期资产，在正常生产经营条件下，企业不能靠出售资产作为偿债的资金来源，而只能依靠生产经营所得。从举债的目的看，企业使用资本较小的负债资金是为了获取财务杠杆利益，增加企业的收益，其利息支出自然要从所融通资金所创造的收益中予以偿付。因此，企业的长期偿债能力与盈利能力密切相关。就一般情况而言，企业的盈利能力越强，企业的长期偿债能力越强。如果企业长期亏损，则必须通过变卖资产才能清偿债务；否则，企业的生产经营活动就不能正常进行，最终会影响投资人和债权人的利益。因此，企业的盈利能力是影响长期偿债能力最重要的因素。

（二）权益资金的增长和稳定程度

尽管企业的盈利能力是影响长期偿债能力的最主要因素，但如果企业将绝大多数利润都分配给投资者，权益资金很少增长，就会降低偿还债务的可靠性。对于债权人而言，将大多数利润留在企业，会使权益资金增长，减少利润外流，这对投资人没有什么实质影响，但会增加偿还债务的可靠性，从而提高企业的长期偿债能力。

（三）投资效果

企业所举借的长期债务主要用于长期资产（如固定资产等）的投资，投资的收益决定了企业是否有能力偿还长期债务。特别是当某项具体投资的资金全部依靠非流动负债来筹措时，情况更是如此。当然，企业必须具有一定比例的权益资金作为偿债的保障，但如果企业的每一项投资都不能达到预期的目标，即使有相当比例的权益资金，其偿债能力也会受到影响。

（四）企业经营现金流量

企业的债务主要用现金来清偿，虽然企业的盈利能力是偿还债务的根本保证，但是企业盈利毕竟不等同于现金流量充足。企业只有具备较强的变现能力，拥有充裕的现金，才能保证具有真正的偿债能力。因此，企业的现金流量状况是决定偿债能力保证程度的关键所在。

（五）权益资金的实际价值

权益资金的实际价值是影响企业最终偿债能力最重要的因素。当企业结束经营时，最终的偿债能力取决于企业权益资金的实际价值。如果资产不能按其账面价值处理，就有可能损害债权人的利益，使债务不能全部清偿。

二、评价长期偿债能力的主要财务指标

长期偿债能力分析包括三个方面，分别是资产规模对长期偿债能力影响的指标计算与分析、盈利能力对长期偿债能力影响的指标计算与分析以及现金流量对长期偿债能力影响的指标计算与分析。

（一）资产规模对长期偿债能力影响的分析

企业的偿债能力体现在资产与负债的对比关系上。

1. 资产负债率

资产负债率是综合反映企业偿债能力的重要指标，是企业负债总额占企业资产总额的百分比。该指标反映了在企业的全部资产中由债权人提供的资产所占的比重，反映了债权人向企业提供信贷资金的风险程度，也反映了企业举债经营的能力。其计算公式如下：

$$资产负债率 = \frac{负债总额}{资产总额} \times 100\%$$

该指标越高，说明企业的债务负担越重；反之，说明企业的债务负担越轻。对债权人来说，该指标越低越好，因为企业的债务负担越轻，其总体偿债能力越强，债权人权益的保证程度越高。企业希望该指标高一些，虽然这样会使企业债务负担加重，但企业可以通过扩大举债规模获得较多的财务杠杆利益。该指标过高，会影响企业的筹资能力。

一般认为，资产负债率的适宜水平是40%~60%，如果这一指标超过100%，则表明企业已资不抵债，被视为达到破产的警戒线。

关于资产负债率，需要注意以下三点。

（1）由于债权人、投资者和经营者对资产负债率的要求各不相同，所以在运用该指标评价企业的长期偿债能力时，应结合国家总体经济情况、行业发展趋势和企业所处的竞争环境等具体条件进行比较和判断。

从债权人的角度看，他们最关心的是贷给企业的款项是否能按期足额收回本金和利息，资产负债率越低越好；从股东的角度看，他们最关心的是投入资本能否给企业带来好处，希望资产负债率保持较高水平，尤其是当全部资本利润率高于借款利息时，资产负债率越高越好；从经营者的角度看，他们最关心的是在充分利用借入资本给企业带来好处的同时，尽可能降低财务风险。因此，当企业财务前景乐观时，就希望提高资产负债率；相反，若财务前景欠佳，则希望减少负债以降低资产负债率。

（2）资产负债率在不同行业、不同时期的意义不同。一般来说，经营风险较低的企业，为了增加股东收益可以选择较高的资产负债率。另外，对于同一企业来说，不同时期对资产负债率的要求也不同。处于成长期或成熟期的企业，前景比较乐观，此时可适当提高资产负债率，充分发挥财务杠杆的作用；处于衰退期的企业，预期现金流量减少，此时应采取相对保守的财务政策，减少负债，降低资产负债率，以降低企业的财务风险。

（3）资产负债率虽然重要，但也存在一定局限。

首先，它是一个静态指标，而财务分析建立在持续经营的基础上，随着时间的推移，企业长期资产的价值将随着企业的运营而发生变化。因此，资产负债率无法完全反映企业未来偿付债务的能力。

其次，资产负债率没有考虑负债期限结构。不同的负债期限结构对企业的长期偿债能力有不同的影响，如同样金额的贷款，在不同的偿还期限下，企业的偿债压力有所不同。

再次，资产负债率没有考虑资产结构。不同的资产结构对到期债务的偿付有不同程度的保障，如企业破产清算时，企业所拥有的无形资产将不具备实质性的债务偿付能力。

最后，企业资产的账面价值还受会计政策的影响，如企业的资产计量方法和折旧政策的不同，使资产的账面价值和实际价值可能存在一定的差异，导致资产负债率可能无法准确反映企业的长期偿债能力。

2. 股东权益比率

股东权益比率是股东权益总额同资产总额的比率，反映企业全部资产中所有者投入所占的比重。其计算公式如下：

$$股东权益比率 = \frac{股东权益总额}{资产总额} \times 100\% = 1 - 资产负债率$$

股东权益比率是表示长期偿债能力保证程度的重要指标，该指标越高，说明企业资产中由所有者投资所形成的资产越多，偿还债务的保证程度越高。从"股东权益比率＝1－资产负债率"来看，该指标越高，资产负债率越低。

3. 产权比率

产权比率又称为资本负债率、净资产负债率，是企业的负债总额和所有者权益（或股东权益）总额的比率，它反映了企业所有者权益对负债的保障程度。其计算公式如下：

$$产权比率 = \frac{负债总额}{所有者权益总额} \times 100\%$$

该指标反映由债权人提供的资本与股东提供的资本的相对关系，反映企业基本财务结构是否合理。一般认为，该指标应低于100%。产权比率高，是高风险、高报酬的财务结构；产权比率低，是低风险、低报酬的财务结构。企业应对收益与风险进行权衡，力求保持合理、适度的财务结构，以便既能提高获利能力，又能保障债权人的利益。

从债权人的角度来看，该指标反映企业财务结构的风险性，以及所有者权益对偿债风险的承受能力；产权比率越高，表明企业的长期偿债能力越弱，债权人承担的风险越高。

从投资者的角度来看，在通货膨胀加剧时期，企业多借债可以把损失和风险转嫁给债权人；在经济萎缩时期，企业少借债可以减小利息负担和降低财务风险；在经济繁荣时期，企业多借债可以获得额外的利润。

资产负债率和产权比率具有共同的经济意义，两个指标可以相互补充。其中，资产负债率侧重分析债务偿付安全性的物质保障程度，产权比率侧重分析自有资金对偿债风险的承受能力。

4. 权益乘数

权益乘数又称为股本乘数，是指资产总额与所有者权益（股东权益）总额的比率，它说明企业资产总额与所有者权益总额的倍数关系。其计算公式如下：

$$权益乘数 = \frac{资产总额}{所有者权益总额}$$

权益乘数越高，表明所有者投入企业的资本占全部资产的比重越低，企业负债的程度越高，但反映企业的长期偿债能力就越弱；反之，权益乘数越低，表明所有者投入企业的资本占全部资产的比重越高，企业的负债程度越低，债权人权益受保护的程度也越高。

权益乘数与资产负债率都是用于衡量长期偿债能力的，两个指标可以互相补充。资产负债率分析中应注意的问题，在权益乘数分析中也应引起注意。

权益乘数与产权比率也有密切关系，在总资产不变的情况下，负债越多，权益乘数就越高，产权比率也越高，表明企业负债程度高，股东权益的保障程度低，企业产权偿债能力差，有较高的财务风险，但同时能给企业带来较多的财务杠杆收益。但如果负债过多，则过高的财务风险会使企业价值下降，因此，企业应寻求恰当的平衡点。

资产负债率、权益乘数、产权比率之间的关系如下：

$$权益乘数 - 产权比率 = 1$$

$$权益乘数 = 产权比率 + 1$$

$$权益乘数 = \frac{1}{1 - 资产负债率}$$

$$资产负债率 + \frac{1}{权益乘数} = 1$$

5. 固定长期适合率

固定长期适合率是指固定资产净值与股东权益总额和非流动负债总额之和的比率。其计算公式如下：

$$固定长期适合率 = \frac{固定资产净值}{股东权益总额 + 非流动负债总额} \times 100\%$$

一般的标准认为，该指标必须低于 1。也就是说，当该指标超过 1 时，说明企业使用了一部分短期资金进行固定资产投资，而流动资产的投资全部由流动负债来解决，这对企业的短期偿债能力是一个十分危险的信号。当企业的固定长期适合率低于 1 时，表明企业有一部分长期资金用于流动资产投资，这可以减轻企业短期偿债的压力。

就大多数企业来说，其固定资产方面的投资都希望用权益资金来解决，这样就不会因为固定资产投资回收期长而影响企业的短期偿债能力。当企业固定资产规模较大，而权益资金规模较小，难以满足固定资产投资的需要时，可以通过举借长期债务来解决。

（二）盈利能力对长期偿债能力影响的分析

资产固然可以作为偿债的保证，但企业取得资产的目的并不是偿债，而是通过利用资产进行经营以获取收益，因此债务的清偿要依赖于资产变现，资产的变现主要通过销售产品实现。因此，盈利能力对偿债能力的影响更为重要。从盈利能力的角度分析，评价企业长期偿债能力的指标主要是利息保障倍数。

利息保障倍数又称为已获利息倍数、利息偿付倍数，是指企业的息税前利润与利息费用的比率，用于反映企业获利能力对债务利息的保障程度。其计算公式如下：

$$利息保障倍数 = \frac{息税前利润}{利息费用}$$

$$= \frac{利润总额 + 利息费用}{利息费用}$$

$$= \frac{净利润 + 所得税费用 + 利息费用}{利息费用}$$

利息保障倍数反映企业所实现的经营成果支付利息费用的能力，该指标越高，表明企业支付利息的能力越强，企业对到期债务偿还的保障程度也越高；反之，则表明企业的偿债能力较弱。

一般认为，利息保障倍数为 3~4 比较安全。从长期来看，利息保障倍数至少应当高于 1，且比值较高，企业的长期偿债能力一般也就越强。利息保障倍数若低于 1，则说明企业实现的经营成果不足以支付当期的利息费用，这意味着企业的支付能力弱，财务风险非常高，需要引起高度重视。

（三）现金流量对长期偿债能力影响的分析

运用现金流量指标可以比较真实地反映企业的偿债能力。将现金流量与负债进行比较，可以评价企业的长期偿债能力，主要指标有到期债务本息偿付比率。

到期债务本息偿付比率用于衡量企业到期债务本金及利息可由经营活动创造的现金来支付的程度。其计算公式如下：

$$到期债务本息偿付比率 = \frac{经营活动现金流量净额}{到期债务本息} \times 100\%$$

经营活动现金流量净额是企业最稳定的经常性现金来源，是清偿债务的基本保证。如果到期债务本息偿付比率低于1，则说明企业经营活动产生的现金不足以偿付到期的债务和利息支出，企业必须通过其他渠道筹资或出售资产才能清偿债务。这一指标越高，说明企业长期偿债能力越强。

诚信老爹
——吴恒忠

案例演练

一、短期偿债能力分析

M公司的有关资料如表5-1所示，根据这些资料计算出M公司的营运资本、流动比率、速动比率、现金比率和现金流量比率，表5-2所示为M公司短期偿债能力指标计算表，其简要评价如下。

表5-1 M公司资料表   金额单位：元

项目	本年（或年末）金额	上年（或年初）金额
货币资金	8 345 678	6 098 235
交易性金融资产	40 000	220 000
应收票据	429 228	429 228
应收账款	563 928	123 987
预付款项	102 300	102 300
其他应收款	3 400	3 400
存货	6 588 231	6 198 298
流动资产合计	16 072 765	13 175 448
流动负债合计	1 876 367	1 614 257
经营活动现金流量净额	698 909	398 987

表5-2 M公司短期偿债能力指标计算表   金额单位：元

短期偿债能力指标	本年（或年末）金额	上年（或年初）金额
营运资本	14 196 398	11 561 191
流动比率/%	8.57	8.16
速动比率/%	5.00	4.26
现金比率/%	4.47	3.91
现金流量比率/%	0.37	0.25

【分析过程】

M公司本年营运资本为14 196 398元，上年营运资本为11 561 191元，均大于0元，这说明M公司用于偿还流动负债的资金较充足，且本期营运资本的偿债能力比上期有所增强；本年流动比率为8.57，上年流动比率为8.16，均远远超过了经验值2，这说明M公司的流动资产对流动负债的偿还保障程度很高，且本年偿债能力比上年有所提高；本年的速动比率为5.00，上年的速动比率为4.26，均超过经验值1，应警惕M公司是否有速动资产存量过多从而影响获利能力的现象；上年的现金比率为3.91，本年达到了4.47，这主要是由现金资产的增长速度超过了流动负债的增长速度导致的。上述指标说明了M公司流动资产偿还流动负债的能力很强，偿债压力不大。上年现金流量比率为0.25，本年现金流量比率为0.37，这表明M公司本年经营活动现金偿债能力有所增强。但M公司上年和本年现金流量比率均未达到 1，说明 M 公司依靠生产经营活动产生的现金无法满足偿债的需要，M 公司必须依靠其他方式取得现金才能保证债务的及时偿还。

二、长期偿债能力分析

根据 Z 公司的相关数据计算企业长期偿债能力指标，如表 5-3 所示。

表 5-3　Z 公司长期偿债能力指标计算表　　　　　　　　金额单位：元

项目	2022 年	2021 年	2020 年
资产合计	26 097 765.76	23 683 167.45	23 234 732.17
非流动负债合计	6 299 299.2	6 118 017.64	5 896 347.72
负债合计	18 691 912.06	16 705 694.91	16 648 638.78
股东权益合计	7 405 853.7	6 977 472.54	6 586 093.39
财务费用	16 619.53	14 134.26	5 664.54
利润总额	670 459.09	835 064.27	716 687.76
资产负债率/%	71.62	70.54	71.65
产权比率/%	252.39	239.42	252.78
权益乘数	3.52	3.39	3.53
利息保障倍数	41.34	60.08	127.52

【分析过程】

（1）Z 公司的资产负债率 3 年来基本保持稳定，维持在 71% 左右。一般来说，70% 的资产负债率是人们普遍认为的警戒线，除金融业和航空业外，对于超过这个负债水平的企业，应特别谨慎地判断其财务是否可能出现风险，但对于资产负债率在 20% 以下的企业，则应重点考虑其融资的必要性。

（2）Z 公司 3 年来产权比率高达 240% 左右，一般超过 200% 即应格外关注，这说明债权人保障程度较低，长期偿债能力较弱。

（3）Z 公司权益乘数基本维持在 3.5 左右，代表总资产是所有者权益的 3.5 倍左右，即 Z 公司向外融资的财务杠杆倍数，同时说明 Z 公司负债程度高，股东权益的保障程度低，产权偿债能力差，有较高的财务风险。

（4）Z 公司 3 年来利息保障倍数虽大幅下降，但都远高于 1，这表示 Z 公司不能偿付债务利息的可能性极小，长期偿债能力强。

 实验操作

实验一　偿债能力纵向分析

【任务描述】

分析拉菲公司偿债能力变动趋势。

【任务实施】

（1）观察数据源。

观察"拉菲公司经营数据"库中所包含的企业报表数据信息数据表：a02 资产负债表_横向、a04 传统式利润表_横向、a08 现金流量表_横向。

（2）提出问题。

明确分析范围和分析目标为"拉菲公司历年偿债能力分析"。偿债能力指企业用其资产

微课 21：偿债能力分析实验

偿还长期债务与短期债务的能力，它是反映企业财务状况和经营能力的重要标志。分析偿债能力主要考察资产负债率、速动比率、现金流量比率、利息保障倍数等指标。

（3）获取数据。

确定数据源，选择"a02 资产负债表_横向"。

（4）清洗数据。

① 字段选择：存货、流动资产合计、资产合计、流动负债合计、负债合计、所属期、企业名称。

② 过滤条件：企业名称="拉菲首饰有限公司"（图 5-1）。

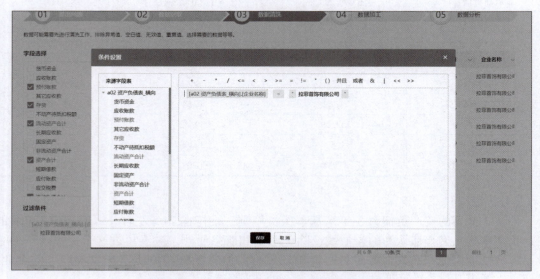

图 5-1 拉菲公司偿债能力纵向分析数据清洗

（5）加工数据。

① 数据合并：合并表：a04 传统式利润表_横向；字段：所属期、企业名称、财务费用、利润总额；合并方式：左合并；合并依据：所属期、企业名称（图 5-2）。

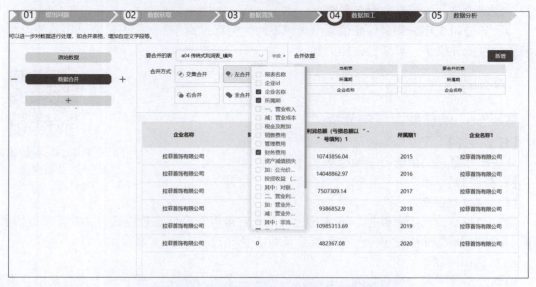

图 5-2 拉菲公司偿债能力纵向分析数据合并 1

② 数据合并：合并表：a08 现金流量表_横向；字段：所属期、企业名称、经营活动产生的现金流量净额；合并方式：左合并；合并依据：所属期、企业名称（图 5-3）。

图 5-3 拉菲公司偿债能力纵向分析数据合并 2

③ 自定义列：资产负债率=round(负债合计/资产合计,4)，速动比率=round((流动资产合计-存货)/流动负债合计,4)，现金流量比率=round(经营活动产生的现金流量净额/流动负债合计,4)，利息保障倍数=round((利润总额+财务费用)/财务费用,4)（图 5-4~图 5-7）。

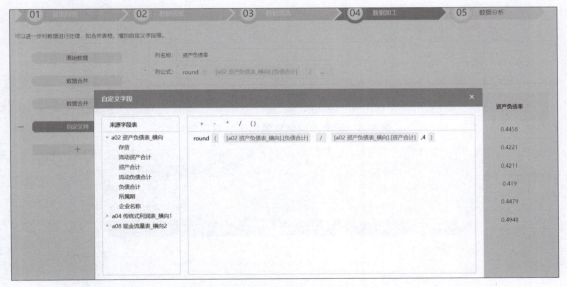

图 5-4 新增"资产负债率"自定义列

（6）分析数据。

① 制作图形：图形：折线图 2；横轴：所属期；纵轴：资产负债率、速动比率、现金流动负债比、利息保障倍数。

② 预览图形：直观地观察数据的特征（图 5-8）。

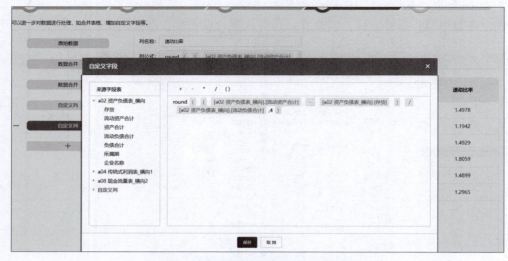

图 5-5 新增"速动比率"自定义列

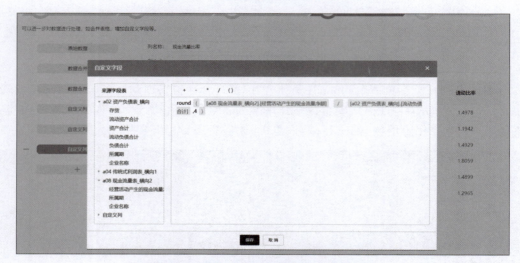

图 5-6 新增"现金流量比率"自定义列

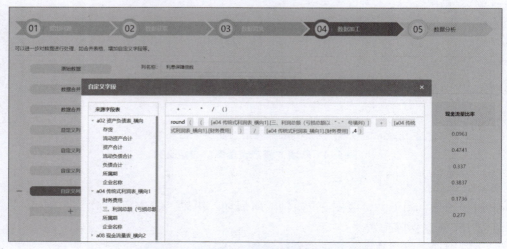

图 5-7 新增"利息保障倍数"自定义列

项目五 偿债能力分析

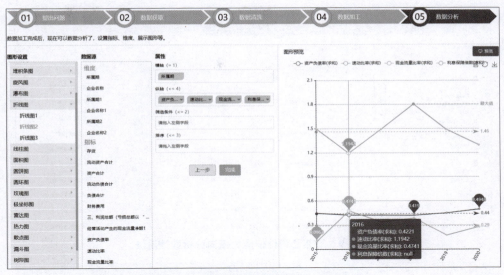

图 5-8 拉菲公司偿债能力纵向分析折线图

实验二 偿债能力横向分析

【任务描述】

对比分析拉菲公司与标杆公司（七小福珠宝有限公司）和同行业公司（兰奇里奥实业有限公司）的偿债能力。

【任务实施（一）】

（1）观察数据源。

观察"拉菲公司经营数据"库中所包含的企业报表数据信息：a02 资产负债表_横向。

（2）提出问题。

明确分析范围和分析目标为"拉菲公司与同行业其他公司资产负债率对比分析"。资产负债率是综合反映企业偿债能力的重要指标，它通过负债与资产的对比，反映在企业总资产中有多少是通过举债获得的。该指标越高，说明企业的债务负担越重；反之，说明企业的债务负担越轻。

（3）获取数据。

确定数据源，选择"a02 资产负债表_横向"。

（4）清洗数据。

① 字段选择：资产合计、负债合计、所属期、企业名称。

② 过滤条件：无（图 5-9）。

（5）加工数据。

① 数据合并：无。

② 自定义列：资产负债率=round（负债合计/资产合计,4）（图 5-10）。

（6）分析数据。

① 制作图形：图形：折线图 3；横轴：所属期；纵轴：资产负债率；图例：企业名称。

② 预览图形：直观地观察数据的特征（图 5-11）。

183

图 5-9　拉菲公司偿债能力横向分析数据清洗

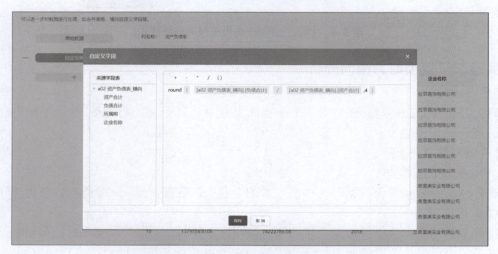

图 5-10　新增"资产负债率"自定义列

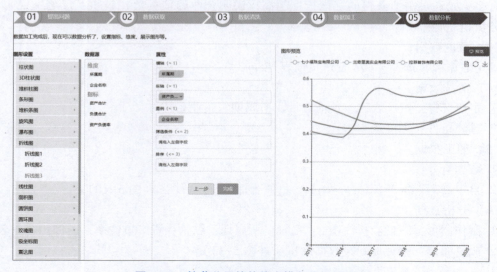

图 5-11　拉菲公司偿债能力横向分析折线图

项目五　偿债能力分析

【任务实施（二）】
（1）观察数据源。
观察"拉菲公司经营数据"库中所包含的企业报表数据信息：a02 资产负债表_横向。
（2）提出问题。
明确分析范围和分析目标为"拉菲公司与同行业其他公司速动比率对比分析"。速动比率是指企业的速动资产与流动负债的比率，用于衡量企业流动资产中可以立即变现偿付流动负债的能力。
（3）获取数据。
确定数据源，选择"a02 资产负债表_横向"。
（4）清洗数据。
① 字段选择：存货、流动资产合计、流动负债合计、所属期、企业名称。
② 过滤条件：无（图 5-12）。

图 5-12　拉菲公司速动比率横向分析数据清洗

（5）加工数据。
① 数据合并：无。
② 自定义列：速动比率=round((流动资产合计-存货)/流动负债合计,4)（图 5-13）。

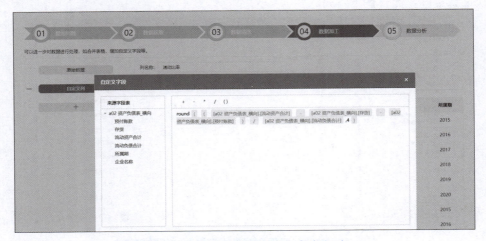

图 5-13　新增"速动比率"自定义列

185

（6）分析数据。
① 制作图形：图形：折线图 3；横轴：所属期；纵轴：速动比率；图例：企业名称。
② 预览图形：直观地观察数据的特征（图 5-14）。

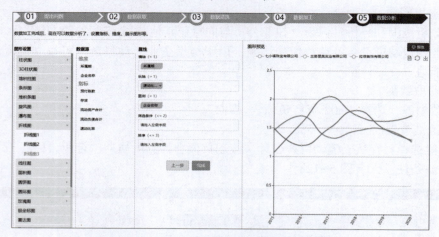

图 5-14　拉菲公司速动比率横向分析折线图

【任务实施（三）】
（1）观察数据源。
观察"拉菲公司经营数据"库中所包含的企业报表数据信息：a04 传统式利润表_横向、a08 现金流量表_横向。
（2）提出问题。
明确分析范围和分析目标为"拉菲公司与同行业其他公司现金流量比率对比分析"。现金流量比率是经营活动现金流量净额与流动负债的比率，用于衡量企业的流动负债用经营活动所产生的现金来支付的程度。
（3）获取数据。
确定数据源，选择"a02 资产负债表_横向"。
（4）清洗数据。
① 字段选择：流动负债合计、所属期、企业名称。
② 过滤条件：无（图 5-15）。

图 5-15　拉菲公司现金流量比率横向分析数据清洗

(5) 加工数据。

① 数据合并：合并表：a08 现金流量表_横向；字段：所属期、企业名称、经营活动产生的现金流量净额；合并方式：左合并；合并依据：所属期、企业名称（图 5-16）。

图 5-16　拉菲公司现金流量比率横向分析数据合并

② 自定义列：现金流量比率＝round（经营活动产生的现金流量净额/流动负债合计,4）（图 5-17）。

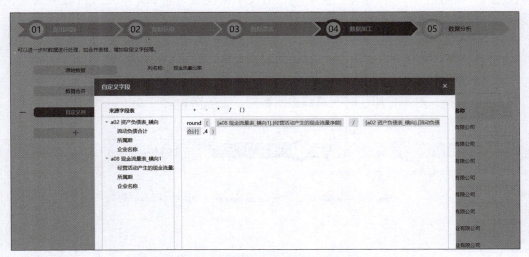

图 5-17　新增"现金流量比率"自定义列

(6) 分析数据。

① 制作图形：图形：折线图 3；横轴：所属期；纵轴：现金流量比率；图例：企业名称。
② 预览图形：直观地观察数据的特征（图 5-18）。

【任务实施（四）】

（1）观察数据源。

观察"拉菲公司经营数据"库中所包含的企业报表数据信息：a04 传统式利润表_横向。

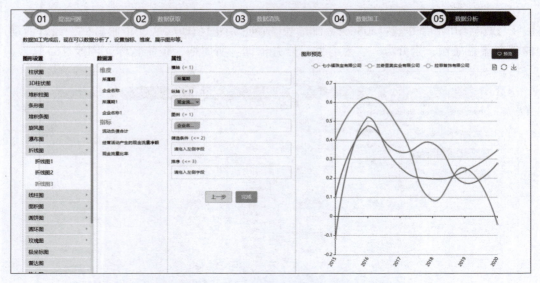

图 5-18　拉菲公司现金流量比率横向分析折线图

（2）提出问题。

明确分析范围和分析目标为"拉菲公司与同行业其他公司利息保障倍数对比分析"。利息保障倍数是指企业息税前利润与利息支出的比率。一般来说，该指标越高，说明企业的长期偿债能力越强；该指标越低，说明企业的长期偿债能力越弱。本任务计算利息支出时取利润表中的财务费用进行计算。

（3）获取数据。

确定数据源，选择"a04 传统式利润表_横向"。

（4）清洗数据。

① 字段选择：财务费用、利润总额、所属期、企业名称。

② 过滤条件：无（图 5-19）。

图 5-19　拉菲公司利息保障倍数横向分析数据清洗

(5)加工数据。

① 数据合并:无。

② 自定义列:利息保障倍数=round((利润总额+财务费用)/财务费用,4)(图5-20)。

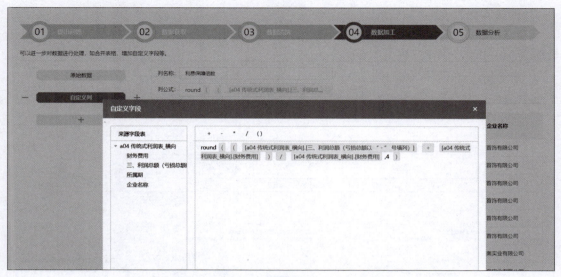

图 5-20　新增"利息保障倍数"自定义列

(6)分析数据。

① 制作图形:图形:折线图3;横轴:所属期;纵轴:利息保障倍数;图例:企业名称。

② 预览图形:直观地观察数据的特征(图5-21)。

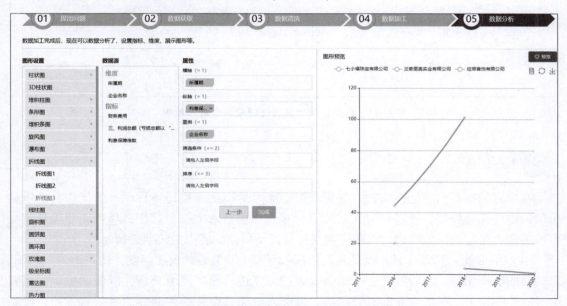

图 5-21　拉菲公司利息保障倍数横向分析折线图

实验三 "风险管理能力"分析看板

【任务描述】

设计偿债能力分析看板,对企业偿债能力进行分析洞察。

【任务实施】

参考图 5-22,对看板进行排版设计,添加文本框编写分析结论,将看板命名为"风险管理能力分析",保存并提交看板。

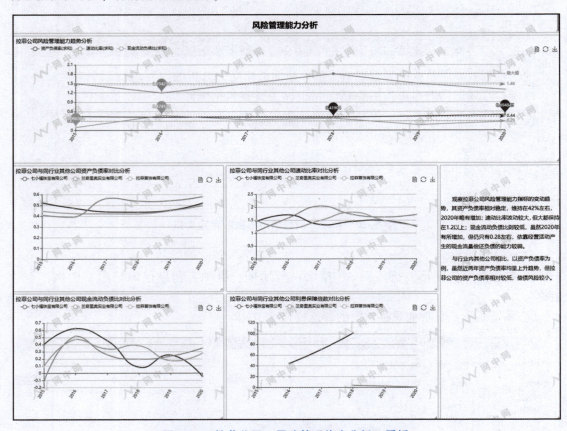

图 5-22 拉菲公司"风险管理能力分析"看板

项目小结

本项目的核心内容是偿债能力分析。偿债能力是指企业偿还各种债务的能力。企业的负债按偿还期的长短,可以分为流动负债和非流动负债两大类。其中,反映企业偿付流动负债的能力是短期偿债能力;反映企业偿付非流动负债的能力是长期偿债能力。

(1) 偿债能力是经营者、投资人、债权人等都十分关心的重要问题。站在不同的角度,分的目的也不相同。经营者从企业资金管理的角度进行偿债能力分析,以便调度和筹措资金及时偿还债务,降低企业的财务风险。投资人最关心企业的盈利能力和长远发展。投资人认为如果企业具有较强的偿债能力,就可以降低财务风险,提高盈利能力。债权人对企业偿债能力的分析,目的在于做出正确的借贷决策,保证自身资金的安全。

(2) 短期偿债能力的衡量。短期偿债能力是企业偿还流动负债的能力,短期偿债能力的强弱取决于流动资产的流动性,即资产转换成现金的速度。企业流动资产的流动性强,相应的短期偿债能力也强。影响企业短期偿债能力的因素,主要包括企业内部因素和企业外部因素。企业内部因素是指企业自身的资产结构、流动负债的规模与结构、融资能力、经营现金流量水平等因素。企业外部因素是指与企业所处经济环境相关的因素,如宏观经济形势、证券市场的发育与完善程度、银行的信贷政策等因素。通常使用营运资本、流动比率、速动比率和现金比率这几个核心指标衡量短期偿债能力。当然财务报表信息使用人站在不同的角度,对偿债能力的评价也不同。

(3)长期偿债能力的衡量。长期偿债能力是企业偿还长期债务本金和利息的能力,企业的长期偿债能力主要取决于企业资产与负债的比例关系以及获利能力,而不是资产的短期流动性。影响企业长期偿债能力的因素主要包括企业的盈利能力、权益资金的增长和稳定程度、投资效果以及企业经营现金流量。长期偿债能力分析的内容包括三个方面:第一,资产规模对长期偿债能力影响的分析。其指标主要有包括资产负债率、股东权益比率、产权比率、权益乘数等。第二,盈利能力对长期偿债能力影响的分析。其指标主要是利息保障倍数。第三,现金流量对长期偿债能力影响的分析。其指标主要是到期债务本息偿付比率。

 练习题

一、单项选择题

1. 理论上,速动比率应维持的最佳值是( )。
   A. 2   B. 1∶1   C. 0.5   D. 0.25
2. 在计算资产负债率时,负债实际是指( )。
   A. 流动负债   B. 长期负债   C. 全部负债   D. 短期负债
3. 下列项目中,可用于分析、评价长期偿债能力的指标是( )。
   A. 流动比率   B. 速动比率   C. 现金比率   D. 利息保障倍数
4. 下列项目中,可用于分析短期偿债能力的比率是( )。
   A. 资产负债率   B. 产权比率   C. 流动比率   D. 权益乘数
5. 某企业期末现金为160万元,流动负债为240万元,流动资产为320万元,则该企业的现金比率为( )。
   A. 66.67%   B. 50%   C. 133.33%   D. 200%
6. 权益乘数越高,表明企业的长期偿债能力( )。
   A. 越强   B. 越弱   C. 不确定   D. 不变
7. 某企业2020年年末有关资料如下——总资产为100万元,流动负债为20万元,长期负债为4万元,则该企业的产权比率为( )。
   A. 1.5   B. 0.5   C. 2   D. 2.5
8. 产权比率与权益乘数的关系为( )。
   A. 产权比率×权益乘数   B. 权益乘数=1/(1+产权比率)
   C. 权益乘数=(1+产权比率)/产权比率   D. 权益乘数=1+产权比率
9. 下列项目中,不影响短期偿债的是( )。
   A. 准备变现的长期资产   B. 良好的商业信用
   C. 融资租赁   D. 已贴现的应收票据

二、多项选择题

1. 反映短期偿债能力的指标包括( )。

A. 营运资本　　　　B. 流动比率　　　　C. 速动比率　　　　D. 现金比率

2. 可以分析评价长期偿债能力的指标有（　　）。

A. 资产负债率　　　B. 流动比率　　　　C. 产权比率　　　　D. 权益乘数

3. 影响长期偿债能力的因素有（　　）。

A. 为其他企业的贷款担保　　　　　　B. 或有负债
C. 长期经营性租赁的影响　　　　　　D. 可转换债券

4. 速动资产包括（　　）。

A. 存货　　　　　　B. 货币资金　　　　C. 交易性金融资产　D. 应收款项

5. 流动比率有局限性的原因有（　　）。

A. 流动资产中存货有可能积压
B. 应收账款有可能出现呆账
C. 流动资产中的待摊费用不可能转变为现金
D. 所运用的都是时点指标

三、判断题

1. 营运资本指标的分析既可以进行纵向比较，又可进行横向比较。（　　）
2. 一个企业的流动比率越高，说明该企业的短期偿债能力越强。（　　）
3. 速动比率是流动比率分析的一个重要辅助指标。（　　）
4. 产权比率越低，表明企业的长期偿债能力越强，债权人权益保障程度越高。（　　）
5. 利息保障倍数指标分母中的利息费用只包括计入财务费用中的利息费用，不包括已资本化的利息费用。（　　）

四、计算分析题

1. 2020年年末，A公司的流动资产为7 330万元，流动负债为3 700万元，存货为4 600万元，货币资金为550万元，交易性金融资产为400万元。

要求：试计算A公司2020年度的营运资本、流动比率、速动比率和现金比率，并进行分析和评价。

2. B公司2020年度财务报表主要资料如表5-4、表5-5所示。

表5-4　B公司资产负债表（简表）　　　　　　　　　　金额单位：万元

资产	期末余额	负债和股东权益	期末余额
库存现金	764	应付账款	516
应收账款	1 156	应付票据	336
存货	700	其他流动负债	468
固定资产净额	1 170	长期负债	1 026
		实收资本	1 444
资产总计	3 790	负债和股东权益总计	3 790

表5-5　B公司利润表（简表）　　　　　　　　　　　金额单位：万元

项目	本年数	上年数
一、营业收入	26 000	21 000
减：营业成本	13 200	11 000
税金及附加	1 680	1 470
销售费用	1 960	1 765

续表

项目	本年数	上年数
管理费用	1 100	1 000
财务费用	500	400
加：投资收益	700	700
二、营业利润（亏损以"－"号填列）	8 260	6 065
加：营业外收入	900	800
减：营业外支出	120	90
三、利润总额（亏损总额以"－"号填列）	9 040	6 775
减：所得税费用	2 260	1 694
四、净利润（亏损以"－"号填列）	6 780	5 081

要求：试计算 B 公司的资产负债率、产权比率、权益乘数和利息保障倍数，并进行分析评价。

五、案例分析

【案例资料】引用项目二、项目三、项目四练习题中 ZSJ 地产控股股份有限公司的资产负债表、利润表、现金流量表资料（表5-6～表5-8）。

表5-6 资产负债表

编制单位：ZSJ 地产控股股份有限公司　　　　2022 年 12 月 31 日　　　　　　　　金额单位：元

资产	期末数	期初数	负债和股东权益	期末数	期初数
流动资产：			流动负债：		
货币资金	9 489 490 935.00	7 389 133 547.00	短期借款	1 372 929 609.00	3 613 956 278.00
交易性金融资产	6 437 479.00	97 331 980.00	交易性金融负债	12 829 413.00	
衍生金融资产			衍生金融负债		
应收票据			应付票据	257 896 108.00	143 287 841.00
应收账款	118 962 896.00	107 177 879.00	应付账款	2 705 521 285.00	1 863 688 472.00
预付款项	8 747 313.00	28 316 856.00	预收款项	9 498 461 291.00	2 731 472 693.00
其他应收款	1 926 509 243.00	778 506 128.00	应付职工薪酬	162 832 982.00	121 900 048.00
存货	30 461 181 900.00	23 869 301 251.00	应交税费	589 859 453.00	270 545 613.00
持有待售资产			其他应付款	5 964 954 292.00	3 204 399 025.00
一年内到期的非流动资产	26 754.00	40 129.00	持有待售负债		
其他流动资产	624 800 651.00	227 596 742.00	一年内到期的非流动负债	1 303 501 721.00	1 180 099 402.00
流动资产合计	42 636 157 171.00	32 497 404 512.00	其他流动负债	1 843 563 001.00	459 072 398.00
非流动资产：			流动负债合计	23 712 349 155.00	14 218 421 770.00
可供出售金融资产	4 898 240.00	1 743 575.00	非流动负债：		
持有至到期投资			长期借款	5 720 303 012.00	6 807 315 907.00
长期应收款	1 062 146 037.00	971 960 034.00	应付债券		

续表

资产	期末数	期初数	负债和股东权益	期末数	期初数
长期股权投资	616 512 618.00	771 232 269.00	长期应付款	46 469 703.00	33 285 411.00
投资性房地产	2 787 842 250.00	2 632 975 770.00	预计负债	108 052 194.00	90 466 298.00
固定资产	299 615 954.00	284 573 922.00	递延收益		
在建工程	19 254 007.00	39 614 982.00	递延所得税负债	731 713.00	34 300.00
生产性生物资产			其他非流动负债	7 218 243.00	7 984 305.00
油气资产			非流动负债合计	5 882 774 865.00	6 939 086 221.00
无形资产	54 121.00	94 212.00	负债合计	29 595 124 020.00	21 157 507 991.00
开发支出			股东权益：		
商誉			股本	1 717 300 503.00	1 717 300 503.00
长期待摊费用	180 194 127.00	196 539 294.00	其他权益工具		
递延所得税资产	290 485 972.00	40 876 227.00	资本公积	8 487 926 904.00	8 548 544 784.00
其他非流动资产			减：库存股		
非流动资产合计	5 261 003 326.00	4 939 610 483.00	其他综合收益		
			盈余公积	1 662 259 085.00	1 269 001 482.00
			未分配利润	6 434 549 985.00	4 744 660 235.00
			股东权益合计	18 302 036 477.00	16 279 507 004.00
资产总计	47 897 160 497.00	37 437 014 995.00	负债和股东权益总计	47 897 160 497.00	37 437 014 995.00

表 5-7 利润表

编制单位：ZSJ 地产控股股份有限公司　　　　2022 年度　　　　金额单位：元

项目	2022 年度	2021 年度
一、营业收入	10 137 701 049.00	3 573 184 200.00
减：营业成本	5 961 738 151.00	2 097 773 113.00
税金及附加	1 623 223 320.00	264 980 117.00
销售费用	285 334 726.00	226 715 702.00
管理费用	208 542 650.00	203 223 524.00
研发费用		
财务费用	-15 356 044.00	30 913 643.00
资产减值损失	484 187.00	407 654 635.00
加：其他收益		
投资收益	304 569 607.00	802 815 289.00
其中：对联营企业和合营企业的投资收益	176 731 790.00	176 812 461.00
公允价值变动收益	-103 663 503.00	145 469 305.00
资产处置收益		
二、营业利润	2 274 640 163.00	1 290 208 060.00
加：营业外收入	29 522 960.00	24 173 367.00
减：营业外支出	30 433 088.00	12 516 456.00

续表

项目	2022 年度	2021 年度
三、利润总额	2 273 730 035.00	1 301 864 971.00
减：所得税	519 264 184.00	209 864 866.00
四、净利润	1 754 465 851.00	1 092 000 105.00
五、每股收益：		
（一）基本每股收益	0.96	0.94
（二）稀释每股收益	0.96	0.94

表 5-8 现金流量表

编制单位：ZSJ 地产控股股份有限公司　　　2022 年 12 月 31 日　　　金额单位：元

项目	2022 年	2021 年
一、经营活动产生的现金流量		
销售商品、提供劳务收到的现金	15 926 683 850.00	6 195 335 331.00
收到的税费返还	598 706.00	25 520 015.00
收到的其他与经营活动有关的现金	3 542 739 117.00	887 926 560.00
经营活动现金流入小计	19 470 021 673.00	7 108 781 906.00
购买商品、接受劳务支付的现金	8 370 247 406.00	9 374 818 057.00
支付给职工以及为职工支付的现金	561 496 643.00	515 097 597.00
支付的各项税费	1 426 342 512.00	802 008 011.00
支付的其他与经营活动有关的现金	2 057 203 779.00	336 701 916.00
经营活动现金流出小计	12 415 290 340.00	11 028 625 581.00
经营活动产生的现金流量净额	7 054 731 333.00	-3 919 843 675.00
二、投资活动产生的现金流量		
收回投资收到的现金	—	40 702 142.00
取得投资收益收到的现金	413 971.00	12 870 616.00
处置固定资产、无形资产和其他长期资产收回的现金净额	251 567.00	2 772 549.00
处置子公司及其他营业单位收到的现金净额	13 304 811.00	681 912 273.00
收到的其他与投资活动有关的现金	485 915 710.00	—
投资活动现金流入小计	499 886 059.00	738 257 580.00
购建固定资产、无形资产和其他长期资产支付的现金	75 630 570.00	83 837 658.00
投资支付的现金	870 044 567.00	1 013 522 765.00
取得子公司及其他营业单位支付的现金净额	—	5 252 240.00
支付的其他与投资活动有关的现金	—	54 886 338.00
投资活动现金流出小计	945 675 137.00	1 157 499 001.00
投资活动产生的现金流量净额	-445 789 078.00	-419 241 421.00
三、筹资活动产生的现金流量		
吸收投资收到的现金	338 613 350.00	6 444 200 352.00
取得借款收到的现金	5 612 106 753.00	8 943 642 350.00
收到的其他与筹资活动有关的现金	—	—

续表

项目	2022 年	2021 年
筹资活动现金流入小计	5 950 720 103.00	15 387 842 702.00
偿还债务支付的现金	10 044 491 466.00	6 329 137 678.00
分配股利、利润或偿付利息支付的现金	1 095 366 405.00	894 253 290.00
支付的其他与筹资活动有关的现金	—	—
筹资活动现金流出小计	11 139 857 871.00	7 223 390 968.00
筹资活动产生的现金流量净额	−5 189 137 768.00	8 164 451 734.00
四、汇率变动对现金的影响	−2 200 526.00	−12 294 446.00
五、现金及现金等价物净增加额	1 417 603 961.00	3 813 072 192.00
加：年初现金及现金等价物余额	7 358 057 106.00	3 544 984 914.00
六、期末现金及现金等价物余额	8 775 661 067.00	7 358 057 106.00

要求如下。

（1）计算并填列表 5-9 中的偿债能力指标（保留两位小数）。

表 5-9　偿债能力指标

指标	2021 年		2022 年	
	ZSJ 地产	行业平均值	ZSJ 地产	行业平均值
流动比率/%		1.95		2.10
速动比率/%		0.75		0.76
现金比率/%		—		—
现金流动负债比率/%		−0.8		−0.8
资产负债率/%		74.9		75.0
产权比率/%		—		—
权益乘数		—		—
已获利息倍数		3.8		3.3

（2）结合房地产行业平均值，对 ZSJ 地产控股股份有限公司的偿债能力进行分析评价。

项目五习题参考答案

项目六

营运能力分析

学习目标

知识目标：
(1) 了解营运能力分析的内容与目的。
(2) 熟悉影响营运能力的主要因素。
(3) 掌握流动资产营运能力指标的计算与分析。
(4) 掌握固定资产营运能力指标的计算与分析。
(5) 掌握总资产营运能力指标的计算与分析。

能力目标：
(1) 培养学生能够熟练运用营运能力指标对企业的营运能力进行分析。
(2) 培养学生能够熟练操作大数据平台工具进行企业营运能力分析。

素养目标：
(1) 培养学生认真、细致的职业素养，弘扬工匠精神。
(2) 培养学生树立经营风险意识，维护社会稳定。
(3) 培养学生掌握企业内部资源的合理配置与利用的能力，为国家创造更多财富。

任务导入

市场经济的飞速发展使企业之间的联系变得密切，也使企业之间的竞争更加激烈，促使企业的经营者和管理者必须提高管理能力，促进企业资源合理配置，充分提高资源利用效率，合理利用资金，为企业创造出更多经济效益。营运能力能够挖掘企业资产利用的潜力，在提高企业经济效益方面发挥着巨大的作用。通过对营运能力的对比分析，能够正确认识企业在资产利用方面存在的问题，了解企业的发展空间，从而采取有效措施，提高企业的营运能力，让企业在激烈的市场竞争中稳步健康发展。

华能国际（证券代码：600011）主要在中国全国范围内开发、建设和经营管理大型发电厂，是中国最大的上市发电公司之一。

该公司在 2020 年实现营业收入 1 694.39 亿元，同比下滑 2.39%；净利润为 45.65 亿元，同比增长 191.51%；净资产收益率为 4.14%，同比增长 122.18%；总资产报酬率为 4.16%，同比增长 10.93%。任何一个企业的经营状况和经济效益，从根本上讲，都取决于企业的营运资产的利用。华能国际的利润之所以能持续增长，并在行业中处于领先地位，其资产利用效率可以给出答案。该公司 2020 年的存货周转率为 18.07 次/年，而行业平均值为 14.5 次/年；应收账款周转率为 6.26 次/年，而行业平均值为 5.8 次/年；流动资产周转率为 2.66 次/年，而行业平均值仅为 1.1 次/年；总资产周转率为 0.4 次/年，而行业平均值为 0.3 次/年。这些指标都高于行业的平均水平，表明该公司具有较高的资产利用效率。

思考：为什么说企业营运资产的营运状况从根本上决定了企业的经营状况和经济效益？

第一讲　营运能力分析概述

一、营运能力分析的内涵

营运能力是指企业在经营过程中使用资产获取回报的效率。营运能力有广义和狭义之分。广义的营运能力是指企业所有要素共同发挥的营运作用，即企业各项经济资源，通过配置、组合与相互作用而生成推动企业运行的物质能量。狭义的营运能力是指企业资产的利用效率，其反映企业的资产管理水平和资产周转情况。企业资产营运的效率主要是指资产的周转率和周转天数。资产周转率越高，表明资产运用效率越高，资产营运能力越强。周转天数是周转率的倒数与计算期天数的乘积，反映资产周转一次所需要的时间。周转天数越少，表明周转的速度越高，资产运营能力越强。

本书所指的营运能力分析是狭义的营运能力分析。

营运能力分析是指通过计算企业有关资产营运效率与效益指标，分析企业各项资产的周转速度和利用效果，了解各项资产对收入和财务目标的贡献程度，评价企业的营运能力。

二、营运能力分析的影响因素

一般而言，影响企业营运能力的因素包括企业所处的行业及其经营背景、企业营业周期、企业资产的构成及其质量、资产管理的力度和企业采用的财务政策等。

（一）企业所处的行业及其经营背景

不同的行业有不同的资产占用情况，如制造业企业可能需要占用大量的原材料、在产品、产成品、机器、设备、厂房等，其资产占用量越大，资产周转相对越慢；而服务业企业，尤其是劳动密集型或知识型服务业企业，除了人力资源，几乎少有其他资产。按照当前的会计制度，人力资源未做资产处理，因此，这类企业的总资产占用非常少，其资产周转相对较快。企业的经营背景不同，其资产周转也会呈现不同趋势。越落后、越传统的经营和管理，其资产周转可能越慢；相反，在现代化经营和管理背景下，各种先进的技术手段和理念的运用，如 TT 行业，可有效地提高资产运用效率，加速资产周转。

（二）企业营业周期

营业周期又称为经营周期，是指从取得存货开始到销售存货并收回现金为止的时期。营业周期的长短可以通过应收账款周期天数和存货周转天数反映。因此，可由应收账款周转天数和存货周转天数之和简单计算营业周期。营业周期的长短对企业资产周转率也有重要影响，营业周期越短，资产的流动性相对越高，在同样时期内实现的销售次数越多，销售收入的积累额相对越大，资产周转相对越快。

（三）企业资产的构成及其质量

资产按照变现和流动性分为流动资产和非流动资产两类。

流动资产是指在1年或超过1年的一个营业周期内变现或耗用的资产。非流动资产是指在超过1年或超过一个营业周期内变现或耗用的资产。

当企业的非流动资产占用过多或出现有问题资产、资产质量不高时，就会产生资金积压、资产流动性低下的现象，以致营运资本不足。另外，流动资产的数量和质量通常决定着企业变现能力的强弱，而非流动资产的数量和质量则通常决定着企业的生产经营能力。非流动资产只有伴随着产品的销售才能形成销售收入。在资产总量一定的情况下，非流动资产所占的比重越高，企业所实现的周转价值越小，资产的周转也就越慢；反之，资产的周转则越快。

（四）资产管理的力度和企业采用的财务政策

资产管理的力度不同，会造成较大的资产构成和资产质量的差异，会导致不同的资产周转率。资产管理的力度越大，资产结构越合理，资产质量越优越，资产周转率越高；反之，则资产周转率越低。企业所采用的财务政策决定了企业资产的账面占用总额，例如折旧政策决定了固定资产的账面净值，信用政策决定了应收账款的占用量等，因此，企业所采用的财务政策自然会影响资产周转率。当企业的其他资产不变时，采用加速折旧政策可减少固定资产账面净额，从而提高资产周转率。信用政策对资产周转率的影响则是，企业若采用宽松的信用政策，则导致应收账款的占用变多，尤其是当信用政策对销售的促进作用减弱时，资产周转率就会变低。

总之，资产周转率受诸多因素的影响。一方面，不同行业、不同经营性质和经营背景的企业，其资产周转率不能比较，或者比较的意义很小。即使在同行业、同类型企业之间进行比较，也应注意它们在资产构成、财务政策等方面是否存在差异，如果有差异，则应将其影响剔除后方能得到较客观的结论。另一方面，加大资产管理的力度、合理安排资产结构、提高资产的质量、选择有利的财务政策，可以提高资产管理效率，加速资产周转。

三、营运能力分析的目的

（一）评价企业资产的营运效率

资产的营运效率通常是指资产的周转速度，其反映企业资金利用的效率，表明企业管理人员经营管理、运用资金的能力。资产在各种形态之间的转化速度越高，资产的营运效率也就越高。

（二）评价企业资产的营运效益

企业经营的根本目的在于获取收益。企业资产运用能力的实质，就是以尽可能少的资产占用，尽可能短的周转时间，生产出尽可能多的产品，从而实现收益最大化。当把前序周转过程中的获利投入后序周转过程时，企业便扩大了经营规模，每次周转的获利水平得到提高，由此便可实现资产营运效益的增长。

（三）挖掘企业资产利用的潜力

企业营运能力的高低取决于多种因素，通过企业营运能力分析，可以了解企业资产利用方面存在哪些问题，尚有多大的潜力，进而采取有效措施，提高企业营运能力。

四、营运能力分析的意义

营运能力分析对不同的财务报表使用者来说意义不同。

对经营者而言，其意义在于：①优化资产结构；②改善财务状况；③降低资产经营风险。对企业现有股东或潜在投资者而言，营运能力分析有助于判断企业财务的安全性、资本的保全程度以及资产实现收益的能力，可用来帮助他们进行相应的投资决策。对债权人而言，营运能力分析有助于判断其债权的物质保障程度和安全性，可用于进行相应的信用决策。

五、营运能力分析的内容

企业营运能力主要取决于经营资产实现收入的能力，主要包括以下三个方面。

1. 流动资产营运能力分析，通过对流动资产周转率、流动资产垫支周转率、存货周转率和应收账款周转率的分析，揭示流动资产周转速度的变动原因，评价流动资产的利用效率和资产的流动性。

2. 固定资产营运能力分析，通过对固定资产产值率和固定资产收入率的分析，揭示固定资产利用效果变动的原因，评价资产的效益。

3. 总资产营运能力分析，通过对总资产产值率、总资产收入率和总资产周转率的分析，揭示总资产周转速度和利用效果变动的原因，评价总资产营运能力。

第二讲　流动资产营运能力分析

流动资产是流动性较强、风险较低的资产，资产质量好坏与其密切相关。流动资产营运能力分析主要采用的财务指标有应收账款周转指标、存货周转指标、营业周期、流动资产周转指标和营运资金周转指标等。

一、应收账款周转指标

应收账款周转指标是反映应收账款周转速度，分析企业流动资产营运能力的重要工具。应收账款周转指标主要包括应收账款周转率和应收账款周转天数。

（一）应收账款周转率

应收账款周转率是应收账款在一定时期内（通常为 1 年）转为现金的平均次数，用于反映应收账款流动的速度。它是一定时期内赊销收入与应收账款平均余额的比率。应收账款的周转率的计算公式如下：

微课 22：企业流动资产营运能力分析

$$应收账款周转率 = \frac{赊销收入净额}{应收账款平均余额}$$

$$赊销收入净额 = 赊销收入总额 - 赊销退回 - 赊销折扣与折让$$

$$应收账款平均余额 = \frac{当期应收账款期初余额 + 当期应收账款期末余额}{2}$$

由于各企业公开的财务信息资料很少表明赊销收入净额，企业外部人员无法获取企业赊销收入的数据，所以在实际工作中，也可以用营业收入项目代替赊销收入净额。

应收账款周转率反映了企业应收账款收回速度及管理效率的高低。一般来说，在一定期间，企业的应收账款周转率越高，表明企业应收账款收回速度越高，企业应收账款的效率越高，资产流动性越强，短期偿债能力越强。否则，过多的营运资金被应收账款占用会影响企业资金的正常周转，机会成本、坏账损失和收账费用也会增加。较高的应收账款周转率能有效地减少收账费用和坏账损失，从而在一定程度上提高流动资产的收益能力。此外，通过将应收账款账龄指标与原定的赊销期限进行对比，财务报表使用者还可以评价购买单位的信用程度，以及企业原定的信用条件是否恰当。

（二）应收账款周转天数

应收账款周转天数是用时间来表示的应收账款周转速度，又称为平均应收账款回收期或平均收现期，它表示从取得应收账款的权利到收回款项、转换为现金所需要的时间。其计算公式如下：

$$应收账款周转天数 = \frac{计算期天数}{应收账款周转率}$$

计算期天数取决于实际计算期的长短，通常为 1 年，按 360 天计算。

关于应收账款周转指标，需要注意以下几点。

（1）平均应收账款并不代表应收账款的总体情况。例如，较长的平均收账期并不代表客户在总体水平上的拖延，它可能是一两个极端客户逾期未付款项造成的。

（2）对于生产经营季节性很强的企业，销售旺季与淡季应收账款会有很大的起伏变化，年初、年末应收账款的平均额并不能反映实际情况。

（3）应收账款周转次数并非越多越好，如果应收账款周转次数过多，可能是企业的信用政策、付款条件过于苛刻所致，这样会限制企业销售量的扩大，影响企业的盈利水平。

（4）在评价应收账款周转指标时，可比企业之间采用的会计政策不同时需要谨慎，如当两个企业计提坏账准备的方法和比例有很大差异时，它们的应收账款周转率便不具有可比性。

（5）影响应收账款周转率的因素有很多，主要有企业信用政策、应收账款管理水平和应收账款质量、企业总资产规模的变动以及企业会计政策变更等，在分析过程中应仔细分析应收账款周转率变动的原因，针对不同原因采取改进措施。

二、存货周转指标

在流动资产中，存货所占比重较高，变现能力最弱，风险最高，通常其价值占流动资产总额的一半以上。企业保持的存货数额大小随着各企业的不同性质及市场环境等各种因素的影响而有很大的差异。究竟应保持多大的存货数额才合理？这就要通过反映存货管理水平的指标——存货周转率来判断。该指标用于衡量企业的销售能力和存货周转速度。存货周转指标有存货周转率和存货周转天数。

（一）存货周转率

存货周转率又称为存货利用率，是指企业在一定时期（通常以一个会计年度作为计算期，下同）内营业成本（或营业收入）与存货平均余额的比率。存货周转率是衡量和评价企业购入存货、投入生产和销售收回等各环节管理状况的综合性指标。其计算公式如下：

$$存货周转率 = \frac{营业收入（或营业成本）}{存货平均余额}$$

$$存货平均余额 = \frac{当期存货期初余额 + 当期存货期末余额}{2}$$

分子中以成本为基础和以收入为基础计算的存货周转率各自具有不同的意义。以成本为基础计算的存货周转率更符合实际表现的存货周转状况，体现存货管理业绩，它反映了企业流动资产的流动性，主要用于流动性分析。以收入为基础计算的存货周转率则保持了资产营运能力指标计算的一致性，主要用于获利能力分析。在一般会计实务中，为了统一口径，计算存货周转率均使用"营业成本"作为周转额。

存货周转率是反映存货周转速度的指标。该指标越高（存货周转次数越多），表明企业存货回收速度越高，企业经营管理效果越好，资产的流动性越强，企业的盈利能力越强；反之，则表示存货管理效率低，存货占用资金多，企业的盈利能力弱。

（二）存货周转天数

存货周转天数反映一定时期内存货平均周转一次所需要的天数。其计算公式如下：

$$存货周转天数 = \frac{计算期天数}{存货周转率}$$

计算期天数取决于实际计算期的长短，通常为 1 年，按 360 天计算。

关于存货周转指标，需要注意以下几点。

（1）季节性生产的企业，其存货波动起伏较大，可按季或月计算平均存货，再计算存货周转率和周转天数指标，以消除季节性因素的影响。

（2）结合企业的竞争战略分析存货周转率。企业的竞争优势通常来自低成本和差异化，分析企业采用高周转率/低毛利的战略，还是低周转率/高毛利的战略。

（3）针对不通阶段的财务特征考察企业的存货周转率指标特征。产品生命周期一般分为初创期、成长期、成熟期和衰退期。

（4）存货周转率降低可能是多种原因引起的，例如，为了降低采购成本或利用商业折扣而大批量采购、经营不善导致产品滞销、收紧信用政策导致产成品存货积压、基于投机性目的而囤积存货以待有利时机出售获取高额利润等。

（5）不同企业的存货周转率是不能简单相比的，平均存货量要视企业的规模而定，应避免不同规模企业的存货周转率之间的比较。如果企业规模大而平均存货多，则周转一次需要的时间长，一年中周转次数少，存货周转率就低。

三、营业周期

企业的营业周期是指企业从取得存货开始到销售存货并收回现金为止的时期，即企业的生产经营周期。营业周期的长短可通过应收账款周转天数和存货周转天数近似地反映出来，其计算公式如下：

$$营业周期 = 应收账款周转天数 + 存货周转天数$$

营业周期越短,说明资产的使用效率越高,资金周转速度越高,其收益能力也越强,资产的流动性越强,资产风险降低;营业周期越长,说明资产的使用效率越低,资金周转速度越低,其收益能力也越弱,资产的流动性越弱,资产风险提高。

四、流动资产周转指标

流动资产营运能力主要体现为流动资产的周转速度,可以分别以流动资产周转率和流动资产周转天数来表示。

(一)流动资产周转率

流动资产周转率是指企业在一定时期内的营业收入与流动资产平均余额的比率,即企业流动资产在一定时期内(通常为1年)周转的次数。其计算公式如下:

$$流动资产周转率=\frac{营业收入}{流动资产平均余额}$$

$$流动资产平均余额=\frac{当期流动资产期初余额+当期流动资产期末余额}{2}$$

(二)流动资产周转天数

流动资产周转天数表示流动资产周转一次所需要的时间,它能更直观地说明流动资产的周转速度。其计算公式如下:

$$流动资产周转天数=\frac{计算期天数}{流动资产周转率}$$

计算期天数取决于实际计算期的长短,通常为1年,按360天计算。

流动资产周转率反映了企业流动资产的周转速度,是从企业全部资产中流动性最强的流动资产的角度对企业资产的利用效率进行分析,以进一步揭示影响企业资产质量的主要因素。要实现该指标的良性变动,应以主营业务收入增幅大于流动资产增幅做保证。

流动资产的周转次数或天数,均表示流动资产的周转速度。按天数表示的流动资产周转率更能直接地反映生产经营状况的改善,以便于比较不同时期的流动资产周转率,因此应用较为普遍。在一般情况下,该指标越高,表明企业流动资产周转速度越高,利用效果越好。在较高的周转速度下,流动资产相对节约,相当于流动资产投入的增加,在一定程度上增强了企业的盈利能力;而周转速度低,则需要补充流动资金参与周转,会形成资金浪费,减弱企业盈利能力。

五、营运资金周转指标

营运资金是流动资产减去流动负债后的余额,营运资金及其流动性可用于评估企业补偿短期到期债务的能力。营运资金周转指标有营运资金周转率和营运资金周转天数两种表示方式。

(一)营运资金周转率

营运资金周转率是指在某一特定时期内产品营业收入与营运资金平均占用额的比率,表明企业在一定时期(通常为1年)内营运资金的周转次数。其计算公式如下:

$$营运资金周转率=\frac{营业收入}{营运资金平均余额}$$

$$营运资金平均余额 = \frac{当期营运资金期初余额 + 当期营运资金期末余额}{2}$$

（二）营运资金周转天数

营运资金周转天数是指营运资金周转一次所需要的时间。其计算公式如下：

$$营运资金周转天数 = \frac{计算期天数}{营运资金周转率}$$

计算期天数取决于实际计算期的长短，通常为 1 年，按 360 天计算。

每个企业应根据自身的规模、销售收入拥有相当数额的营运资金，以维持正常生产的需要。在一般情况下，一定时期内营运资金周转次数越多，即营运资金周转天数越少，表明企业运用较少的营运资金可获得越多的销售收入，营运资金的运用效果越显著。反之，则表明企业营运资金的运用不佳。

有时营运资金周转率并不是越高越好，营运资金周转率过高，若是由营运资金占用额较少而引起的，则可能预示着该企业营运资金不足，暗示短期偿债能力较弱。反之，若营运资金周转率过低，则表明企业以较多营运资金获得相对较少的销售收入，使营运资金不能有效发挥其效率，对此应查明原因，采取相应措施，提高营运资金的周转率以增加企业的盈利。

第三讲　固定资产营运能力分析

微课 23：固定资产与总资产营运能力分析

体现企业资产利用率的直接成果是产品产量或销售量，产量（产值）和销售量（销售收入）与资产的对比情况可以反映企业资产的利用效率。

固定资产营运能力是企业组织、管理和营运固定资产的能力和效率。反映固定资产营运能力的指标主要包括固定资产产值率和固定资产周转率。

一、固定资产产值率

固定资产产值率又称为固定资产利用率，是企业在一定时期内实现的总产值与固定资产平均总值的比率，表示企业每百元固定资产创造的总产值，反映了企业固定资产平均总值与总产值之间的对比关系。其计算公式如下：

$$固定资产产值率 = \frac{总产值}{固定资产平均总值} \times 100\%$$

固定资产产值率是反映企业固定资产利用效率的综合性指标，其指标的基本含义是每百元固定资产能够提供多少产值。使用同量的固定资产所完成的产值越多，说明企业的固定资产的利用情况越好；反之，则越差。

在实际工作中，也常用固定资产产值率指标的倒数，即百元产值占用的固定资产价值作为反映和评价固定资产利用效果的综合性指标。百元产值占用的固定资产价值的计算公式如下：

$$百元产值占用的固定资产价值 = \frac{固定资产平均总值}{总产值} \times 100\%$$

完成百元产值占用的固定资产越少，表明固定资产的利用效果越好；反之，则越差。

财务人员对固定资产营运能力进行分析时,可以将不同时期的固定资产产值率或百元产值占用的固定资产价值指标进行比较,以了解企业固定资产利用效率的改进状况;也可以将其与企业水平相同的不同企业进行比较,以便找出差距,分析原因,寻求不断提高固定资产利用效果的途径。

二、固定资产周转率

固定资产周转率是指企业在一定时期内的营业收入与固定资产平均净值的比率。它是反映固定资产周转情况、衡量固定资产运用效率的指标。其计算公式如下:

$$固定资产周转率 = \frac{营业收入}{固定资产平均净值}$$

固定资产平均净值作为固定资产周转率的计算基础,能够反映营业收入和固定产出能力的关系,因为随着固定资产的磨损,其产出能力会逐渐下降,故以固定资产平均净值作为计算固定资产周转率的基础更能反映企业的真实情况;另外,固定资产平均净值能反映企业实际占用固定资产的资金数额,因此只有以固定资产平均净值作为计算固定资产周转率的基础,才能准确地反映固定资产的周转状况。

固定资产周转速度也可以用固定资产周转天数来表示,它是指固定资产周转一次所需要的时间,计算公式如下:

$$固定资产周转天数 = \frac{计算期天数}{固定资产周转率}$$

计算期天数取决于实际计算期的长短,通常为1年,按360天计算。

固定资产周转天数越少,固定资产的占用相对越少,固定资产转化为现金或应收账款的速度就越高,这样会增强企业的长期偿债能力及盈利能力。反之,就会削弱企业的长期偿债能力及盈利能力。

分析固定资产周转率时应注意以下两个问题。

(1)固定资产周转率指标会受到折旧方法和折旧年限的影响,因此,进行对比分析时应注意其可比性。

(2)当企业固定资产净值过低(如因资产陈旧或过度计提折旧)时,或者当企业属于劳动密集型企业时,固定资产周转率指标可能没有太大的意义。

第四讲 总资产营运能力分析

总资产周转情况的分析实际上就是对企业的总资产及构成要素的营运能力的分析,一般仍通过总资产周转率和总资产周转天数两个指标进行分析。

一、总资产周转率

总资产周转率是指企业在一定时期内营业收入与总资产平均余额的比率,是考察企业资产营运效率的一项重要指标。其计算公式如下:

$$总资产周转率 = \frac{营业收入}{总资产平均余额}$$

$$总资产平均余额=\frac{当期总资产期初余额+当期总资产期末余额}{2}$$

二、总资产周转天数

总资产周转天数表明企业固定资产周转一次所需要的时间。其计算公式如下：

$$总资产周转天数=\frac{计算期天数}{总资产周转率}$$

计算期天数取决于实际计算期的长短，通常为 1 年，按 360 天计算。

总资产周转率反映了企业经营期间全部资产从投入到产出周而复始的流转速度，从而反映企业全部资产的经营质量和利用效率。该指标越高，说明企业利用全部资产进行经营的效率越高，资产的有效使用程度也越高，其结果将使企业的偿债能力和盈利能力增强；反之，说明企业利用全部资产进行经营活动的能力差，效率低，最终还将影响企业的盈利能力。

总资产周转率是考察企业资产运营效率的一项重要指标，体现了企业经营期间全部资产从投入至产出的流转速度，反映了企业全部资产的管理质量和利用效率。该指标常与本企业历史数据比较，或者与同行业数据比较。该指标的对比分析可以反映企业本年度以及以前年度总资产的运营效率和变化，显示企业与同类企业在资产利用上的差距，促进企业挖掘潜力、积极创收、提高产品市场占有率、提高资产利用效率。从因素分析的角度看，总资产周转率指标受应收账款周转率、存货周转率、流动资产周转率和固定资产周转率指标的影响，其相互关系可分别用以下公式表示。

（1）总资产周转率与应收账款周转率的关系如下：

$$总资产周转率=应收账款周转率×应收账款占总资产的比重$$

（2）总资产周转率与存货周转率的关系如下：

$$总资产周转率=存货周转率×\frac{1}{营业收入成本率}×存货占总资产的比重$$

（3）总资产周转率与流动资产周转率的关系如下：

$$总资产周转率=流动资产周转率×流动资产占总资产的比重$$

（4）总资产周转率与固定资产周转率的关系如下：

$$总资产周转率=固定资产周转率×固定资产占总资产的比重$$

因此，在进行总资产周转率分析时，应注意总资产营运能力取决于每一项资产的营运能力，由于各单项资产的营运能力不同，所以资产结构会影响总资产营运能力。如果营运能力强的资产所占总资产的比重低，而营运能力弱的资产所占总资产的比重高，则总资产的营运能力就较弱。因此，分析总资产营运能力时，应单独分析各项重要资产的营运能力。

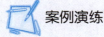

"高周转"践行者——碧桂园

案例演练

一、流动资产营运能力分析

（1）M 公司为上市公司，本年年末应收账款余额为 8 000 000 元，上年年末应收账款余额为 5 000 000 元，本年销售收入净额为 78 000 000 元。计算应收账款周转率和应收账款周转天数（上年应收账款周转次数为 8.56 次）。

应收账款周转率(次数)= 78 000 000÷[(8 000 000+5 000 000)÷2]=12(次)

应收账款周转天数=360÷12=30(天)

本年应收账款周转次数为12次，较上年应收账款周转次数（8.56次）提高了3.44次，这说明M公司收账速度迅速提高，账龄缩短，资金流动性增强，短期偿债能力增强，减少了收账费用和坏账损失。

（2）M公司为上市公司，本年年末存货余额为7 000 000元，上年年末存货余额为8 000 000元，上年营业成本为68 000 000元。计算存货周转率和存货周转天数（上年存货周转次数为8次）。

存货周转率(次数)= 68 000 000÷[(7 000 000+8 000 000)÷2]=9.07(次)

存货周转天数=360÷9.07=36.69（天）

本年存货周转次数为9.07次，比上年存货周转次数（8次）有所增加，这说明M公司存货变现的速度变高，周转额较大，资金占用水平较低，存货的周转期变短。

（3）M公司本年存货周转天数为39.69天，应收账款周转天数为30天，则M公司的营业周期如下：

营业周期=39.69+30=69.69(天)

（4）M公司为上市公司，本年年末流动资产余额为2 480 000元，上年年末流动资产余额为2 640 000元，本年营业收入为75 000 000元。计算流动资产周转率和流动资产周转天数（上年流动资产周转次数为30次）。

流动资产周转率(次数)= 75 000 000÷[(2 480 000+2 640 000)÷2]=29.30(次)

流动资产周转天数=360÷29.30=12.29(天)

本年流动资产周转次数为29.30次，比上年流动资产周转次数（30次）有所减少，这说明流动资产利用效率有所降低。

二、固定资产营运能力分析

M公司为上市公司，本年年末固定资产净额为86 000 000元，上年年末固定资产净额为88 000 000元，本年营业收入为75 000 000元。计算固定资产周转率和固定资产周转天数（上年固定资产周转次数为0.98次）。

固定资产周转率(次数)= 75 000 000÷[(86 000 000+88 000 000)÷2]=0.86(次)

固定资产周转天数=360÷0.86=419(天)

本年固定资产周转次数为0.86次，比上年固定资产周转次数（0.98次）有所减少，这说明固定资产的周转速度下降，固定资产的使用效率提高。

三、总资产营运能力分析

（1）甲公司为上市公司，本年年末资产总额为5 000 000元，上年年末资产总额为5 400 000元，本年营业收入为3 000 000元。计算总资产周转率和总资产周转天数（上年总资产周转次数为0.51次）。

总资产周转率(次数)= 3 000 000÷[(5 000 000+5 400 000)÷2]=0.58（次）

总资产周转天数=360÷0.58=621(天)

本年总资产周转次数为0.58次，比上年总资产周转次数（0.51次）有所增加，这说明总资产的周转速度变高，总资产的周转期变短，总资产的使用效率提高。

（2）根据表6-1所示的乙公司有关资料计算其总资产周转率（次数）和总资产周转天数，如表6-2所示。

表 6-1 乙公司有关资料 金额单位：元

项目	本年	上年	前年
营业收入	3 594 600	2 906 600	
总资产	4 210 475	3 773 360	2 986 510
平均总资产	3 994 917.50	3 382 935	

表 6-2 乙公司总资产营运能力指标计算表

营运能力指标	本年	上年
总资产周转率（次数）	3 594 600÷3 994 917.50=0.90	2 906 600÷3 382 935=0.86
总资产周转天数/天	360÷0.90=400	360÷0.86=419

本年总资产周转次数为 0.90 次，比上年总资产周转次数（0.86 次）有所增加；本年总资产周转天数为 400 天，比上年总资产周转天数（419 天）缩短了 19 天。这说明乙公司总资产周转速度变高，总资产的利用效率有所提升，以相同的资产总额完成的周转额较多，周转周期短，资产利用效果好。

四、营运能力综合分析

根据 B 钢铁股份有限公司资料（以下简称"B 公司"），计算 B 公司的营运能力指标，如表 6-3～表 6-7 所示。

表 6-3 B 公司合并资产负债报表项目数据 金额单位：元

项目	本年期末	上年期末	上年期初
应收账款	9 272 321 999.49	2 753 702 759.24	1 955 094 995.28
存货	11 496 361 150.12	11 989 709 769.79	12 572 393 635.19
流动资产	35 702 661 165.16	23 236 695 702.15	26 064 034 871.58
固定资产	47 465 690 820.66	58 891 687 251.01	58 967 736 723.25
总资产	96 063 509 210.02	94 676 400 615.56	98 727 626 693.56
项目		本年平均	上年平均
应收账款		6 013 012 379.37	2 354 398 877.26
存货		11 743 035 459.96	12 281 051 702.49
流动资产		29 469 678 433.66	24 650 365 286.87
固定资产		53 178 689 035.84	58 929 711 987.13
总资产		95 369 954 912.79	96 702 013 654.56

表 6-4 B 公司合并利润表项目数据 金额单位：元

项目	本年度	上年度
营业收入	99 373 089 374.80	89 581 302 568.61
营业成本	91 933 497 635.82	84 092 196 984.67

表 6-5 B 公司营运能力指标计算表

营运能力指标	本年	上年	指标计算公式
应收账款周转率	16.53	38.05	营业收入÷平均应收账款
应收账款周转天数/天	21.78	9.46	360÷应收账款周转天数

续表

营运能力指标	本年	上年	指标计算公式
存货周转率	7.83	6.85	营业成本÷平均存货
存货周转天数/天	45.98	52.55	360÷存货周转率
流动资产周转率	3.37	3.41	营业收入÷平均流动资产
流动资产周转天数/天	106.82	105.57	360÷流动资产周转天数
固定资产周转率	1.87	1.52	营业收入÷平均固定资产
固定资产周转天数/天	192.51	236.84	360÷固定资产周转率
总资产周转率	1.04	0.93	营业收入÷平均总资产
总资产周转天数/天	346.15	387.10	360÷总资产周转率

表6-6　钢铁行业营运能力主要指标数值区间

营运能力指标	区间
应收账款周转率	50~200
应收账款周转天数/天	1.8~7.2
存货周转率	3.5~6
存货周转天数/天	60~102.86
总资产周转率	0.6~1.2
总资产周转天数/天	300~600

表6-7　前年B公司与竞争对手营运能力指标对比

营运能力指标	A公司	B公司	C公司	D公司
应收账款周转率	24.62	79.56	231.05	106.23
应收账款周转天数/天	14.62	4.52	1.56	3.39
存货周转率	5.35	5.94	6.63	4.42
存货周转天数/天	67.35	60.61	54.34	81.4
流动资产周转率	2.58	3.62	2.97	2.91
流动资产周转天数/天	139.53	99.45	121.21	123.71
固定资产周转率	1.97	1.53	3.03	1.91
固定资产周转天数/天	182.74	235.29	118.81	188.48
总资产周转率	0.86	0.94	1.33	0.75
总资产周转天数/天	418.60	382.98	270.68	480

【分析过程】

从表6-5、表6-7可以看到，近三年B公司应收账款周转率总体呈现下降趋势，从前年的79.56次降至本年的16.53次，远低于行业平均水平，可以看出B公司应收账款的回收能力较弱。B公司的存货周转率比较稳定，整体呈现上升趋势，从上年就开始超过行业平均水平，存货周转天数也比较平稳，且逐步减少，反映出B公司保持较强的销售能力，也反映了B公司的经营管理和存货的销售管理比较稳定。B公司的流动资产周转率由前年的3.62次降至本年的3.37次，总的趋势表明B公司的流动资产周转能力在减弱。B公司的固定资产周转率较为稳定，前年为1.53次，上年为1.52次，本年上升至1.87次，这表明 B 公司在生产经营中充分利用闲置设备，或通过固定资产的设备改善，提高设备利用效率，加快了产品的销售与利润的实现，提高了生产经营活动的经济效益，使资产利用效率逐步提高。B 公司的总资产周转率较为稳定，前年为 0.94 次，上年为 0.93 次，本年小幅上升至 1.04 次，总资产营运能力有所增强，这说明 B 公司采取措施设法提高了各项资产的利用效率，处置多余或闲置资产。

总体而言，从上述营运能力指标分析可以看出，B 公司应收账款的回收能力较弱，存货周转率比较稳定，整体显上升趋势，流动资产周转能力有下降趋势，固定资产周转率较为稳定，总资产营运能力有所增强。

**实验操作**

实验一　营运能力纵向分析

【任务描述】

分析拉菲公司营运能力变动趋势。

微课 24：营运能力分析实验

【任务实施】

（1）观察数据源。

观察"拉菲公司经营数据"库中所包含的企业指标信息数据表：a12 指标数值。

（2）提出问题。

明确分析范围和分析目标为"拉菲公司历年营运能力分析"。营运能力是企业的经营运行能力，即企业运用各项资产赚取利润的能力。营运能力一般包括总资产营运能力、流动资产营运能力、固定资产营运能力，其中流动资产营运能力又包括应收账款营运能力、存货营运能力。通过计算营运能力指标，可以衡量企业的资产管理效率。

（3）获取数据。

确定数据源，选择"a12 指标数值"。

（4）清洗数据。

① 字段选择：指标类别名称、指标名称、所属期、企业名称、指标数值。

② 过滤条件：企业名称="拉菲首饰有限公司" and 指标类别名称="营运能力"（图 6-1）。

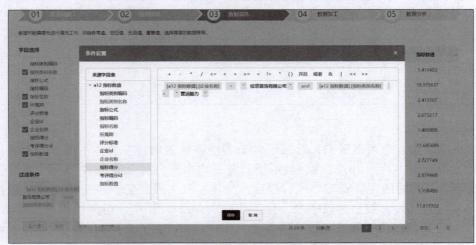

图 6-1　拉菲公司营运能力纵向分析数据清洗

(5) 分析数据。
① 制作图形：图形：折线图 3；横轴：所属期；纵轴：指标数值；图例：指标名称。
② 预览图形：直观地观察数据的特征（图 6-2）。

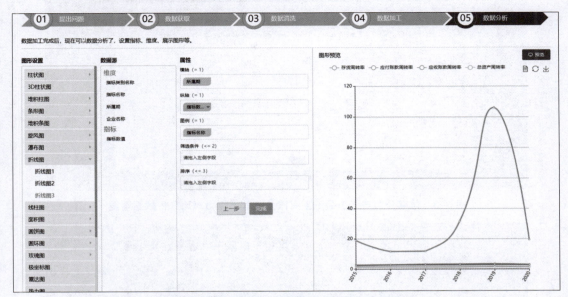

图 6-2　拉菲公司营运能力纵向分析折线图

实验二　营运能力横向分析

【任务描述】
对比分析拉菲公司与标杆公司（七小福珠宝有限公司）和同行业公司（兰奇里奥实业有限公司）的营运能力。

【任务实施（一）】
(1) 观察数据源。
观察"拉菲公司经营数据"库中所包含的企业指标信息数据表：a12 指标数值。
(2) 提出问题。
明确分析范围和分析目标为"拉菲公司与七小福珠宝有限公司营运能力对比分析"。通过行业内营运能力指标对比分析，可以从侧面了解企业的经营效率，进而综合评价企业的营运能力。
(3) 获取数据。
确定数据源，选择"a12 指标数值"。
(4) 清洗数据。
① 字段选择：指标类别名称、指标名称、所属期、企业名称、指标数值。
② 过滤条件：指标类别名称="营运能力" and(企业名称="拉菲首饰有限公司" or 企业名称="七小福珠宝有限公司")（图 6-3）。
(5) 加工数据。
① 数据合并：无。
② 自定义列：拉菲公司指标数据=if(企业名称="拉菲首饰有限公司",指标数值,0),七小福珠宝指标数据=if(企业名称="七小福珠宝有限公司",指标数值,0)（图 6-4、图 6-5）。

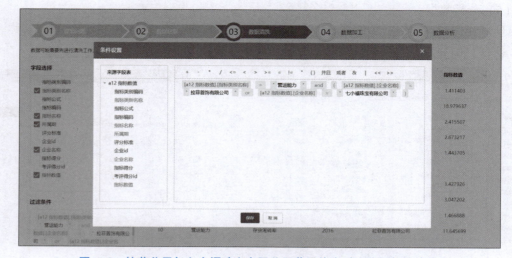

图6-3 拉菲公司与七小福珠宝有限公司营运能力对比分析数据清洗

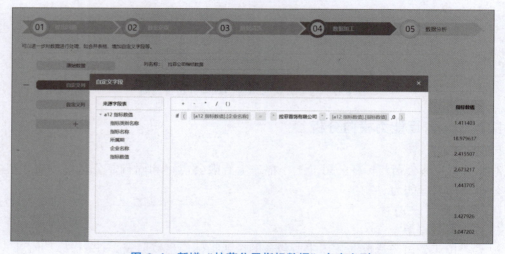

图6-4 新增"拉菲公司指标数据"自定义列

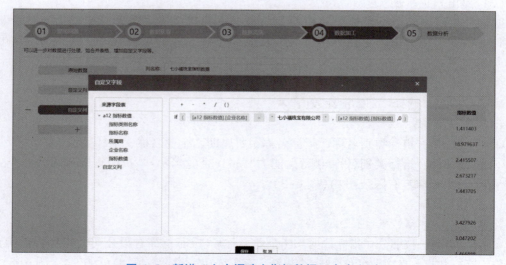

图6-5 新增"七小福珠宝指标数据"自定义列

(6) 分析数据。

① 制作图形：图形：旋风图 2；横轴：指标名称；纵轴：拉菲公司指标数据、七小福珠宝指标数据；筛选条件：所属期。

② 预览图形：直观地观察数据的特征（图 6-6）。

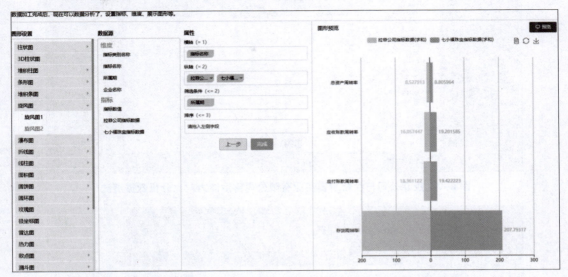

图 6-6　拉菲公司与七小福珠宝有限公司营运能力对比分析旋风图

【任务实施（二）】

(1) 观察数据源。

观察"拉菲公司经营数据"库中所包含的企业指标信息数据表：a12 指标数值。

(2) 提出问题。

明确分析范围和分析目标为"拉菲公司与兰奇里奥实业有限公司营运能力对比分析"。通过行业内营运能力指标对比分析，可以从侧面了解企业的经营效率，进而综合评价企业的营运能力。

(3) 获取数据。

确定数据源，选择"a12 指标数值"。

(4) 清洗数据。

① 字段选择：指标类别名称、指标名称、所属期、企业名称、指标数值。

② 过滤条件：指标类别名称="营运能力" and（企业名称="拉菲首饰有限公司" or 企业名称="兰奇里奥实业有限公司"）（图 6-7）。

(5) 加工数据。

① 数据合并：无。

② 自定义列：拉菲公司指标数据=if(企业名称="拉菲首饰有限公司",指标数值,0)，兰奇里奥公司指标数据=if(企业名称="兰奇里奥实业有限公司",指标数值,0)（图 6-8、图 6-9）。

(6) 分析数据。

① 制作图形：图形：旋风图 2；横轴：指标名称；纵轴：拉菲公司指标数据、兰奇里奥公司指标数据；筛选条件：所属期。

② 预览图形：直观地观察数据的特征（图 6-10）。

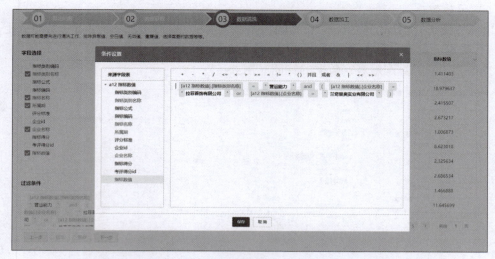

图 6-7　拉菲公司与兰奇里奥实业有限公司营运能力对比分析数据清洗

图 6-8　新增 "拉菲公司指标数据" 自定义列

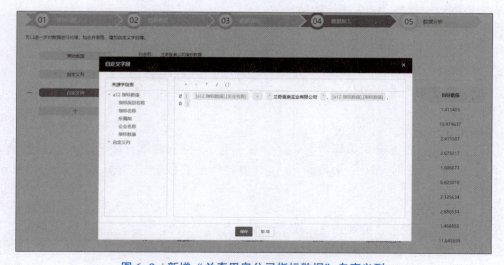

图 6-9　新增 "兰奇里奥公司指标数据" 自定义列

项目六 营运能力分析

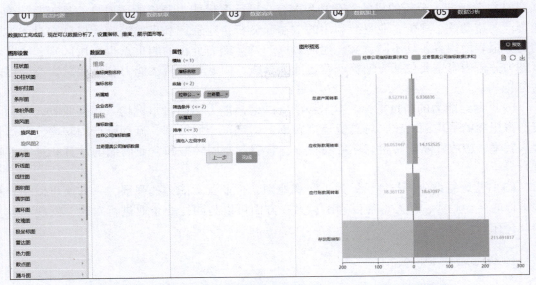

图 6-10 拉菲公司与兰奇里奥实业有限公司营运能力对比分析旋风图

实验三 "营运能力分析"看板

【任务描述】

设计"营运能力分析"看板,对企业营运能力进行分析洞察。

【任务实施】

参考图 6-11,对看板进行排版设计,添加文本框编写分析结论,将看板命名为"营运能力分析",保存并提交看板。

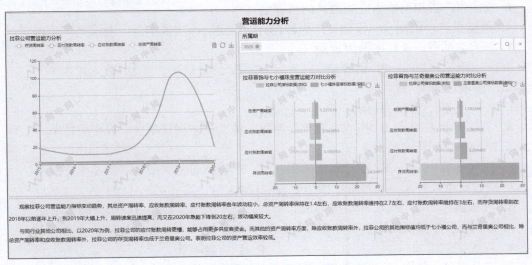

图 6-11 拉菲公司"营运能力分析"看板

项目小结

资产营运能力是企业利用现有资源创造效益的能力,通过企业资产周转速度及其资源获利能力的有关指标来反映。本项目的主要内容如下。

215

（1）营运能力分析的目的、意义和内容。进行营运能力分析的主要目的是正确评价企业资产的流动性、评价企业资产利用的效益和分析企业资产利用的潜力，但是它对于不同的财务报表使用者各具不同意义，他们对资产营运能力分析的侧重点也有所区别。企业营运能力分析内容主要包括流动资产营运能力分析、固定资产营运能力分析和总资产营运能力分析。

（2）营运能力的衡量指标。本书各项资产营运能力的衡量指标均采用营业收入与相关资产占用额的平均额之比，对总资产周转率、固定资产周转率、流动资产周转率、营运资金周转率、应收账款周转率、存货周转率、营运资金周转率和营业周期的计算和影响因素进行分析。

（3）营运能力分析与评价。为了客观地判断企业营运能力的强弱，一方面可以结合相关指标的变动趋势，动态地加以判断；另一方面可以与同行业企业进行对比，发现和改善企业存在的问题。

练习题

一、单项选择题

1. 从资产流动性方面反映总资产效率的指标是（　　）。
   A. 总资产产值率　　B. 总资产收入率　　C. 总资产周转率　　D. 产品销售率
2. 影响资产周转率的因素除流动资产周转率外，还有（　　）。
   A. 总资产报酬率　　　　　　　　　　B. 固定资产周转率
   C. 固定资产产值率　　　　　　　　　D. 产品销售率
3. 流动资产占总资产的比重是影响（　　）指标变动的重要因素。
   A. 总资产周转率　　B. 总资产产值率　　C. 总资产收入率　　D. 总资产报酬率
4. 反映资产占用与收入之间关系的指标是（　　）。
   A. 流动资产产值率　B. 流动资产周转率　C. 固定资产产值率　D. 总资产产值率
5. 影响流动资产周转率的因素是（　　）。
   A. 产出率　　　　B. 销售率　　　　C. 成本收入率　　　D. 收入成本率

二、多项选择题

1. 反映企业营运能力的指标有（　　）。
   A. 总资产收入率　　B. 应收账款周转率　C. 流动资产周转率　D. 存货周转率
2. 影响存货周转率的因素有（　　）。
   A. 材料周转率　　　B. 在产品周转率　　C. 产成品周转率　　D. 产品生产成本
3. 应收账款周转率越高越好，因为它表明（　　）。
   A. 收款迅速　　　　B. 坏账损失减少　　C. 资产流动性高　　D. 销售收入增加
4. 存货周转率偏低的原因可能有（　　）。
   A. 应收账款增加　　　　　　　　　　B. 销售量降低
   C. 产品滞销　　　　　　　　　　　　D. 销售政策发生变化
5. 反映流动资产周转速度的指标有（　　）。
   A. 流动资产周转率　　　　　　　　　B. 流动资产垫支周转率
   C. 存货周转率　　　　　　　　　　　D. 应付账款周转率

三、判断题

1. 总资产收入率与总资产周转率的经济实质是一样的。（　　）

2. 在其他条件不变时，流动资产比重越高，总资产周转速度越高。（   ）
3. 资产周转次数越多，周转天数越多，表明资产周转速度越高。（   ）
4. 成本收入率越高，流动资产周转速度越高。（   ）
5. 固定资产净值越低，固定资产周转率越高。（   ）

四、计算分析题

1. A 公司 2020—2022 年有关财务数据如表 6-8 所示。

表 6-8　A 公司有关财务数据　　　　　　　　　　　　　　　　　　　　金额单位：元

项目	2022 年	2021 年	2020 年
营业收入	80 000	90 000	95 000
营业成本	50 000	55 000	48 000
存货	20 000	22 000	19 000
流动资产总额	45 000	48 000	50 000

要求：根据资料计算 A 公司 2021 年和 2022 年的流动资产周转率，并分析变动的原因。

2. B 公司 2022 年度财务报表主要资料如表 6-9 ~ 表 6-11 所示。

表 6-9　B 公司资产负债表（简表）　　　　　　　　　　　　　　　　　金额单位：万元

资产	期末余额	期初余额	负债和股东权益	期末余额	期初余额
库存现金	61 110	527 800			
应收票据	400 090	560 000	应付票据	540 000	400 500
应收账款	970 000	1 100 000	应付账款	780 000	890 000
存货	1 200 000	1 500 000	其他流动负债	45 000	500 000
流动资产合计	2 631 200	3 687 800	长期借款	1 800 000	1 500 000
固定资产净额	3 850 000	4 000 000	负债合计	3 165.000	3 290 500
非流动资产合计	3 850 000	4 000 000	所有者权益合计	3 316 200	4 397 300
资产总计	6 481 200	7 687 800	负债和所有者权益总计	6 481 200	7 687 800

表 6-10　B 公司利润表（简表）　　　　　　　　　　　　　　　　　　　金额单位：万元

项目	本年数
一、营业收入	22 500 000
减：营业成本	12 800 000
销售费用	4 800 000
管理费用	3 500 000
财务费用	1 500 000
加：投资收益	800 000
二、营业利润（亏损以"-"号填列）	700 000
减：所得税费用（25%）	175 000
三、净利润（亏损以"-"号填列）	525 000

表 6-11 B 公司历史财务指标

财务比率	年份			行业平均值
	2020	2021	2022	
应收账款周转率	15.2	15.5		20.0
存货周转率	7.1	6.0		8.0
流动资产周转率	5.4	6.7		1.5
固定资产周转率	5.5	6.2		5.7
总资产周转率	2.5	2.6		2.7

要求：根据资料计算反映 B 公司营运能力的各项指标并分析。

五、案例分析题

【案例资料】引用项目二、项目三、项目四练习题中 ZSJ 地产控股股份有限公司的资产负债表、利润表、现金流量表资料，如表 6-12～表 6-14 所示。

该公司 2021 年年初有关财务资料：资产总额为 25 107 163 682.00 元，应收账款余额为 56 498 734.00 元，存货余额为 17 167 330 873.00 元，流动资产总额为 21 665 720 980.00 元，固定资产总额为 289 152 145.00 元。

表 6-12 资产负债表

编制单位：ZSJ 地产控股股份有限公司　　　　2022 年 12 月 31 日　　　　　　　　　金额单位：元

资产	期末数	期初数	负债和股东权益	期末数	期初数
流动资产：			流动负债：		
货币资金	9 489 490 935.00	7 389 133 547.00	短期借款	1 372 929 609.00	3 613 956 278.00
交易性金融资产	6 437 479.00	97 331 980.00	交易性金融负债	12 829 413.00	
衍生金融资产			衍生金融负债		
应收票据			应付票据	257 896 108.00	143 287 841.00
应收账款	118 962 896.00	107 177 879.00	应付账款	2 705 521 285.00	1 863 688 472.00
预付款项	8 747 313.00	28 316 856.00	预收款项	9 498 461 291.00	2 731 472 693.00
其他应收款	1 926 509 243.00	778 506 128.00	应付职工薪酬	162 832 982.00	121 900 048.00
存货	30 461 181 900.00	23 869 301 251.00	应交税费	589 859 453.00	270 545 613.00
持有待售资产			其他应付款	5 964 954 292.00	3 204 399 025.00
一年内到期的非流动资产	26 754.00	40 129.00	持有待售负债		
其他流动资产	624 800 651.00	227 596 742.00	一年内到期的非流动负债	1 303 501 721.00	1 180 099 402.00
流动资产合计	42 636 157 171.00	32 497 404 512.00	其他流动负债	1 843 563 001.00	459 072 398.00
非流动资产：			流动负债合计	23 712 349 155.00	14 218 421 770.00
可供出售金融资产	4 898 240.00	1 743 773.00	非流动负债：		
持有至到期投资			长期借款	5 720 303 012.00	6 807 315 907.00

续表

资产	期末数	期初数	负债和股东权益	期末数	期初数
长期应收款	1 062 146 037.00	971 960 034.00	应付债券		
长期股权投资	616 512 618.00	771 232 269.00	长期应付款	46 469 703.00	33 285 411.00
投资性房地产	2 787 842 250.00	2 632 975 770.00	预计负债	108 052 194.00	90 466 298.00
固定资产	299 615 954.00	284 573 922.00	递延收益		
在建工程	19 254 007.00	39 614 982.00	递延所得税负债	731 713.00	34 300.00
生产性生物资产			其他非流动负债	7 218 243.00	7 984 305.00
油气资产			非流动负债合计	5 882 774 865.00	6 939 086 221.00
无形资产	54 121.00	94 212.00	负债合计	29 595 124 020.00	21 157 507 991.00
开发支出			股东权益：		
商誉			股本	1 717 300 503.00	1 717 300 503.00
长期待摊费用	180 194 127.00	196 539 294.00	其他权益工具		
递延所得税资产	290 485 972.00	40 876 227.00	资本公积	8 487 926 904.00	8 548 544 784.00
其他非流动资产			减：库存股		
非流动资产合计	5 261 003 326.00	4 939 610 483.00	其他综合收益		
			盈余公积	1 662 259 085.00	1 269 001 482.00
			未分配利润	6 434 549 985.00	4 744 660 235.00
			股东权益合计	18 302 036 477.00	16 279 507 004.00
资产总计	47 897 160 497.00	37 437 014 995.00	负债和股东权益总计	47 897 160 497.00	37 437 014 995.00

表 6-13 利润表

编制单位：ZSJ 地产控股股份有限公司　　　　2022 年度　　　　　　　　　　金额单位：元

项目	2022 年度	2021 年度
一、营业收入	10 137 701 049.00	3 573 184 200.00
减：营业成本	5 961 738 151.00	2 097 773 113.00
税金及附加	1 623 223 320.00	264 980 117.00
销售费用	285 334 726.00	226 715 702.00
管理费用	208 542 650.00	203 223 524.00
研发费用		
财务费用	−15 356 044.00	30 913 643.00
资产减值损失	484 187.00	407 654 635.00
加：其他收益		
投资收益	304 569 607.00	802 815 289.00
其中：对联营企业和合营企业的投资收益	176 731 790.00	176 812 461.00
公允价值变动收益	−103 663 503.00	145 469 305.00
资产处置收益		
二、营业利润	2 274 640 163.00	1 290 208 060.00
加：营业外收入	29 522 960.00	24 173 367.00

续表

项目	2022 年度	2021 年度
减：营业外支出	30 433 088.00	12 516 456.00
三、利润总额	2 273 730 035.00	1 301 864 971.00
减：所得税	519 264 184.00	209 864 866.00
四、净利润	1 754 465 851.00	1 092 000 105.00
五、每股收益：		
（一）基本每股收益	0.96	0.94
（二）稀释每股收益	0.96	0.94

表 6-14 现金流量表

编制单位：ZSJ 地产控股股份有限公司   2022 年 12 月 31 日   金额单位：元

项目	2022 年	2021 年
一、经营活动产生的现金流量		
销售商品、提供劳务收到的现金	15 926 683 850.00	6 195 335 331.00
收到的税费返还	598 706.00	25 520 015.00
收到的其他与经营活动有关的现金	3 542 739 117.00	887 926 560.00
经营活动现金流入小计	19 470 021 673.00	7 108 781 906.00
购买商品、接受劳务支付的现金	8 370 247 406.00	9 374 818 057.00
支付给职工以及为职工支付的现金	561 496 643.00	515 097 597.00
支付的各项税费	1 426 342 512.00	802 008 011.00
支付的其他与经营活动有关的现金	2 057 203 779.00	336 701 916.00
经营活动现金流出小计	12 415 290 340.00	11 028 625 581.00
经营活动产生的现金流量净额	7 054 731 333.00	-3 919 843 675.00
二、投资活动产生的现金流量		
收回投资收到的现金	—	40 702 142.00
取得投资收益收到的现金	413 971.00	12 870 616.00
处置固定资产、无形资产和其他长期资产收回的现金净额	251 567.00	2 772 549.00
处置子公司及其他营业单位收到的现金净额	13 304 811.00	681 912 273.00
收到的其他与投资活动有关的现金	485 915 710.00	—
投资活动现金流入小计	499 886 059.00	738 257 580.00
购建固定资产、无形资产和其他长期资产支付的现金	75 630 570.00	83 837 658.00
投资支付的现金	870 044 567.00	1 013 522 765.00
取得子公司及其他营业单位支付的现金净额	—	5 252 240.00
支付的其他与投资活动有关的现金	—	54 886 338.00
投资活动现金流出小计	945 675 137.00	1 157 499 001.00
投资活动产生的现金流量净额	-445 789 078.00	-419 241 421.00
三、筹资活动产生的现金流量		
吸收投资收到的现金	338 613 350.00	6 444 200 352.00

续表

项目	2022 年	2021 年
取得借款收到的现金	5 612 106 753.00	8 943 642 350.00
收到的其他与筹资活动有关的现金	—	—
筹资活动现金流入小计	5 950 720 103.00	15 387 842 702.00
偿还债务支付的现金	10 044 491 466.00	6 329 137 678.00
分配股利、利润或偿付利息支付的现金	1 095 366 405.00	894 253 290.00
支付的其他与筹资活动有关的现金	—	—
筹资活动现金流出小计	11 139 857 871.00	7 223 390 968.00
筹资活动产生的现金流量净额	−5 189 137 768.00	8 164 451 734.00
四、汇率变动对现金的影响	−2 200 526.00	−12 294 446.00
五、现金及现金等价物净增加额	1 417 603 961.00	3 813 072 192.00
加：年初现金及现金等价物余额	7 358 057 106.00	3 544 984 914.00
六、期末现金及现金等价物余额	8 775 661 067.00	7 358 057 106.00

要求如下。

（1）计算并填列表 6-15 中的营运能力指标（保留两位小数）。

表 6-15　营运能力指标

指　标	2021 年		2022 年	
	ZSJ 地产	行业平均值	ZSJ 地产	行业平均值
应收账款周转率		8.3		7.8
存货周转率		1.4		1.4
流动资产周转率		0.4		0.3
固定资产周转率		—		—
总资产周转率		0.3		0.3

（2）结合房地产行业平均值，对 ZSJ 地产控股股份有限公司的营运能力进行分析评价。

项目六习题参考答案

盈利能力分析

学习目标

知识目标：
(1) 了解盈利能力分析的内容与目的。
(2) 熟悉企业利润构成。
(3) 掌握与销售有关的盈利能力指标的计算与分析。
(4) 掌握企业资本经营盈利能力指标的计算与分析。
(5) 掌握企业资产经营盈利能力指标的计算与分析。

能力目标：
(1) 培养学生能够熟练运用盈利能力指标对企业盈利能力进行分析。
(2) 培养学生能够熟练操作大数据平台工具进行企业盈利能力分析。

素养目标：
(1) 培养学生知法、懂法、守法，树立正确的社会主义义利观。
(2) 培养学生树立经营风险意识，维护社会稳定。
(3) 培养学生将"诚信为本，操守为重"的职业价值观内化为精神追求，外化为自觉行动。

任务导入

A 白酒公司利润"后门"洞开

A 白酒公司的利润究竟到哪里去了？这个问题不仅股民不知道，连资深的行业分析师也不知道，但是银基控投集团（以下简称"银基控股"）却无意间透露了 A 白酒公司利润流向的"后门"。

近两年是酒类企业近 20 年来利润增长最快的两年，而且还有国家实施的减税政策作为保障。上年 A 白酒公司销售收入为 80 亿元，纯利润为 18 亿元；同期 B 白酒公司销售收入为 82 亿元，纯利润为 38 亿元；C 白酒公司销售收入为 38 亿元，纯利润预计为 11.5 亿~15.4 亿元。作为中国酒业的龙头企业之一，A 白酒公司的财务报表并未反映行业的高景气度，那么 A 白酒公司的利润究竟到哪里去了？银基控股是 A 白酒公司白酒海外市场最大的经销商，销售 A 白酒公司的白酒是银基控股的主要业务收入来源，并且银基控股销售 A 白酒公司白酒的毛利率高达 60.38%，这一数字高于 A 白酒公司上年年报中披露的平均毛利率 54.69%，接近 A 白酒公司高价酒（含税价在 70 元以上）66.73% 的毛利率。

既然国际销售有如此之高的毛利率，为什么 A 白酒公司的白酒不直接向国际销售，而要通过集团控股下的进出口公司卖给银基控股来销售呢？研究发现银基控股有一个神秘的大客户。这个大客户的采购额在过去两年占银基控股总收入的 54.1% 和 50.7%，占银基控股国际销售收入的 97.5% 和 76.6%。更为神秘的是，在银基控股的招股书中并没有披露这个大客户的情况，甚至连这家公司的名称都未曾提及，而银基控股也不直接和这个大客户发生交易，而是通过其控股股东与这个大客户取得联系。

A 白酒公司似乎无意与这个具有强大销售能力的大客户取得直接联系，从 A 白酒公司上年年报中可以得知，卖给进出口公司专门用于出口的白酒总值为 1.65 亿元，还不及神秘大客户销售额的 1/4。

如何评价 A 白酒公司的盈利能力与盈利质量？本项目将对此进行探讨。

知识学习

第一讲　盈利能力分析概述

一、盈利能力分析的内涵

盈利能力又称为获利能力，是指企业在一定时期内获取利润的能力，它是企业持续经营和发展的保证。企业的盈利能力越强，获取的利润就越多。利润作为企业投资者取得投资收益、债权人收取债务本息、国家取得财政税收、企业职工取得劳动收入和福利保障的集中体现，对企业的所有利益相关者来说都很重要。

盈利能力是一个相对概念，不能仅凭企业获得利润的多少来判断其盈利能力的强弱，因为企业利润水平还受到企业规模、行业水平等诸多因素的影响，不同的资源投入、一定的收入情况下的企业盈利能力一般不具有可比性，因此在进行财务分析时通常采用利润率指标而非利润的绝对值来衡量企业的盈利能力，这样才能排除企业规模因素的影响。计算出来的利润率应该与同行业的平均水平比较，而不能简单地将属于不同行业的企业利润率放在一起进行比较。一般而言，利润率越高，表明企业的盈利能力越强；利润率越低，表明企业的盈利能力越弱。

二、盈利能力分析的目的

由于财务报表使用者的分析目的不同，被分析企业的情况也有差别，所以不同盈利能力分析的侧重点有所差异。

从企业的角度来看，企业持续稳定地经营和发展是获取利润的基础，而最大限度地获取利润又是企业持续稳定发展的目标和保证。因此，盈利能力是企业经营者最重要的业绩衡量标准，也是发现问题、改进企业管理的突破口。

对于债权人来说，企业的短期债权人主要关心企业本期的盈利能力及盈利情况下的现金支付能力；企业的长期债权人则关心企业是否有高水平、稳定持久的盈利能力基础，以预计长期债务本息足额收回的可靠性。由此可见，偿债能力的强弱最终取决于企业的盈利能力。因此，对债权人而言，分析企业的盈利能力是非常重要的。

企业投资者（或股东）比其他利益相关者更关心企业的盈利能力分析，他们的直接目的就是获得更多利润，因此企业所有者要分析企业盈利能力的强弱、稳定持久性及未来的发展趋势。

三、盈利能力分析的内容

如前所述，盈利能力分析通常采用利润率指标，利润率指标从不同的角度或从不同的分析目的来看，可以有多种形式。在不同的所有制企业中，反映企业盈利能力的指标形式也不同。盈利能力分析主要从以下几个方面进行。

（一）与销售有关的盈利能力分析

与销售有关的盈利能力分析主要是通过对收入和费用两个衡量尺度的分析，衡量利润与收入或利润与成本耗费之间的比率关系，在指标分析上，主要涵盖收入利润率和成本费用利润率两方面的内容。

（二）企业资产经营盈利能力分析

企业资产经营盈利能力分析是通过对赚取的利润与相应的资产占用比率的分析，评价企业投入资金的增值能力。与企业资产经营盈利能力有关的分析指标主要有总资产收益率、流动资产收益率和固定资产收益率等。

（三）企业资本经营盈利能力分析

企业资本经营盈利能力分析是对股东投入的资本，即企业净资产进行的盈利能力的分析，它表明企业股东权益投入所获得的投资回报，典型的分析指标是净资产收益率，它是反映企业盈利能力的核心指标，直接反映了企业资本的增值能力。

（四）上市企业盈利能力分析

上市企业的盈利能力除了可通过一般盈利能力指标进行分析外，还可通过一些特殊的指标进行分析，特别是一些与上市企业股票价格或市场价值相关的指标，例如每股收益、每股股利、市盈率、股利支付率、股利收益率等指标。

四、企业利润的构成

对企业盈利能力进行分析，首先必须对企业利润的构成进行较为深入的分析。根据我国最新会计准则，可将企业利润划分为以下三个层次。

（一）营业利润

营业利润是企业经营活动中营业收入与营业成本、费用、资产减值损失的差额加上公允价值变动收益以及投资收益的总和，它既包括经营活动的经营成果，也包括经营活动中资产的价值变动损益。营业利润是企业未来发展的根本，通常来说，营业利润越大的企业，效益越好。

营业利润的计算公式如下：

营业利润＝营业收入−营业成本−税金及附加−销售费用−管理费用−研发费用−财务费用＋其他收益＋投资收益（−投资损失）＋净敞口套期收益（−净敞口套期损失）＋公允价值变动收益（−公允价值变动损失）−信用减值损失−资产减值损失＋资产处置收益（−资产处置损失）

（二）利润总额

利润总额是反映企业全部财务成果的指标，也称为税前利润，它是营业利润与营业外收支净额之和。其计算公式如下：

利润总额＝营业利润＋营业外收入−营业外支出

（三）净利润

净利润是指企业所有者最终取得的财务成果，或可供企业所有者分配、使用的财务成果，是企业在缴纳企业所得税费用之后剩余的利润。其计算公式如下：

净利润＝利润总额−所得税费用

第二讲 与销售有关的盈利能力分析

微课 25：与销售有关的盈利能力分析

一、收入利润率指标分析

以营业收入为基础的盈利能力衡量指标笼统地表示为利润与营业收入的比率关系，通常用销售利润率表示，其计算公式如下：

$$销售利润率 = \frac{利润}{营业收入} \times 100\%$$

反映销售利润率的指标主要有销售毛利率、息税前利润率、营业利润率、销售净利润率等。不同的销售利润率，其内涵不同，所揭示的收入与利润的关系不同，在分析评价中的作用也不同。

（1）销售毛利率，指营业收入与营业成本的差额与营业收入的比率。它是企业利润的基础，销售毛利率越高，抵补各项耗费的能力越强，企业的盈利能力也就越强。因此，它对企业是非常重要的，是评价企业基本盈利能力的指标。其计算公式如下：

$$销售毛利率 = \frac{销售毛利}{营业收入} \times 100\% = \frac{营业收入 - 营业成本}{营业收入} \times 100\%$$

销售毛利率反映了每百元营业收入扣除营业成本后，有多少现金可以用于补偿各项期间费用并形成利润。销售毛利是企业实现净利润和综合收益的条件与基础。该指标越高，企业营业盈利能力越强，其产品在市场上的竞争能力也就越强；反之，则盈利能力越弱。

关于销售毛利率，需要注意以下两点。

① 销售毛利率的高低与企业产品定价政策有关。企业获取利润的主要途径是销售产品，而产品销售价格决定了销售毛利率的高低。一般来说，销售毛利率高，企业补偿产品销售费用、管理费用和财务费用等支出后才会产生余额，从而获取利润；有时企业为了增加产品的市场份额，会采取薄利多销政策，从而使企业销售毛利率偏低。

② 销售毛利率具有明显的行业特点。为了公平地评价企业盈利能力，应将销售毛利率指标与本企业历史水平、同行业平均水平及先进水平比较，并结合企业目标毛利率进行分析，以正确评价企业的盈利能力，并从中找出差距，提高其盈利水平。一般来说，营业周期短、固定费用低的行业企业的销售毛利率比较低，如商品零售行业企业；营业周期长、固定费用高的行业，则要求有较高的销售毛利率以弥补高额的固定成本，如重工业企业。

（2）息税前利润率，指息税前利润与营业收入的比率，息税前利润是利润总额与利息费用之和。其计算公式如下：

$$息税前利润率=\frac{息税前利润}{营业收入}\times100\%=\frac{利润总额+利息费用}{营业收入}\times100\%$$

（3）营业利润率，指营业利润与营业收入的比率。它是最能直接体现企业经营管理水平的项目，同时也是对企业盈利能力的直接评价。与销售毛利率相比，营业利润率对企业盈利能力的分析和评价更全面、更完整。其计算公式如下：

$$营业利润率=\frac{营业利润}{营业收入}\times100\%$$

该公式中的营业利润是营业收入扣除营业成本、税金及附加和期间费用，加上投资收益、公允价值变动收益、资产减值损失和资产处置收益后的余额。

该指标表明每百元营业收入与其成本费用之间可以"挤"出来的收益。在一般情况下，营业利润率越高越好。该指标越高，表明企业的营业活动为社会创造的价值越多，贡献也就越大，同时反映企业营业盈利能力越强，经营状况越好，未来发展前景越可观；反之，则表明企业的盈利能力越弱。

（4）销售净利润率，指净利润与营业收入的比率。该指标反映了企业最终获得的利润占营业收入的比重，代表企业的最终盈利水平。其计算公式如下：

$$销售净利润率=\frac{净利润}{营业收入}\times100\%$$

该指标表明每实现百元营业收入给企业带来的净利润的多少。净利润是在利润总额的基础上扣减所得税费用后的净额，是投资者最为关心的，因为净利润直接反映投资者的投资收益水平。在通常情况下，销售净利润率指标越高越好，说明企业盈利能力强。

关于销售净利润率，需要注意以下两点。

① 净利润包含了营业外收支净额和投资净收益，这些指标在年度之间变化较大且无规律。对于企业管理者和所有者，应将该指标的数额与净利润的内部构成结合分析，以正确判断企业正常经营的盈利能力；如果本期销售净利润率主要是受营业外项目的影响，则不能简单地认为企业管理水平有了提高或下降。

② 与营业利润率相同的是，在利用销售净利润率指标进行分析时，还应注意将个别企业指标与行业平均或行业先进水平进行比较。

③ 将销售利润率与营业利润率进行比较，可以反映利息、所得税及投资收益对企业获利水平的影响。

销售利润率指标均为正指标，指标值越高越好。分析时应根据分析的目的与要求，确定适当的标准值，例如行业平均值、全国平均值、企业目标值等。

二、成本费用利润率分析

反映成本费用利润率的指标主要有营业成本利润率、营业费用利润率、全部成本费用利润率等。

（1）营业成本利润率，指营业利润与营业成本的比率。其计算公式如下：

$$营业成本利润率 = \frac{营业利润}{营业成本} \times 100\%$$

（2）营业费用利润率，指营业利润与营业费用的比率。其计算公式如下：

$$营业费用利润率 = \frac{营业利润}{营业费用} \times 100\%$$

营业费用包括营业成本、税金及附加、期间费用和资产减值损失、信用减值损失。

（3）全部成本费用利润率，可分为全部成本费用总利润率和全部成本费用净利润率两种形式。其计算公式如下：

$$全部成本费用总利润率 = \frac{利润总额}{营业费用+营业外支出} \times 100\%$$

$$全部成本费用净利润率 = \frac{净利润}{营业费用+营业外支出} \times 100\%$$

以上各种成本费用利润率指标反映了企业的投入产出水平，即所得与所费的比率，体现了利润是以降低成本及费用为基础的。这些指标的数值越高，表明生产和销售产品的每1元成本费用取得的利润越多，劳动耗费的效益越高；反之，则说明每耗费1元成本费用实现的利润越少，劳动耗费的效益越低。因此，成本费用利润率是综合反映企业成本效益的重要指标。

成本费用利润率也均为正指标，即指标值越高越好。分析评价时，可将各指标实际值与标准值进行对比。标准值可根据分析的目的与管理要求确定。

三、现金流量指标

销售获现比率是评价商品经营盈利能力的现金流量补充指标，反映企业通过销售获取现金的能力。它是销售商品、提供劳务收到的现金与营业收入的比率。其计算公式如下：

$$销售获现比率 = \frac{销售商品、提供劳务收到的现金}{营业收入} \times 100\%$$

第三讲　企业资产经营盈利能力分析

以资产为基础的盈利能力分析是从企业的整体经营角度来考察全部投入资产形成的收益，称为资产投资报酬。

反映企业资产盈利能力的指标主要有总资产利润率、总资产净利润率和总资产收益率、流动资产收益率、固定资产收益率等。

一、总资产利润率

总资产利润率是指企业的利润总额与总资产平均余额的比率,即企业在一定时期内总资产所实现的利润额。其计算公式如下:

$$总资产利润率=\frac{利润总额}{总资产平均余额}\times100\%$$

总资产利润率反映了企业综合运用其所拥有的全部经济资源获得的经济利益,是一个综合性的效益指标。该指标越高,说明企业资产的运用效率越高。在评价总资产利润率时,需要与企业历史标准和行业标准进行比较,并进一步对该指标进行因素分析,找出有利因素和不利因素。

二、总资产收益率

总资产收益率也称为总资产报酬率,是企业在一定时期内实现的收益总额与该时期企业平均总资产的比率。它是评价企业资产综合利用效果、企业总资产盈利能力以及企业经济效益的核心指标。其计算公式如下:

$$总资产收益率=\frac{息税前利润}{总资产平均余额}\times100\%$$

$$=\frac{利润总额+利息费用}{总资产平均余额}\times100\%$$

总资产收益率高,说明企业资产的运用效率高,企业的资产盈利能力强,因此,该指标越高越好。评价总资产收益率时,财务分析人员需要将其与企业前期的总资产收益率、同行业其他企业或先进企业的总资产收益率进行比较,进一步找出影响该指标的不利因素,以便于企业经营者加强经营管理。

为了便于深入分析总资产收益率,明确企业管理的重点和方向,可对总资产收益率的原始计算公式进行分解,具体过程如下:

$$总资产收益率=\frac{息税前利润}{总资产平均余额}\times100\%$$

$$=\frac{营业收入}{总资产平均余额}\times\frac{息税前利润}{营业收入}\times100\%$$

$$=总资产周转率\times息税前利润率$$

可见,影响总资产收益率的因素有两个。一是总资产周转率,它作为反映企业资产营运能力的指标,可用于说明企业资产的运用效率。二是息税前利润率,该指标反映了企业产品盈利能力,产品盈利能力越强,息税前利润率越高。总之,资产运用效率越高,资产周转率越高,息税前利润率就越高,总资产收益率也越高;反之,总资产收益率就越低。通过该公式可以对总资产收益率变化的具体原因进行分析。

三、流动资产收益率和固定资产收益率

(一)流动资产收益率

流动资产收益率是企业在一定时期内实现的收益额与该时期企业平均流动资产总额的比率,是反映企业流动资产运用效率的综合指标。其计算公式如下:

$$流动资产收益率=\frac{利润总额(或净利润)}{流动资产平均余额}\times100\%$$

（二）固定资产收益率

固定资产收益率是企业在一定时期内实现的收益额与该时期企业平均固定资产原值的比率，是反映企业固定资产运用效率的综合指标。其计算公式如下：

$$固定资产收益率=\frac{利润总额(或净利润)}{固定资产平均余额(原值)}\times100\%$$

流动资产收益率和固定资产收益率可以比照总资产收益率进行分析。

四、总资产净利润率

总资产净利润率是指企业的净利润与总资产平均余额的比率。其计算公式如下：

$$总资产净利率=\frac{净利润}{总资产平均余额}\times100\%$$
$$=\frac{营业收入}{总资产平均余额}\times\frac{净利润}{营业收入}\times100\%$$
$$=总资产周转率\times营业净利率$$

总资产净利润率是反映企业经营效率和盈利能力的综合指标，总资产净利润率越高，说明企业利用全部资产的盈利能力越强。将其分解可以看出，影响总资产净利润率的因素有两个：一是营业净利润率，反映销售收入的收益水平，扩大销售收入、降低成本费用是提高企业营业利润率的根本途径，而扩大销售收入也是提高资产周转率的条件和途径；二是总资产周转率，总资产净利润率越高，表明企业投入产出的水平越高，企业的资产营运越有效。通过该公式可以对总资产净利润率变化的具体原因进行分析。

五、现金流量指标

对资产经营盈利能力发挥补充作用的现金流量指标主要是全部资产现金回收率。全部资产现金回收率，是指经营活动净现金流量与平均总资产的比率。该指标可以作为对总资产报酬率的补充，反映企业利用资产获取现金的能力，可以衡量企业资产获现能力的强弱。其计算公式如下：

$$全部资产现金回收率=\frac{经营活动现金净流量}{总资产平均余额}\times100\%$$

第四讲　企业资本经营盈利能力分析

企业资本盈利能力是指企业所有者通过投入资本经营取得利润的能力。反映企业资本盈利能力的基本指标有净资产收益率和资本金收益率。

微课 26：与企业资本和资产有关的盈利能力分析

一、净资产收益率

净资产收益率又称为净资产报酬率或股东权益报酬率，是指企业在一定时期内实现的净利润与平均净资产的比率。它是从投资者的角度来考核企业的盈利能力，因此，它是被投资者关注且对企业具有重大影响的指标。净资产收益率充分体现投资者投入企业的自有资本获取净收益的能力。其计算公式如下：

$$净资产收益率 = \frac{净利润}{平均净资产} \times 100\%$$

公式中的平均净资产为同期资产负债表中所有者权益合计项目期初余额与期末余额的算数平均数。

一般认为，净资产收益率越高，企业自有资本获取利润的能力越强，运营效益越高，对企业投资者、债权人的保证程度越高；反之，则表明企业自有资本盈利能力差。净资产收益率表明投资者每百元投资将获取多少回报，是评价企业盈利能力的核心指标。

二、净资产收益率因素分析

影响净资产收益率的因素主要有总资产收益率、负债利息率、资本结构或负债与股东权益之比和所得税税率。

下式可反映净资产收益率与各影响因素之间的关系：

$$净资产收益率 = \left[总资产收益率 + (总资产收益率 - 负债利息率) \times \frac{负债}{平均股东权益}\right] \times (1 - 所得税税率)$$

（1）总资产收益率。净资产是企业全部资产的一部分，因此，净资产收益率必然受企业总资产收益率的影响。在负债利息率和资本构成等条件不变的情况下，总资产收益率越高，净资产收益率就越高。

（2）负债利息率。在资本结构一定的情况下，当负债利息率变动使总资产收益率高于负债利息率时，将对净资产收益率产生有利影响；反之，在总资产收益率低于负债利息率时，将对净资产收益率产生不利影响。

（3）资本结构或负债与股东权益之比。当总资产收益率高于负债利息率时，提高负债与股东权益之比将使净资产收益率提高；反之，降低负债与股东权益之比将使净资产收益率降低。

（4）所得税税率。因为净资产收益率的分子是净利润，即税后利润，所以所得税税率的变动必然引起净资产收益率的变动。通常，所得税税率提高，净资产收益率下降；反之，净资产收益率上升。

三、资本金收益率

资本金收益率是在一定时期内企业的净利润与平均实收资本的比率。所谓资本金，就是投资者初始投入的资本，在资产负债表中体现为"股本"或"实收资本"，这一指标用来衡量企业所有者投入资本赚取利润的能力。其计算公式如下：

$$资本金收益率 = \frac{净利润}{平均实收资本} \times 100\%$$

资本金收益率可以使投资者在知道自己"所拥有的资产"盈利能力的基础上，进一步了解自己投入资金部分的盈利能力。

四、现金流量指标

通过观察企业利润创造现金流的能力，可以了解其获取利润的质量。

(一) 净资产现金回收率

净资产现金回收率是企业经营活动现金净流量与平均净资产的比率。

$$净资产现金回收率 = \frac{经营活动现金净流量}{平均净资产} \times 100\%$$

(二) 盈利现金比率

盈利现金比率，也称为盈余现金保障倍数，是企业经营活动现金净流量与净利润的比率。其计算公式如下：

$$盈利现金比率 = \frac{经营活动现金净流量}{净利润} \times 100\%$$

在一般情况下，盈利现金比率越高，企业盈利质量就越高。如果该比率低于1，则说明本期净利润中存在尚未实现的现金收入。在这种情况下，即使企业盈利，也可能出现现金短缺，进而导致企业资金链断裂，甚至破产。

进行盈利质量分析时，仅靠一年的数据未必能说明问题，需要对连续年份的盈利现金比率进行比较。若企业盈利现金比率一直低于1，甚至为负数，则说明企业的盈利质量相当低，严重时会导致企业破产。

第五讲　上市企业盈利能力分析

对上市企业的盈利能力分析，主要是通过分析每股收益、普通股每股股利、股利支付率和市盈率等指标进行评价。

一、每股收益

每股收益是衡量上市企业盈利能力的基本的和核心的指标，该指标具有引导投资、增加市场评价的功能，反映普通股的获利水平。在分析时，可以进行企业间的比较，以评价该企业的相对盈利能力；可以进行不同时期的比较，以了解该企业盈利能力的变化趋势；可以进行经营实绩和盈利预测的比较，以了解该企业的管理能力。每股收益包括基本每股收益和稀释每股收益。

从版权分销到造车——
乐视"神话"是
如何破灭的

(一) 基本每股收益

基本每股收益是指用归属于普通股股东的当期利润除以发行在外的普通股加权平均数所计算的每股收益。其计算公式如下：

$$基本每股收益 = \frac{净利润 - 优先股股利}{发行在外的普通股加权平均数}$$

$$发行在外的普通股加权平均数 = 期初发行在外的普通股股数 + 当期新发行的普通股股数 \times \frac{已发行时间}{报告期时间} - 当期回购普通股股数 \times \frac{已回购时间}{报告期时间}$$

已发行时间、报告期时间和已回购时间一般按照天数计算；在不影响计算结果合理性的前提下，也可以采用简化的计算方法。

(二) 稀释每股收益

当企业存在潜在性稀释普通股时，应当分别调整归属于普通股股东的当期净利润和发行在外的普通股加权平均数,并据以计算稀释每股收益。

所谓稀释性潜在普通股,是指假设当期转换为普通股会减少每股收益的潜在普通股,如可转换公司债券、认股权证和股份期权。稀释每股收益是以基本每股收益为基础,假定企业所有发行在外的稀释性潜在普通股均已转换为普通股,从而分别调整归属于普通股股东的当期净利润以及发行在外的普通股加权平均数计算的每股收益。

其计算公式如下:

$$稀释每股收益 = \frac{净利润 + 假设转换时增加的净利润}{发行在外的普通股加权平均数 + 假设转换时所增加的普通股股数加权平均数}$$

二、普通股每股股利

每股股利又称为每股红利,是指现金股利总额与发行在外的普通股股数的比率。普通股每股股利是由每股收益指标延伸出的指标。其计算公式如下:

$$每股股利 = \frac{现金股利总额}{发行在外的普通股股数}$$

公式中的分子,是指用于分配普通股的现金股利总额。普通股每股股利指标表明在一定时期内每股普通股能够获得的股利收益。对于投资者而言,该指标越高,表明投资者投入资本获取的收益越高。

三、股利支付率

股利支付率又称为股利发放率,即普通每股股利占普通股每股收益的比重,它反映企业的股利分配政策和股利支付能力。其计算公式如下:

$$股利支付率 = \frac{普通每股股利}{普通每股收益} \times 100\%$$

公式中的分母"普通每股收益",是指基本普通股每股收益。股利支付率一方面反映了普通股股东的盈利水平,股利支付率越高,普通股股东获得的收益越高;另一方面反映了企业的鼓励政策,企业往往综合考虑其盈利水平、成长性、未来的投资机会、股东的市场反应和货币政策等因素制定鼓励政策。股利支付率是综合权衡这些因素的结果,其高低应根据企业的具体情况而定,没有固定的衡量标准。

四、市盈率

市盈率又称为价格与收益比率,是上市企业普通股每股市价与普通股每股收益的比率,反映投资者对上市企业每1元净利润愿意支付的价格,可用于估计股票的投资报酬和风险。其计算公式如下:

$$市盈率 = \frac{普通股每股市价}{普通股每股收益} \times 100\%$$

公式中的分子"普通股每股市价"通常采用年度平均价格,即全年日收盘价的算术平均数,但在会计实务中,为了计算简便和增强其评价的实时性,多采用报告期前一日的实际股票市价来计算。公式中的分母"普通股每股收益"通常指基本普通股每股收益。

市盈率是投资者衡量股票潜力、借以投资入市的重要指标。在一般情况下,该指标越高,说明市场对企业的未来越看好,愿意出较高的价格购买该企业的股票,表明企业具有良好的发展前景,投资者预期能获得更大的回报。但过高的市盈率蕴含着较高的风险。

案例演练

一、与销售有关的盈利能力分析

（1）根据 M 石油公司财务报表的有关资料，计算该公司连续三年的销售净利率及其对比变动情况，有关数据如表 7-1 和表 7-2 所示。

诚信不作假

表 7-1　M 石油公司利润表中的财务数据　　　　　金额单位：百万元

项目	本年	上年	规模变动情况		前年
			增减变动额	增减变动率/%	
营业收入	2 195 296	2 003 843	191 453	9.55	1 465 415
营业成本	1 634 819	1 425 284	209 535	14.07	970 209
营业利润	165 431	184 517	-19 086	-10.34	193 086
利润总额	166 810	184 276	-17 466	-9.48	189 194
净利润	130 618	146 007	-15 389	-10.54	150 675
利息费用	21 602	13 775	7 827	56.82	9 909
息税前利润	188 412	198 051	-9 639	-4.87	199 103

表 7-2　M 石油公司销售利润率分析表　　　　　　　　　　　　　　　%

项目	本年	上年	规模变动情况		前年
			增减变动值	增减变动率	
销售毛利率	25.53	28.87	-3.34	-11.57	33.79
息税前利润率	8.58	9.88	-1.30	-13.16	13.59
营业利润率	7.54	9.21	-1.67	-18.13	13.18
销售净利率	5.95	7.29	-1.34	-18.38	10.28

从表 7-2 可以看出，M 石油公司本年各项销售利润率较前年和上年都有所下降，说明产品盈利能力减弱。

此外，各销售利润率从不同角度或口径说明了 M 石油公司的盈利情况。其中，绝对值下降最大的是销售毛利率，比上年降低了 3.34%。该指标可反映每百元营业收入扣除营业成本后，有多少钱可以用于补偿各项期间费用和形成盈利。销售毛利率是企业销售净利率的基础，如果销售毛利率低，表明企业的盈利较差，因此，该指标越高，表示盈利能力越强。由表 7-3 可知，M 石油公司近 6 年销售毛利率呈下降趋势，这说明 M 石油公司将收益更多地用于补偿各项期间费用而导致盈利能力减弱。还可在此基础上，进一步研究各销售利润率之间的关系，从而了解某利润率提高受其他利润率影响的状况。

表 7-3　M 石油公司销售毛利率趋势分析表　　　　　　　　　　　　%

项目	本年	上年	前年	2019 年	2018 年	2017 年
销售毛利率	25.53	28.87	33.79	37.89	36.17	42.67

（2）根据 M 石油公司财务报表的有关资料，计算该公司近三年的成本费用利润率及其对比的变动情况，有关数据如表 7-4 和表 7-5 所示。

表 7-4 M 石油公司利润表中的财务数据   金额单位：百万元

项目	本年	上年	规模变动情况		前年
			增减变动额	增减变动率/%	
营业成本	1 634 819	1 425 284	209 535	14.70	970 209
营业费用	403 833	406 672	-2 839	-0.70	309 163
营业利润	165 431	184 517	-19 086	-10.34	193 086
营业外支出	10 199	9 721	478	4.92	8 054
利润总额	166 810	184 276	-17 466	-9.48	189 194
净利润	130 618	146 007	-15 389	-10.54	150 675

表 7-5 M 石油公司成本费用利润率分析表   %

项目	本年	上年	规模变动情况		前年
			增减变动值	增减变动率	
营业成本利润率	10.12	12.95	-2.83	-21.85	19.90
营业费用利润率	40.97	45.37	-4.40	-9.70	62.45
全部成本费用总利润率	40.29	44.26	-3.97	-8.97	59.64
全部成本费用净利润率	31.55	35.06	-3.51	-10.01	47.50

从表 7-5 可以看出，M 石油公司本年成本费用利润率各项指标较前年和上年都有一定程度的降低，这说明 M 石油公司利润的增长速度低于成本费用的增长速度。从表 7-4 可以看出，M 石油公司营业成本同比增幅较大，这主要是由于 M 石油公司 4 个板块业务成本大幅上升而导致利润总额下降。其主要原因：一是属于盈利支柱的上游板块油气量价齐升；二是炼油与化工板块整体大幅亏损超过预期；三是勘探费用增长以及人工和折旧费用快速增长；四是天然气与管道板块经营受进口油气高位成本影响而亏损，其中销售进口天然气及液化天然气亏损约 419 亿元人民币。因此，M 石油公司成本效益降低，盈利能力减弱。

二、企业资产经营盈利能力分析

（1）根据 M 石油公司财务报表的有关资料，计算该公司近三年的总资产收益率及其对比的变动情况，有关数据如表 7-6 所示。

表 7-6 M 石油公司总资产收益率分析表   金额单位：百万元

项目	本年	上年	规模变动情况		前年
			增减变动额（值）	增减变动率/%	
息税前利润	188 412	198 051	-9 639	-4.87	199 103
平均总资产	2 043 183	1 786 948	256 235	14.34	1 553 555
总资产周转率（次数）	1.07	1.12	-0.05	-4.46	0.94
息税前利润率/%	8.58	9.88	-1.30	-13.16	13.59
总资产收益率/%	9.22	11.08	-1.86	-16.79	12.77

注：本数据采用公式直接计算，因为息税前利润率和总资产周转率为近似值，所以会有误差。

根据表 7-6 所示的资料，可以分析确定总资产周转率和息税前利润率变动对总资产收益率的影响。

分析对象：总资产收益率的变化 = 9.22% - 11.08% = -1.86%。

因素分析如下：

① 总资产周转率变动的影响 = (1.07 - 1.12) × 9.88% = -0.49%。

② 息税前利润率变动的影响=(8.58%-9.88%)×1.07=-1.39%。

分析结果表明，M 石油公司本年总资产收益率比上年降低了 1.86%，这主要是由于总资产周转率的降低和息税前利润率的降低，总资产周转率的降低使总资产收益率降低了 0.49%，息税前利润率的降低使总资产收益率降低了 1.39%。由此可见，要提高 M 石油公司的总资产收益率，增强 M 石油公司的盈利能力，要从提高 M 石油公司的总资产周转率和息税前利润率两个方面努力。

（2）根据 M 石油公司财务报表的有关资料，计算该公司近三年的总资产净利润率及其对比的变动情况，有关数据如表 7-7 所示。

表 7-7 M 石油公司总资产净利率分析表　　　　　　　　　　　　%

项目	本年	上年	规模变动情况		前年
			增减变动值	增减变动率	
总资产周转率（次数）	1.07	1.12	-0.05	-4.46	0.94
销售净利润率	5.95	7.29	-1.34	-18.38	10.28
总资产净利润率	6.37	8.17	-1.80	-22.03	9.70

根据表 7-7 所示的资料，可以分析确定销售净利润率和总资产周转率变动对总资产净利润率的影响。

分析对象：总资产净利润率的变化=6.37%-8.17%=-1.8%。

因素分析如下。

① 销售净利润率变动的影响=(5.95%-7.29%)×1.12=-1.5%。

② 总资产周转率变动的影响=(1.07-1.12)×5.95%=-0.3%。

分析结果表明，M 石油公司本年总资产净利润率比上年降低了 1.8%，这主要是由于销售净利润率的降低和总资产周转率的降低，销售净利润率的降低使总资产净利润率降低了 1.5%，总资产周转率的降低使总资产净利润率降低了 0.3%。由此可见，要提高 M 石油公司的总资产净利润率，增强 M 石油公司的盈利能力，要从提高 M 石油公司的销售净利润率和总资产周转率两个方面努力。

三、企业资本经营盈利能力分析

根据 M 石油公司财务报表的有关资料，计算该公司近三年的净资产收益率及其对比的变动情况，有关数据如表 7-8 所示。

表 7-8 M 石油公司净资产收益率因素分析表　　　　　　　　　　%

项目	本年	上年	规模变动情况		前年
			增减变动值	增减变动率	
总资产收益率	9.22	11.08	-1.86	-16.79	12.82
负债利息率①	2.19	1.65	0.54	32.73	1.53
负债/平均股东权益	1.08	1.13	-0.05	-4.42	1.10
所得税税率②	25	25	—	—	25
净资产收益率①	12.61	16.30	-3.69	-22.65	18.93

注：①负债利息率按（利息费用/负债）×100%计算。

②上年和本年的所得税税率均按照25%执行。

③净资产收益率按照以下公式计算：

$$净资产收益率=\left[总资产收益率+(总资产收益率-负债利息率)\times\frac{负债}{平均股东权益}\right]\times(1-所得税税率)$$

根据表 7-8 所示的资料，运用因素分析法可以分析确定总资产收益率、负债利息率、资本结构或负债与股东权益之比、所得税税率变动对净资产收益率的影响。

分析对象：净资产收益率的变动 = 12.61% - 16.30% = -3.69%。

运用连环替代法的计算过程如下。

上年净资产收益率 = [11.08% + (11.08% - 1.65%) × 1.13] × (1 - 25%) = 16.30%

第一次替代：[9.22% + (9.22% - 1.65%) × 1.13] × (1 - 25%) = 13.33%

第二次替代：[9.22% + (9.22% - 2.19%) × 1.13] × (1 - 25%) = 12.87%

第三次替代：[9.22% + (9.22% - 2.19%) × 1.08] × (1 - 25%) = 12.61%

本年净资产 = [9.22% + (9.22% - 2.19%) × 1.08] × (1 - 25%) = 12.61%

因此，总资产收益率变动的影响为 13.33 - 16.30 = -2.97%。

负债利息率变动的影响为 12.87% - 13.33% = -0.46%。

资本结构或负债与股东权益之比变动的影响为 12.61% - 12.87% = -0.26%。

可见，总资产收益降低、负债筹资资本上升以及负债与股东权益之比降低，使 M 石油公司本年净资产收益率较上年降低了 3.69%。

 实验操作

实验一　盈利能力纵向分析

【任务描述】

分析拉菲公司盈利能力变动趋势。

微课 27：盈利能力分析实验

【任务实施】

(1) 观察数据源。

观察"拉菲公司经营数据"库中所包含的企业指标信息数据表：a12 指标数值。

(2) 提出问题。

明确分析范围和分析目标为"拉菲公司历年盈利能力分析"。盈利能力也称为企业的资金或资本增值能力，通常表现为一定时期内企业收益数额的多少及其水平的高低。分析盈利能力时主要考察销售净利润率、总资产报酬率、净资产收益率等指标。

(3) 获取数据。

确定数据源，选择"a12 指标数值"。

(4) 清洗数据。

① 字段选择：指标类别名称、指标名称、所属期、企业名称、指标数值。

② 过滤条件：企业名称 = "拉菲首饰有限公司" and 指标类别名称 = "盈利能力"（图 7-1）。

(5) 分析数据。

① 制作图形：图形：折线图 3；横轴：所属期；纵轴：指标数值；图例：指标名称。

② 预览图形：直观地观察数据的特征（图 7-2）。

实验二　盈利能力横向分析

【任务描述】

对比分析拉菲公司与标杆公司（七小福珠宝有限公司）和同行业公司（兰奇里奥实业

图 7-1 拉菲公司盈利能力纵向分析数据清洗

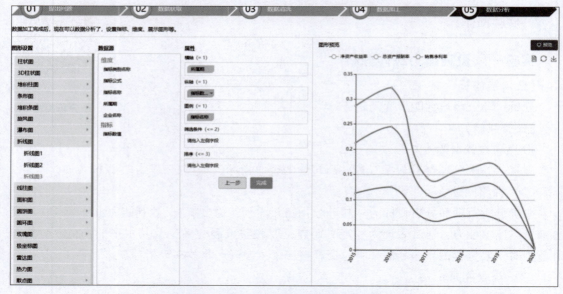

图 7-2 拉菲公司盈利能力纵向分析折线图

有限公司)2020 年的盈利能力。

【任务实施】

(1) 观察数据源。

观察"拉菲公司经营数据"库中所包含的企业指标信息数据表：a12 指标数值。

(2) 提出问题。

明确分析范围和分析目标为"拉菲公司与同行业其他公司 2020 年盈利能力对比分析"。通过行业内盈利能力指标对比分析，可以从侧面了解企业经营管理水平，进而更全面地评价企业的盈利能力。

(3) 获取数据。

确定数据源，选择"a12 指标数值"。

(4) 清洗数据。

① 字段选择：指标类别名称、指标名称、所属期、企业名称、指标数值。

② 过滤条件：指标类别名称="盈利能力" and 所属期=2020（图 7-3）。

图 7-3　拉菲公司盈利能力横向分析数据清洗

(5) 分析数据。

① 制作图形：图形：表格 1；分类：指标名称、企业名称；值：指标数值；排序：指标数值（倒序）。

② 预览图形：直观地观察数据的特征（图 7-4）。

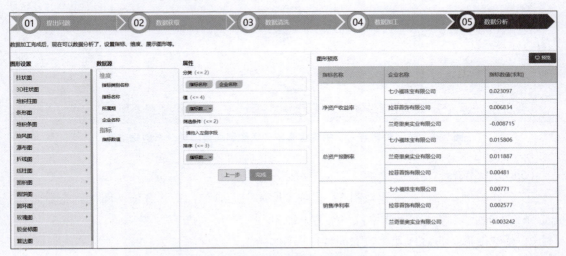

图 7-4　拉菲公司盈利能力横向分析表格

实验三　盈利质量横向分析

【任务描述】

对比分析拉菲公司与标杆公司（七小福珠宝有限公司）和同行业公司（兰奇里奥实业

有限公司）的盈利质量。

【任务实施（一）】

（1）观察数据源。

观察"拉菲公司经营数据"库中所包含的企业指标信息数据表：a12 指标数值。

（2）提出问题。

明确分析范围和分析目标为"拉菲公司与七小福珠宝有限公司历年盈利质量对比分析"。通过盈利质量分析，可以对企业的盈利状况进行补充分析，了解企业所获利润的质量。

（3）获取数据。

确定数据源，选择"a12 指标数值"。

（4）清洗数据。

① 字段选择：指标类别名称、指标名称、所属期、企业名称、指标数值。

② 过滤条件：指标类别名称="盈利质量" and（企业名称="拉菲首饰有限公司" or 企业名称="七小福珠宝有限公司"）（图 7-5）。

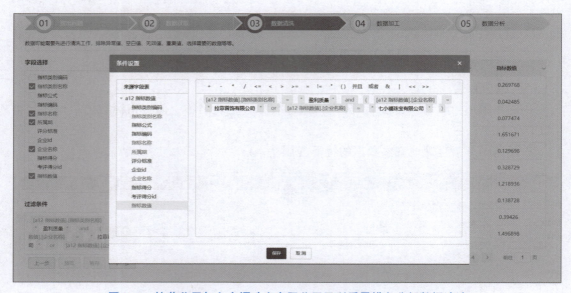

图 7-5　拉菲公司与七小福珠宝有限公司盈利质量横向分析数据清洗

（5）分析数据。

① 制作图形：图形：堆积柱图 3；横轴：所属期；纵轴：指标数值；图例：企业名称；筛选条件：指标名称；图形选项：切换为平铺。

② 预览图形：直观地观察数据的特征（图 7-6）。

【任务实施（二）】

（1）观察数据源。

观察"拉菲公司经营数据"库中所包含的企业指标信息数据表：a12 指标数值。

（2）提出问题。

明确分析范围和分析目标为"拉菲公司与兰奇里奥实业有限公司历年盈利质量对比分

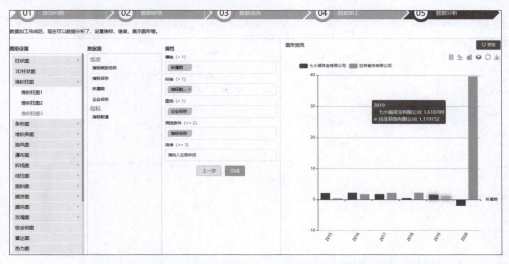

图 7-6　拉菲公司与七小福珠宝有限公司盈利质量横向分析堆积柱图

析"。通过盈利质量分析，可以对企业的盈利状况进行补充分析，了解企业所获利润的质量。

（3）获取数据。

确定数据源，选择"a12 指标数值"。

（4）清洗数据。

① 字段选择：全选。

② 过滤条件：指标类别名称="盈利质量" and（企业名称="拉菲首饰有限公司" or 企业名称="兰奇里奥实业有限公司"）（图 7-7）。

图 7-7　拉菲公司与兰奇里奥实业有限公司盈利质量横向分析数据清洗

（5）分析数据。

① 制作图形：图形：堆积柱图 3；横轴：所属期；纵轴：指标数值；图例：企业名称；筛选条件：指标名称；图形选项：切换为平铺。

② 预览图形：直观地观察数据的特征（图 7-8）。

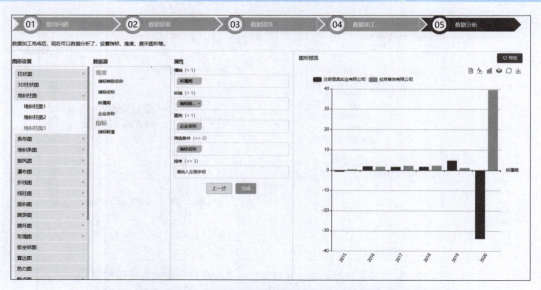

图7-8 拉菲公司与兰奇里奥实业有限公司盈利质量横向分析柱状图

实验四 "盈利能力分析"看板

【任务描述】

设计"盈利能力分析"看板,对企业盈利能力进行分析洞察。

【任务实施】

参考图7-9,对看板进行排版设计,添加文本框编写分析结论,将看板命名为"盈利能力分析",保存并提交看板。

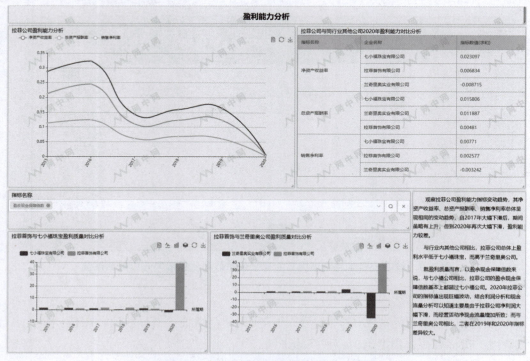

图7-9 拉菲公司"盈利能力分析"看板

 项目小结

盈利能力是指企业赚取收益的能力,是财务报表分析的主要部分。要使分析达到目的,必须将定量分析与定性分析结合。盈利能力分析的内容覆盖面非常广泛。本项目的主要内容如下。

(1) 盈利能力是指企业赚取利润的能力,主要包括企业从营业收入中获取利润的能力,企业运用资本、资产赚取利润的能力以及股东的投资回报水平三个方面。盈利能力分析的作用主要表现在:①企业的盈利能力与股东财富直接挂钩,也是企业价值评估的数据基础;②企业的盈利能力影响债权人的债务安全;③企业的盈利能力直接反映管理者的经营业绩;企业的盈利能力对其他利益相关者也具有重要意义。

(2) 销售业务反映企业的产品经营,不考虑企业的投资和筹资问题,只研究利润与收入或成本的比率关系。以销售为基础的获利能力分析的衡量指标主要有销售毛利率、息税前利润率、营业利润率、销售净利润率和成本费用利润率等。

(3) 资本经营盈利能力是指企业所有者通过投入资本经营取得利润的能力。反映资本经营盈利能力的基本指标有净资产收益率和资本金收益率。以资产为基础的盈利能力是从企业整体经营来考察企业运用资产赚取收益的能力。反映企业资产盈利能力的指标主要有总资产利润率、总资产净利润率和总资产收益率、流动资产收益率、固定资产收益率等。

(4) 以股东投资为基础的盈利能力考察股东投资的回报水平。上市企业盈利能力分析指标包括每股收益、普通股每股股利、股利支付率和市盈率等。

 练习题

一、单项选择题

1. 商品经营盈利能力分析是利用( )资料进行分析。
   A. 资产负债表　　　B. 现金流量表　　　C. 利润表　　　D. 所有者权益变动表

2. 反映商品经营盈利能力的指标可分为两类:一类统称为收入利润率;另一类统称为( )。
   A. 成本利润率　　　　　　　　　　B. 营业成本利润率
   C. 营业费用利润率　　　　　　　　D. 全部成本费用利润率

3. 在企业的各种收入利润率中,( )通常是其他利润率的基础。
   A. 营业收入毛利率　　　　　　　　B. 总收入利润率
   C. 营业收入利润率　　　　　　　　D. 销售净利润率

4. 下列各选项中,反映盈利能力核心指标的是( )。
   A. 总资产报酬率　B. 营业收入利润率　C. 净资产收益率　D. 销售净利润率

5. 计算净资产收益率指标的分子是( )。
   A. 利润总额　　　B. 营业利润　　　C. 净利润　　　D. 息税前利润

6. 某企业 2021 年年初实收资本和资本公积分别为 2 000 000 元和 900 000 元,年末实收资本和资本公积分别为 2 200 000 元和 1 000 000 元,净利润为 750 000 元,则该企业的资本收益率为( )。
   A. 35.71%　　　B. 24.59%　　　C. 14.58%　　　D. 32.45%

7. 用于评价企业盈利能力的总资产报酬率指标中的"报酬"是指( )。

A. 息税前利润　　　B. 营业利润　　　C. 利润总额　　　D. 净利润

8. 某企业年初资产总额为 100 万元，年末资产总额为 140 万元，当年利润总额为 24 万元，所得税额为 8 万元，利息支出为 4 万元，则该企业总资产报酬率为（　　）。

A. 20%　　　B. 13.33%　　　C. 23.33%　　　D. 30%

9. （　　）指标越高，说明企业资产盈利能力越强。

A. 总资产周转率　　B. 固定资产周转率　　C. 总资产报酬率　　D. 流动资产周转率

10. 上市企业盈利能力分析与一般企业盈利能力分析的区别关键在于（　　）。

A. 利润水平　　　B. 股东权益　　　C. 股利发放　　　D. 股票价格

11. 下列各选项中，属于上市企业特殊盈利能力指标的是（　　）。

A. 总资产报酬率　　B. 每股收益　　C. 净资产收益率　　D. 营业收入毛利率

12. 下列现金流量比率中，最能够反映盈利质量的指标是（　　）。

A. 现金比率　　　　　　　　　　B. 现金流量充足率
C. 现金流动负债比率　　　　　　D. 盈余现金保障倍数

二、多项选择题

1. 下列各选项中，反映企业盈利能力的指标有（　　）。

A. 总资产报酬率　　B. 销售净利润率　　C. 资本收益率　　D. 资产负债率

2. 下列各选项中，反映收入利润率的指标主要有（　　）。

A. 营业收入利润率　B. 营业成本利润率　C. 总收入利润率　D. 销售息税前利润率

3. 下列各选项中，影响全部成本费用利润率指标的因素有（　　）。

A. 营业成本　　　B. 税金及附加　　　C. 期间费用　　　D. 研发费用

4. 下列各选项中，反映商品经营盈利能力的指标有（　　）。

A. 营业收入利润率　　　　　　　B. 总资产报酬率
C. 销售息税前利润率　　　　　　D. 营业成本利润率

5. 下列分析企业盈利能力的指标中，其分子采用"净利润"的有（　　）。

A. 总资产报酬率　　B. 销售净利润率　　C. 资本收益率　　D. 净资产收益率

6. 下列各选项中，属于只利用利润表就可以计算的盈利能力指标有（　　）。

A. 营业收入利润率　B. 营业费用利润率　C. 总收入利润率　D. 净资产收益率

7. 下列各选项中，属于通用盈利能力指标的有（　　）。

A. 营业收入利润率　B. 营业成本利润率　C. 营业费用利润率　D. 市盈率

8. 下列各指标中，需要利用现金流量表中的数据才能计算出来的有（　　）。

A. 净资产现金回收率　　　　　　B. 盈余现金保障倍数
C. 营业收入收现率　　　　　　　D. 现金比率

三、判断题

1. 资本经营盈利能力分析主要对全部资产报酬率指标进行分析和评价。　　（　　）
2. 企业盈利能力分析主要是指对利润额的分析。　　（　　）
3. 企业盈利能力的高低与利润的高低呈正比。　　（　　）
4. 影响营业成本利润率的因素与影响营业收入利润率的因素是相同的。　　（　　）
5. 所得税税率变动对营业收入利润率没有影响。　　（　　）
6. 销售净利润率是综合反映企业成本效益的重要指标。　　（　　）
7. 企业总收入包括营业收入、其他收益、投资净收益、公允价值变动净收益、资产处

置净收益和营业外收支净额。（   ）

8. 总资产报酬率是反映企业盈利能力的核心指标。（   ）

9. 总资产报酬率越高，净资产收益率就越高。（   ）

10. 股票价格的变动对每股收益不产生影响。（   ）

四、计算分析题

某公司2021年财务报表的有关资料如表7-9所示，该公司适用的所得税税率为25%。

表7-9　某公司2021年财务报表的有关资料　　　金额单位：万元

项目	年末数	年初数
资产总额	8 000	7 650
所有者权益总额	3 000	2 800
营业收入	6 700	5 380
营业成本	5 500	4 660
管理费用	460	450
利息费用	310	280
经营活动产生的现金净流量	100	90

要求如下。

（1）根据上述有关资料，计算该公司2021年的销售毛利和净利润。

（2）计算该公司2021年的营业收入利润率、营业费用利润率、总资产报酬率、净资产收益率和盈余现金保障倍数。

五、案例分析题

【案例资料】引用项目二、项目三、项目四练习题中ZSJ地产控股股份有限公司的资产负债表、利润表、现金流量表资料，如表7-10~表7-12所示。

该公司2021年年初有关财务资料如下：资产总额为25 107 163 682.00元，实收资本为844 867 002.00元，资本公积为3 413 857 995.00元，所有者权益总额为9 144 744 728.00元。

表7-10　资产负债表

编制单位：ZSJ地产控股股份有限公司　　　2022年12月31日　　　金额单位：元

资产	期末数	期初数	负债和股东权益	期末数	期初数
流动资产：			流动负债：		
货币资金	9 489 490 935.00	7 389 133 547.00	短期借款	1 372 929 609.00	3 613 956 278.00
交易性金融资产	6 437 479.00	97 331 980.00	交易性金融负债	12 829 413.00	
衍生金融资产			衍生金融负债		
应收票据			应付票据	257 896 108.00	143 287 841.00
应收账款	118 962 896.00	107 177 879.00	应付账款	2 705 521 285.00	1 863 688 472.00
预付款项	8 747 313.00	28 316 856.00	预收款项	9 498 461 291.00	2 731 472 693.00
其他应收款	1 926 509 243.00	778 506 128.00	应付职工薪酬	162 832 982.00	121 900 048.00
存货	30 461 181 900.00	23 869 301 251.00	应交税费	589 859 453.00	270 545 613.00
持有待售资产			其他应付款	5 964 954 292.00	3 204 399 025.00
一年内到期的非流动资产	26 754.00	40 129.00	持有待售负债		

续表

资产	期末数	期初数	负债和股东权益	期末数	期初数
其他流动资产	624 800 651.00	227 596 742.00	一年内到期的非流动负债	1 303 501 721.00	1 180 099 402.00
流动资产合计	42 636 157 171.00	32 497 404 512.00	其他流动负债	1 843 563 001.00	459 072 398.00
非流动资产：			流动负债合计	23 712 349 155.00	14 218 421 770.00
可供出售金融资产	4 898 240.00	1 743 773.00	非流动负债：		
持有至到期投资			长期借款	5 720 303 012.00	6 807 315 907.00
长期应收款	1 062 146 037.00	971 960 034.00	应付债券		
长期股权投资	616 512 618.00	771 232 269.00	长期应付款	46 469 703.00	33 285 411.00
投资性房地产	2 787 842 250.00	2 632 975 770.00	预计负债	108 052 194.00	90 466 298.00
固定资产	299 615 954.00	284 573 922.00	递延收益		
在建工程	19 254 007.00	39 614 982.00	递延所得税负债	731 713.00	34 300.00
生产性生物资产			其他非流动负债	7 218 243.00	7 984 305.00
油气资产			非流动负债合计	5 882 774 865.00	6 939 086 221.00
无形资产	54 121.00	94 212.00	负债合计	29 595 124 020.00	21 157 507 991.00
开发支出			股东权益：		
商誉			股本	1 717 300 503.00	1 717 300 503.00
长期待摊费用	180 194 127.00	196 539 294.00	其他权益工具		
递延所得税资产	290 485 972.00	40 876 227.00	资本公积	8 487 926 904.00	8 548 544 784.00
其他非流动资产			减：库存股		
非流动资产合计	5 261 003 326.00	4 939 610 483.00	其他综合收益		
			盈余公积	1 662 259 085.00	1 269 001 482.00
			未分配利润	6 434 549 985.00	4 744 660 235.00
			股东权益合计	18 302 036 477.00	16 279 507 004.00
资产总计	47 897 160 497.00	37 437 014 995.00	负债和股东权益总计	47 897 160 497.00	37 437 014 995.00

表 7-11 利润表

编制单位：ZSJ 地产控股股份有限公司　　　　2022 年度　　　　金额单位：元

项目	2022 年度	2021 年度
一、营业收入	10 137 701 049.00	3 573 184 200.00
减：营业成本	5 961 738 151.00	2 097 773 113.00
税金及附加	1 623 223 320.00	264 980 117.00
销售费用	285 334 726.00	226 715 702.00
管理费用	208 542 650.00	203 223 524.00
研发费用		
财务费用	-15 356 044.00	30 913 643.00
资产减值损失	484 187.00	407 654 635.00
加：其他收益		

续表

项目	2022 年度	2021 年度
投资收益	304 569 607.00	802 815 289.00
其中：对联营企业和合营企业的投资收益	176 731 790.00	176 812 461.00
公允价值变动收益	−103 663 503.00	145 469 305.00
资产处置收益		
二、营业利润	2 274 640 163.00	1 290 208 060.00
加：营业外收入	29 522 960.00	24 173 367.00
减：营业外支出	30 433 088.00	12 516 456.00
三、利润总额	2 273 730 035.00	1 301 864 971.00
减：所得税	519 264 184.00	209 864 866.00
四、净利润	1 754 465 851.00	1 092 000 105.00
五、每股收益：		
（一）基本每股收益	0.96	0.94
（二）稀释每股收益	0.96	0.94

表 7-12　现金流量表

编制单位：ZSJ 地产控股股份有限公司　　2022 年 12 月 31 日　　　　　　　　金额单位：元

项目	2022 年	2021 年
一、经营活动产生的现金流量		
销售商品、提供劳务收到的现金	15 926 683 850.00	6 195 335 331.00
收到的税费返还	598 706.00	25 520 015.00
收到其他与经营活动有关的现金	3 542 739 117.00	887 926 560.00
经营活动现金流入小计	19 470 021 673.00	7 108 781 906.00
购买商品、接受劳务支付的现金	8 370 247 406.00	9 374 818 057.00
支付给职工以及为职工支付的现金	561 496 643.00	515 097 597.00
支付的各项税费	1 426 342 512.00	802 008 011.00
支付其他与经营活动有关的现金	2 057 203 779.00	336 701 916.00
经营活动现金流出小计	12 415 290 340.00	11 028 625 581.00
经营活动产生的现金流量净额	7 054 731 333.00	−3 919 843 675.00
二、投资活动产生的现金流量		
收回投资收到的现金	—	40 702 142.00
取得投资收益收到的现金	413 971.00	12 870 616.00
处置固定资产、无形资产和其他长期资产收回的现金净额	251 567.00	2 772 549.00
处置子公司及其他营业单位收到的现金净额	13 304 811.00	681 912 273.00
收到其他与投资活动有关的现金	485 915 710.00	—
投资活动现金流入小计	499 886 059.00	738 257 580.00
购建固定资产、无形资产和其他长期资产支付的现金	75 630 570.00	83 837 658.00
投资支付的现金	870 044 567.00	1 013 522 765.00
取得子公司及其他营业单位支付的现金净额	—	5 252 240.00
支付其他与投资活动有关的现金	—	54 886 338.00

续表

项目	2022 年	2021 年
投资活动现金流出小计	945 675 137.00	1 157 499 001.00
投资活动产生的现金流量净额	-445 789 078.00	-419 241 421.00
三、筹资活动产生的现金流量		
吸收投资收到的现金	338 613 350.00	6 444 200 352.00
取得借款收到的现金	5 612 106 753.00	8 943 642 350.00
收到其他与筹资活动有关的现金	—	—
筹资活动现金流入小计	5 950 720 103.00	15 387 842 702.00
偿还债务支付的现金	10 044 491 466.00	6 329 137 678.00
分配股利、利润或偿付利息支付的现金	1 095 366 405.00	894 253 290.00
支付其他与筹资活动有关的现金	—	—
筹资活动现金流出小计	11 139 857 871.00	7 223 390 968.00
筹资活动产生的现金流量净额	-5 189 137 768.00	8 164 451 734.00
四、汇率变动对现金的影响	-2 200 526.00	-12 294 446.00
五、现金及现金等价物净增加额	1 417 603 961.00	3 813 072 192.00
加：年初现金及现金等价物余额	7 358 057 106.00	3 544 984 914.00
六、期末现金及现金等价物余额	8 775 661 067.00	7 358 057 106.00

要求如下。

（1）计算并填列表 7-13 中的盈利能力指标（保留两位小数）。

表 7-13　盈利能力指标

| 指标 | 2021 年 | | 2022 年 | |
	ZSJ 地产	行业平均值	ZSJ 地产	行业平均值
营业收入毛利率/%		39.18		37.26
营业收入利润率/%		19.0		12.30
全部成本费用利润率/%		9.8		2.2
销售净利润率/%		15.49		14.33
净资产收益率/%		7.8		7.3
总资产报酬率/%		4.4		3.9
盈余现金保障倍数		-1.6		-2.6
资本收益率/%		8.2		1.1
每股收益/元		—		—

（2）结合房地产行业平均值，对 ZSJ 地产控股股份有限公司的盈利能力进行分析评价。

项目七习题参考答案

项目八 发展能力分析

学习目标

知识目标:
(1) 了解发展能力分析的内容与目的。
(2) 掌握企业各单项发展能力指标的计算与分析。
(3) 掌握企业整体发展能力的分析与评价。

能力目标:
(1) 培养学生能够熟练运用发展能力指标对企业的发展能力进行分析。
(2) 培养学生能够熟练操作大数据平台工具进行企业发展能力分析。

素养目标:
(1) 培养学生树立可持续发展、科学发展的理念。
(2) 培养学生的前瞻性思维、敏锐的洞察力和预见性。

任务导入

发展是企业的生存之本,也是企业的活力之源,可以说,发展能力是企业盈利能力、偿债能力和营运能力的综合体现。因此,要全面衡量企业的价值,不仅要从静态的角度分析其经营能力,还要从动态的角度出发,分析和预测企业的发展能力。

对于企业而言,发展能力体现在规模的壮大、资产的增加、资源的转化以及价值的提高等方面。因此,财务报表使用者在评价企业的发展能力时,可以从销售发展状态、资产增加情况以及净资产积累水平三个方面来着手进行。

思考: 如何分析企业的发展能力?企业的发展能力受到哪些因素的影响?如何提高企业的发展能力?

知识学习

第一讲　发展能力概述

一、发展能力的含义

发展能力是指企业未来年度的发展前景及潜力，是企业实现盈利的持续程度及价值增长的可能性。发展能力是企业在生存的基础上，扩大规模、壮大实力的潜在能力。企业的规模和实力是企业价值的核心内容，表明企业未来潜在的盈利能力。然而，企业的发展在于可持续性，需要不断地注入新的血液。企业的资本实力和潜在盈利能力是衡量和评价企业持续稳定发展的实质内容，它们的增长为企业的生存和发展注入了新的能量。

微课 28：
发展能力分析

二、影响发展能力的因素

影响发展能力的因素包括政策环境、核心业务、企业制度、人力资源、行业环境和财务状况等方面。在这些因素中，财务状况是过去的政策和行为产生的结果，而其他因素则是影响企业未来财务状况的动因，这些因素的所有改善都应最终表现为财务状况的改善。财务状况指标可以反映企业在政策环境、核心业务、经营能力、企业制度、人力资源和行业环境等方面的提高，反映市场份额的扩大、收入的增长和经营成本的降低。

在财务报告分析中，主要通过对企业的财务数据进行比较分析、比率分析、趋势分析和因素分析，对企业发展能力进行分析和判断。

三、发展能力分析的目的

企业应该追求健康的、可持续的增长，这需要企业管理者利用股东和债权人的资本进行有效运营，合理控制成本，增加收入，获得利润，在补偿了债务资本成本之后实现股东财富的增长，进而提高企业价值。这种增长的潜力就是企业发展能力，对这种能力进行分析便能对企业的未来成长性进行预测，从而评估企业价值。可见，企业发展能力分析具有重要意义。

企业能否持续健康发展对股东、潜在投资者、经营者和债权人等利益相关者至关重要，因此有必要对发展能力进行深入分析。从股东、潜在投资者、经营者和债权人的角度来看，发展能力分析的意义是不同的。

对于股东而言，其可以通过发展能力分析衡量企业创造股东价值的程度，为采取下一步战略行动指明方向。

对于潜在投资者而言，其可以通过发展能力分析评价企业的成长性，为做出正确的投资决策寻求依据。

对于经营者而言，其可以通过发展能力分析发现影响企业未来发展的关键因素，为形成正确的经营策略和财务策略奠定基础。

对于债权人而言，其可以通过发展能力分析判断企业未来的获利能力，为做出正确的信贷决策提供依据。

四、发展能力分析的内容

发展能力是一个相对的概念，在实际分析过程中通常采用增长率来反映企业的发展能力。当然，企业不同方面的增长率之间存在相互作用、相互影响的关系，因此只有将各个方面的增长率加以比较，才能全面分析企业的整体发展能力。

（一）企业单项发展能力分析

企业价值要获得增长，就必须依赖销售收入、收益、股东权益和资产等方面的不断增长。企业单项发展能力分析就是通过计算和分析销售收入增长能力指标（简称"销售增长能力指标"）、收益增长能力指标、股东权益增长能力指标和资产增长能力指标，分别衡量企业在销售收入、收益、股东权益、资产等方面的发展能力，并对其在销售收入、收益、股东权益、资产等方面的发展趋势进行评估。

（二）企业整体发展能力分析

企业要获得可持续发展，就必须在销售收入、收益、股东权益和资产等方面谋求协调发展。企业整体发展能力分析就是通过对销售增长能力指标、收益增长能力指标、股东权益增长能力指标和资产增长能力指标进行相互比较与全面分析，总体判断企业的整体发展能力。

第二讲 企业单项发展能力分析

一、销售增长能力分析

通常衡量销售增长情况的指标是销售增长率。

（一）销售增长率的含义与计算公式

不断增长的销售收入，是企业生存的基础和发展的条件。因此，在各种反映企业发展能力的财务指标中，销售增长率指标是最关键的。因为只有实现企业销售的不断增长，企业的净利润增长率、股东权益增长率才有保证，企业的规模扩大才能建立在一个稳固的基础上。

销售增长率是指企业本期销售增长额与上期销售额的比率，它反映销售额的增减变动情况，是评价企业成长状况和发展能力的重要指标。其计算公式如下：

$$销售增长率 = \frac{本期销售增长额}{上期销售额} \times 100\%$$

公式中，本期销售增长额是企业本期销售额与上期销售额的差额。其计算公式如下：

$$本期销售增长额 = 本期销售额 - 上期销售额$$

企业外部分析者计算销售增长率时，销售额可取营业收入数据。

需要说明的是，如果上期销售额为负值，则应取其绝对值代入公式进行计算。该公式反映的是企业一定期间的整体销售增长情况。销售增长率为正值，说明企业本期销售规模增加。销售增长率越高，则说明企业销售增长得越快，市场开拓和客户发展情况越好。销售增长率为负值，则说明企业销售规模减小，销售出现负增长，市场开拓和客户发展情况较差。

（二）销售增长率指标分析

对销售增长率指标也可以进行横向和纵向比较。从横向来说，将企业的销售增长率与同行业企业的平均水平或者先进水平进行对比；从纵向来说，将本期的销售增长率与企业前期水平进行比较。通过横向和纵向比较，分析形成差异的原因，进而找出改善营销管理的措施。

销售增长率分析还应结合销售增长的具体原因，即要明确企业销售增长的原因——是因为销售了更多产品或服务，或提高了产品或服务的价格，还是销售了新的产品或服务。

关于销售增长率，需要注意以下几点。

（1）销售增长率是衡量企业经营状况和市场占有能力、预测企业经营业务趋势的重要指标，也是衡量企业增长增量和存量资本的重要前提。不断增加的销售收入是企业生存的基础和发展的条件。

（2）销售增长率大于零，表示企业本年的销售收入有所增长，该指标越高，表明销售增长越快。

（3）在实际分析时，应结合企业历年的销售水平、企业市场占有情况、行业未来发展及其他影响企业发展的潜在因素进行预测，或结合企业前3年的销售收入增长率做趋势性分析判断。

（4）分析时可利用其他类似企业水平、企业历史水平及行业平均水平作为比较标准。

（三）三年销售平均增长率

由于销售增长率只考虑当年情况，可能受到短期销售波动的影响，具有一定的偶然性，所以为了反映企业销售收入增长的趋势，可以计算三年销售平均增长率，消除销售收入短期异常波动对该指标产生的影响，反映企业较长时期销售收入的增长情况。

三年销售平均增长率反映企业销售收入连续三年增长的情况，体现企业的发展潜力。其计算公式如下：

$$三年销售平均增长率 = \left(\sqrt[3]{\frac{本年年末销售收入总额}{三年前年末销售收入}} - 1 \right) \times 100\%$$

式中，销售收入数据可以从利润表中的营业收入项目取得。

由于当年利润表只提供本年销售收入和上年销售收入两期比较数据，所以计算该指标时需要取得上年利润表，从而获取全部三年数据资料。

3年销售收入增长率能够反映企业的销售收入增长趋势和稳定程度，较好地体现企业的发展状况和发展能力，避免因少数年份销售收入不正常增长而对企业发展潜力做出错误判断。

二、收益增长能力分析

收益可表现为营业利润、净利润、利润总额等多种形式，因此相应的收益增长率也具有不同的表现形式。在实际中，通常使用营业利润增长率和净利润增长率这两个指标来分析企业的收益增长能力。

（一）营业利润增长率

营业利润增长率是本期营业利润增长额与上期营业利润的比率。其计算公式如下：

$$营业利润增长率 = \frac{本期营业利润 - 上期营业利润}{上期营业利润} \times 100\%$$

如果上期营业利润为负值,则应取其绝对值代入公式进行计算。该指标反映的是企业营业利润的增长情况。营业利润增长率为正数,说明企业本期利润增长,营业利润增长率越高,说明企业收益增长得越多;营业利润增长率为负数,说明本期利润减少,收益降低。

营业利润增长率应结合销售增长率进行分析。如果企业的营业利润增长率高于销售增长率,则说明企业的产品正处于成长期,企业正在不断拓展业务,企业的获利能力不断增强;反之,则说明企业营业成本、税金及附加费、期间费用等成本的上升超过了销售收入的增长,说明企业的正常业务获利能力并不强,企业收益增长能力值得怀疑。

(二)净利润增长率

净利润增长率是本期净利润增加额与上期净利润之比。其计算公式如下:

$$净利润增长率 = \frac{本期净利润 - 上期净利润}{上期净利润} \times 100\%$$

如果上期净利润为负值,则应取其绝对值代入公式进行计算。该指标反映的是企业净利润增长情况。净利润增长率为正数,说明企业本期净利润增长,净利润增长率越高,说明企业收益增长得越多;净利润增长率为负数,说明企业本期净利润减少,收益降低。

净利润增长率应结合营业利润增长率进行分析。如果企业的净利润主要来源于营业利润,则表明企业产品获利能力较强,具有良好的增长能力;反之,如果企业净利润不是主要来源于正常经营业务,而是来自营业外收入或者其他非正常项目,则说明企业净利润的持续增长能力并不强。

为了更正确地反映企业营业利润和净利润的增长趋势,应将企业连续多期的营业利润增长率和净利润增长率进行对比分析,这样可以排除个别时期偶然性或特殊性因素造成的影响,从而更加全面、真实地揭示企业营业利润和净利润的增长情况。

三、股东权益增长能力分析

权益资本是企业的家底,是企业的净资产,它可为企业实现规模经营提供资金来源。评价企业股东权益增长能力的主要指标有股东权益增长率、三年资本平均增长率。

(一)股东权益增长能力指标的含义与计算公式

(1)股东权益增长率也称为资本积累率,是本期股东权益增加额与期初股东权益的比率,反映企业股东权益当年的变动水平,体现了企业资本的积累情况。其计算公式如下:

$$股东权益增长率 = \frac{期末股东权益 - 期初股东权益}{期初股东权益} \times 100\%$$

股东权益增长率反映了投资者投入企业资本的保全性和增长性,该指标越高,表明企业的资本积累越多,企业资本保全性越强,应对风险和持续发展的能力越强。该指标如为负值,则表明企业资本受到侵蚀,所有者利益受到损害,应予以充分重视。

(2)三年资本平均增长率。股东权益增长率指标有一定的滞后性,仅反映当期情况。为了反映企业资本保值增值的历史发展情况,了解企业的发展趋势,需要计算连续几年的资本积累情况。在实际中,使用三年资本平均增长率这一指标。其计算公式如下:

$$三年资本平均增长率 = \left(\sqrt[3]{\frac{本年年末股东权益}{三年前年末股东权益}} - 1 \right) \times 100\%$$

该指标越高,表明企业股东权益得到的保障程度越高,企业可以长期使用的资金越充裕，抗风险和连续发展的能力越强。

（二）股东权益增长能力指标分析

仅计算和分析某个时期的股东权益增长率是不全面的，一个持续增长型企业，其股东权益应该是不断增长的，如果时增时减，则反映出企业股东权益增长不稳定，同时也说明企业并不具备良好的发展能力。应利用趋势分析法对企业不同时期的股东权益增长率进行比较，从而正确评价企业的发展能力。

四、资产增长能力分析

在通常情况下，发展能力强的企业能保证资产的稳定增长，因此资产增长可以表明企业的发展状况和发展能力。

评价企业资产增长能力的指标是总资产增长率、三年资产平均增长率和固定资产成新率。

（一）总资产增长率

总资产增长率是本年总资产增长额和年初总资产的比率。其计算公式如下：

$$总资产增长率 = \frac{年末总资产 - 年初总资产}{年初总资产} \times 100\%$$

总资产增长率大于零，说明企业本年度资产增长，生产经营规模扩大。总资产增长率越高，说明企业本年度资产规模扩张的速度越高，获得规模效益的能力越强。

但是，总资产增长率高并不意味着资产规模增长适当，还必须结合销售增长指标和收益增长指标进行分析。在分析时，财务分析人员需要注意企业发展策略、会计处理方法、历史成本原则等对总资产增长率的影响。另外，由于一些重要资产无法体现在资产总额中（例如人力资产、某些非专利技术），所以该指标无法反映企业真正的资产增长情况。

（二）三年资产平均增长率

与销售增长率一样，总资产增长率也存在受资产短期波动因素影响的缺陷，为了弥补这一缺陷，同样可以计算三年资产平均增长率，以反映企业较长时期内的总资产增长情况。其计算公式如下：

$$三年资产平均增长率 = \left(\sqrt[3]{\frac{本年年末资产总额}{三年前年末资产总额}} - 1 \right) \times 100\%$$

三年资产平均增长率是反映企业发展能力的一个重要指标，该指标大于零，反映企业资产呈现增长趋势，企业有能力不断扩大生产规模，有较强的发展潜力。该指标越高，资产增长速度越高，企业发展趋势越良好。

（三）固定资产成新率

固定资产成新率是企业当期平均固定资产净值与平均固定资产原值的比率，该指标反映企业所拥有的固定资产的新旧程度，体现了企业固定资产更新的快慢和持续发展的能力。其计算公式如下：

$$固定资产成新率 = \frac{平均固定资产净值}{平均固定资产原值} \times 100\%$$

该指标越高，表明企业的固定资产越新、技术性能越好、可以为企业服务越长的时间，企业对扩大再生产的准备越充足，发展的可能性越大；反之，该指标越低，表明企业设备越陈旧、技术性能越落后，将严重制约企业未来的发展。

第三讲　企业整体发展能力分析

销售增长能力指标、收益增长能力指标、股东权益增长能力指标和资产增长能力指标只是从不同侧面反映企业的发展能力，不足以涵盖企业发展能力的全部。各指标之间相互作用、相互影响，不能截然分开。因此，只有把四种类型的增长能力指标相互联系起来进行综合分析，才能正确评价企业整体发展能力。

一、企业整体发展能力分析思路

（1）分别计算销售增长能力指标、收益增长能力指标、股东权益增长能力指标和资产增长能力指标的实际值。

（2）分别将上述增长能力指标实际值与以前不同时期增长率数据、同行业平均水平进行比较，分析企业在销售收入、收益、股东权益和资产等方面的发展能力。

（3）比较销售增长能力指标、收益增长能力指标、股东权益增长能力指标和资产增长能力指标之间的关系，判断不同方面企业增长的效益性以及它们之间的协调性。

（4）根据以上分析结果，运用一定的分析标准，判断企业整体发展能力。一般而言，只有企业的销售增长能力指标、收益增长能力指标、股东权益增长能力指标和资产增长能力指标保持同步增长，且不低于行业平均水平，才可以判断企业具有良好的发展能力。

运用图8-1所示的企业整体能力分析框架，能够比较全面地分析企业发展能力的影响因素，从而全面地评价企业发展能力，但对于各因素的增长与企业发展的关系无法从数量上进行确定。

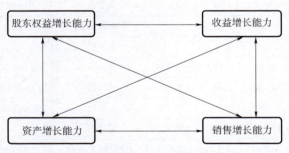

图 8-1　企业整体发展能力分析框架

二、企业整体发展能力分析框架的应用

应用企业整体发展能力分析框架分析企业整体发展能力时，应该注意以下四点。

（一）对销售增长能力的分析

销售增长是企业经营收入的主要来源，也是企业资产价值增长的源泉。企业只有不断开拓市场，保持稳定的市场份额，才能不断扩大营业收入，增加股东权益，同时为进一步扩大市场、开发新产品和进行技术改造提供资金来源，最终促进企业的进一步发展。

（二）对收益增长能力的分析

收益增长主要表现为净利润的增长，而对于一个持续增长的企业而言，其利润的增长主要来源于营业利润，而营业利润的增长主要来自营业收入的增长。

（三）对股东权益增长能力的分析

股东权益的增长一方面来源于净利润，净利润又主要来自营业利润，营业利润主要取决于销售收入，并且销售收入的增长在资产使用效率保持一定的前提下依赖于资产投入的增加；股东权益的增长另一方面来源于股东的净投资，而股净投资取决于本期股东投资资本的增长和本期对股东股利的发放。

（四）对资产增长能力的分析

企业资产是取得销售收入的保证。在资产利用效率一定的前提下，企业要实现销售收入的增长，就需要扩大资产规模。扩大资产规模，一方面可以通过负债融资实现；另一方面可以依赖股东权益的增长，即净利润和净投资的增长。

总之，在运用企业整体发展能力分析框架时需要注意四种类型增长能力指标之间的相互关系，否则无法对企业整体发展能力做出正确的判断。

学会挖掘潜力股

案例演练

根据甲电气集团股份有限公司财务数据（表8-1、表8-2），分析其发展能力。

表 8-1　资产负债表

编制单位：甲电气集团股份有限公司　　　2022年12月31日　　　金额单位：元

资产	期末数	期初数	负债和股东权益	期末数	期初数
流动资产：			流动负债：		
货币资金	127 530 439.08	74 765 564.65	短期借款	120 610 000.00	149 730 000.00
交易性金融资产			交易性金融负债		
衍生金融资产			衍生金融负债		
应收票据	5 568 336.08	18 841 133.66	应付票据	3 194 546.70	2 728 750.02
应收账款	91 857 731.82	79 743 418.39	应付账款	123 673 381.37	86 587 745.29
应收账款融资			预收款项	6 028 461.27	1 350 681.24
预付款项	34 426 109.84	19 419 356.87	合同负债		
其他应收款	71 335 202.91	3 148 327.52	应付职工薪酬	5 616 884.13	4 806 034.12
存货	78 506 816.87	62 900 816.06	应交税费	4 659 323.03	4 211 275.07
合同资产			其他应付款	85 141 656.33	21 347 671.32
持有待售资产			持有待售负债		
一年内到期的非流动资产			一年内到期的非流动负债		
其他流动资产			其他流动负债		
流动资产合计	409 224 636.60	258 818 617.15	流动负债合计	348 924 252.83	270 762 157.06
非流动资产：			非流动负债：		
债权投资			长期借款	140 000 000.00	
其他债权投资			应付债券		

续表

资产	期末数	期初数	负债和股东权益	期末数	期初数
长期应收款			租赁负债		
长期股权投资	743 957 757.57	572 065 804.88	长期应付款		
其他权益工具投资			预计负债		
其他非流动金融资产			递延收益		
投资性房地产			递延所得税负债		
固定资产	231 131 686.21	208 725 513.92	其他非流动负债		
在建工程	84 185 982.04	81 865 274.14	非流动负债合计	140 000 000.00	
生产性生物资产			负债合计	488 924 252.83	270 762 157.06
油气资产			所有者权益（或股东权益）：		
无形资产	25 004 994.77	15 282 738.09	实收资本（或股本）	285 127 200.00	283 316 200.00
开发支出			其他权益工具		
商誉			其中：优先股		
长期待摊费用	1 879 143.37	1 914 954.61	永续债		
递延所得税资产	1 960 434.12	1 272 764.35	资本公积	405 134 463.62	328 843 060.67
其他非流动资产			减：库存股		
非流动资产合计	1 088 119 998.08	881 127 049.99	其他综合收益		
			盈余公积	67 744 734.63	58 231 493.35
			未分配利润	250 413 983.60	198 792 756.06
			股东权益合计	1 008 420 381.85	869 183 510.08
资产总计	1 497 344 634.68	1 139 945 667.14	负债和股东权益总计	1 497 344 634.68	1 139 945 667.14

表 8-2 利润表

编制单位：甲电气集团股份有限公司　　　　　2022 年度　　　　　　　　　金额单位：元

项目	2022 年度	2021 年度
一、营业收入	500 825 388.30	478 503 678.72
减：营业成本	414 347 374.98	403 708 188.42
税金及附加	2 038 958.87	2 588 271.22
销售费用	16 251 137.97	9 925 950.66
管理费用	45 898 208.68	28 980 108.11
研发费用		
财务费用	10 069 947.35	11 935 030.80
其中：利息费用		
利息收入		
资产减值损失	4 338 996.16	2 639 276.41

续表

项目	2022 年度	2021 年度
加：其他收益		
投资收益	67 667 955.90	67 115 706.01
其中：对联营企业和合营企业的投资收益	15 483 559.89	12 240 741.18
公允价值变动收益		
资产处置收益		
二、营业利润	75 548 720.19	85 842 559.11
加：营业外收入	22 626 384.41	3 764 591.60
减：营业外支出	539 956.48	1 178 560.64
三、利润总额	97 635 148.12	88 428 590.07
减：所得税	2 502 735.30	2 210 822.59
四、净利润	95 132 412.82	86 217 767.48
（一）持续经营净利润		
（二）终止经营净利润		
五、其他综合收益的税后净额		
六、综合收益总额	95 132 412.82	86 217 767.48
七、每股收益：		
（一）基本每股收益	0.3 356	0.3 043
（二）稀释每股收益	0.3 337	0.3 043

（1）根据表 8-1 提供的甲电气集团股份有限公司资料，计算该公司资本积累率（假设 2021 年年初所有者权益总额为 788 785 608.95 元）。

$$2021 年资本积累率 = \frac{869\ 183\ 510.08 - 788\ 785\ 608.95}{788\ 785\ 608.95} \times 100\% = 10.19\%$$

$$2022 年资本积累率 = \frac{1\ 008\ 420\ 381.85 - 869\ 183\ 510.08}{869\ 183\ 510.08} \times 100\% = 16.02\%$$

计算结果表明，该公司 2022 年的资本积累率高于 2021 年，这说明该公司的所有者权益规模在不断增长。进一步分析还可以看出，该公司所有者权益的增长主要来自留存收益的增长，而不是来自实收资本（或股本）的增长，据此可以判断该公司在所有者权益方面具有较强的发展能力。

（2）根据表 8-1 提供的甲电气集团股份有限公司资料，计算该公司的资本保值增值率。

$$2021 年资本保值增值率 = \frac{869\ 183\ 510.08}{788\ 785\ 608.95} \times 100\% = 110.19\%$$

$$2022 年资本保值增值率 = \frac{1\ 008\ 420\ 381.85}{869\ 183\ 510.08} \times 100\% = 116.02\%$$

计算结果表明，该公司无论在 2021 年还是在 2022 年，其资本保值增长率均高于 1，且本年比上年有所增长，这说明该公司资本保全状况较好。

（3）根据表 8-2 提供的甲电气集团股份有限公司资料，计算该公司的净利润增长率（假设 2021 年年初净利润为 2 098 556.68 元）。

$$2021\text{ 年净利润增长率} = \frac{2\,210\,822.59 - 2\,098\,556.68}{2\,098\,556.68} \times 100\% = 5.35\%$$

$$2022\text{ 年净利润增长率} = \frac{2\,502\,735.30 - 2\,210\,822.59}{2\,210\,822.59} \times 100\% = 13.20\%$$

计算结果表明，该公司 2022 年净利润增长率高于 2021 年，但其增长并不主要依靠营业利润的增长，而是得益于营业外收入的增长和营业外支出的减少，这说明该公司在净利润方面具有一定的增长能力，但其未来增长的稳定性有待进一步观察。

（4）根据表 8-2 提供的甲电气集团股份有限公司资料，计算该公司的营业利润增长率（假设 2021 年年初营业利润为 86 356 745.18 元）。

$$2021\text{ 年营业利润增长率} = \frac{85\,842\,559.11 - 86\,356\,745.18}{86\,356\,745.18} \times 100\% = -0.6\%$$

$$2022\text{ 年营业利润增长率} = \frac{75\,548\,720.19 - 85\,842\,559.11}{85\,842\,559.11} \times 100\% = -11.99\%$$

计算结果表明，该公司的营业利润增长率均为负数，且 2022 年的下降幅度大于 2021 年，这说明该公司成本费用的增长速度高于营业收入的增长速度，该公司的持续增长能力在减弱。

（5）根据表 8-2 提供的甲电气集团股份有限公司资料，计算该公司的销售（营业）增长率（假设 2021 年年初营业收入为 459 765 434.58 元）。

$$2021\text{ 年销售（营业）增长率} = \frac{478\,503\,678.72 - 459\,765\,434.58}{459\,765\,434.58} \times 100\% = 4.08\%$$

$$2022\text{ 年销售（营业）增长率} = \frac{500\,825\,388.30 - 478\,503\,678.72}{478\,503\,678.72} \times 100\% = 4.67\%$$

计算结果表明，该公司 2022 年的销售（营业）增长率虽然略高于 2021 年，但由于销售（营业）增长率太低，且远低于其资产增长率，这说明该公司的销售增长能力较弱，2022 年销售的增长主要依靠资产的追加投入，其增长不具备效益性。

（6）根据表 8-1 提供的甲电气集团股份有限公司资料，计算该公司的总资产增长率（假设 2021 年年初资产总额为 987 556 324.34 元）。

$$2021\text{ 年总资产增长率} = \frac{1\,139\,945\,667.14 - 987\,556\,324.34}{987\,556\,324.34} \times 100\% = 15.43\%$$

$$2022\text{ 年总资产增长率} = \frac{1\,497\,344\,634.68 - 1\,139\,945\,667.14}{1\,139\,945\,667.14} \times 100\% = 31.35\%$$

$$2022\text{ 年所有者权益增加额占资产增加额的比重} = \frac{1\,008\,420\,381.85 - 869\,183\,510.08}{1\,497\,344\,634.68 - 1\,139\,945\,667.14} \times 100\% = 38.96\%$$

计算结果表明，该公司的总资产有较大增长，这说明该公司资产增长能力较强，且资产增长来源中所有者权益的增长额在总资产增长额中所占比重也达到了 38.96%，这说明该公司的资产增长来源有了较大程度的改善。

（7）以下对甲电气集团股份有限公司 2021—2022 年的资本积累率、净利润增长率、营业利润增长率、销售（营业）增长率和总资产增长率等进行分析，并判断该公司的整体发展能力。它们的计算结果列于表 8-3。

表 8-3　甲电气集团股份有限公司 2021—2022 年单项增长率一览表　　　　　　%

项 目	2021 年	2022 年
资本积累率	10.19	16.02
净利润增长率	5.35	13.20
营业利润增长率	-0.60	-11.99
销售（营业）增长率	4.08	4.67
总资产增长率	15.43	31.35

从表 8-3 可以看出，甲电气集团股份有限公司 2021—2022 年的资本积累率、净利润增长率、销售（营业）增长率和总资产增长率均为正值，这说明该公司的资产规模一直在扩大，营业收入和净利润一直在增长，所有者权益（或股东权益）也一直在增长，但营业利润出现了负增长。

从发展趋势来看，甲电气集团股份有限公司 2021 年以来的资本积累率、净利润增长率、销售（营业）增长率和总资产增长率均呈上升的趋势，其中净利润增长率和总资产增长率的增幅较大，而营业利润增长率则持续下降，但这种下降趋势是否会持续仍需进一步分析。

首先，比较各种类型增长率的关系。首先看销售（营业）增长率和总资产增长率，不管在 2021 年还是 2022 年，总资产增长率都显著高于销售（营业）增长率，可见销售增长主要依赖于资产投入的增长，这说明这种销售增长不具有效益性。

其次，比较资本积累率与净利润增长率。该公司 2021 年和 2022 年的资本积累率均高于当年的净利润增长率，这说明该公司这两年的净利润增长主要依赖于所有者权益的增长，这不属于好现象。但是，2022 年两者的差异在缩小，应进一步进行分析。

再次，比较净利润增长率和营业利润增长率。可以发现，净利润增长率在急速攀升，而营业利润增长率却在大幅下降，这说明净利润的高增长不是源于营业利润的增长，而是因为非经常性损益的影响导致利润由亏转盈，净利润增长的持续性仍值得关注。

最后，比较营业利润增长率和销售（营业）增长率。可以看到，2021 年和 2022 年的营业利润增长率都低于销售（营业）增长率，这表明该公司成本费用的上升可能超过了营业收入的增长，营业利润的增长存在一定的问题。

通过以上分析，对甲电气集团股份有限公司的发展能力可以得出一个初步的结论，即该公司除了个别方面的增长存在效益性问题以外，在其他方面表现出较好的增长能力。总体而言，该公司具有较强的整体发展能力。

 实验操作

实验一　发展能力纵向分析

【任务描述】

分析拉菲公司发展能力变动趋势。

【任务实施】

（1）观察数据源。

观察"拉菲公司经营数据"库中所包含的企业指标信息数据表：a12 指标数值。

（2）提出问题。

明确分析范围和分析目标为"拉菲公司历年发展能力分析"。发展能力，又称为成长能

微课 29：发展能力分析实验

力，是指企业扩大规模、壮大实力的潜在能力，分析发展能力主要考察收入增长率、资本积累率等指标。

（3）获取数据。

确定数据源，选择"a12 指标数值"。

（4）清洗数据。

① 字段选择：指标类别名称、指标名称、所属期、企业名称、指标数值。

② 过滤条件：企业名称="拉菲首饰有限公司" and 指标类别名称="发展能力"（图 8-2）。

图 8-2　拉菲公司发展能力纵向分析数据清洗

（5）分析数据。

① 制作图形：图形：折线图 3；横轴：所属期；纵轴：指标数值；图例：指标名称。

② 预览图形：直观地观察数据的特征（图 8-3）。

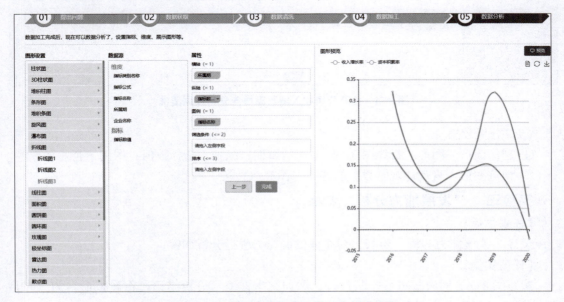

图 8-3　拉菲公司发展能力纵向分析折线图

实验二 收入增长率横向分析

【任务描述】

对比分析拉菲公司与标杆公司（七小福珠宝有限公司）和同行业公司（兰奇里奥实业有限公司）的收入增长率。

【任务实施】

(1) 观察数据源。

观察"拉菲公司经营数据"库中所包含的企业指标信息数据表：a12 指标数值。

(2) 提出问题。

明确分析范围和分析目标为"拉菲公司与同行业其他公司收入增长率对比分析"。收入增长率是反映企业发展能力的重要指标，通过行业内收入增长率对比分析，可以从侧面了解企业的发展潜力。

(3) 获取数据。

确定数据源，选择"a12 指标数值"。

(4) 清洗数据。

① 字段选择：全选。

② 过滤条件：指标名称="收入增长率"（图 8-4）。

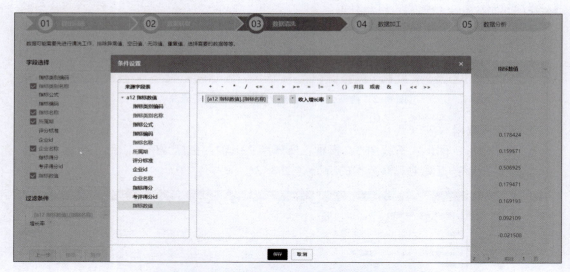

图 8-4 拉菲公司收入增长率横向分析数据清洗

(5) 分析数据。

① 制作图形：图形：折线图 3；横轴：所属期；纵轴：指标数值；图例：企业名称。

② 预览图形：直观地观察数据的特征（图 8-5）。

实验三 "发展能力分析"看板

【任务描述】

设计"发展能力分析"看板，对企业发展能力进行分析洞察。

【任务实施】

参考图 8-6，对看板进行排版设计，添加文本框编写分析结论，将看板命名为"发展能力分析"，保存并提交看板。

项目八 发展能力分析

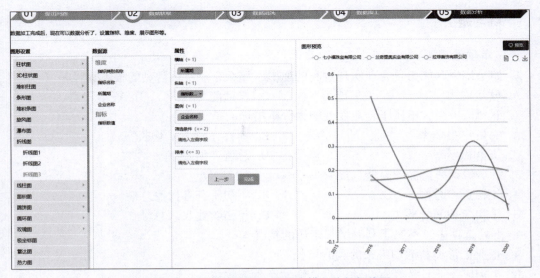

图 8-5 拉菲公司收入增长率横向分析折线图

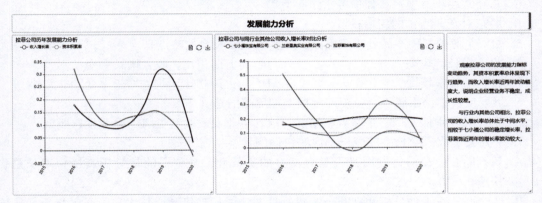

图 8-6 拉菲公司"发展能力分析"看板

项目小结

  企业发展能力通常是指企业未来生产经营活动的发展趋势和发展潜能,也可以称为增长能力。
  企业发展能力分析的内容可分为以下两个部分。
  一是企业单项发展能力分析。企业价值要获得增长,就必须依赖于所有者权益、利润、收入和资产等方面的不断增长。企业单项发展能力分析就是通过计算和分析资本积累率、利润增长率、销售(营业)增长率、总资产增长率等指标,分别衡量企业在所有者权益、利润、收入和资产等方面所具有的发展能力,并对所有者权益、利润、收入和资产等方面的发展趋势进行评估。
  二是企业整体发展能力分析。企业要获得可持续增长,就必须在所有者权益、利润、收入和资产等方面谋求协调发展。企业整体发展能力分析就是通过对资本积累率、利润增长率、销售(营业)增长率、总资产增长率等指标进行相互比较与全面分析综合判断企业的整体发展能力。

练习题

一、单项选择题

1. 如果说生存能力是企业实现盈利的前提，那么企业实现盈利的根本途径是（　　）。
   A. 营运能力　　　B. 发展能力　　　C. 偿债能力　　　D. 资本积累

2. 下列选项中，不属于企业发展能力分析指标的是（　　）。
   A. 总资产报酬率　　　　　　　　　B. 销售（营业）增长率
   C. 资本积累率　　　　　　　　　　D. 总资产增长率

3. 资本积累率指标的高低直接取决于（　　）。
   A. 年初资产总额　　　　　　　　　B. 年初所有者权益总额
   C. 年初净利润总额　　　　　　　　D. 年初营业收入总额

4. 下列选项中，不属于利润增长来源的是（　　）。
   A. 企业正常经营活动带来的利润增长
   B. 不构成企业日常经营活动的投资活动产生的收益
   C. 非经常性收益项目，如债务重组收益等
   D. 股东对企业当年的新增投资

5. 如果企业的某种产品处于成熟期，则其收入增长率的特点是（　　）。
   A. 收入增长率较高　　　　　　　　B. 与上期相比，收入增长率变动不大
   C. 收入增长率较低　　　　　　　　D. 与上期相比，收入增长率变动非常小

6. 下列项目中，不属于企业资产规模增加原因的是（　　）。
   A. 企业对外举债　　B. 企业盈利增加　　C. 企业发放股利　　D. 企业发行股票

7. 下列关于收入增长率的分析，说法错误的是（　　）。
   A. 要判断企业在销售方面是否具有良好的成长性，最重要的是分析其销售增长是否快速
   B. 要全面、正确地分析和判断企业营业收入的增长趋势和增长水平，必须将企业不同时期的收入增长率加以比较和分析
   C. 判断企业收入增长率是否合理，应该将其与企业成本增长率和费用增长率进行对比分析
   D. 判断企业收入增长率是否合理，应该将其与企业应收账款增长率和存货增长率进行对比分析

8. 下列计算资本积累率的公式中，正确的是（　　）。
   A. （本期所有者权益期末余额/所有者权益期初余额）×100%
   B. （本期所有者权益增长额/上期所有者权益期末余额）×100%
   C. （本年所有者权益增长额/上期所有者权益期初余额）×100%
   D. 净资产收益率+股东净投资率

二、多项选择题

1. 下列指标中，可以用于反映企业发展能力的有（　　）。
   A. 净利润增长率　　　　　　　　　B. 股利发放率
   C. 销售（营业）增长率　　　　　　D. 总资产增长率

2. 企业单项发展能力包括（　　）。
   A. 资产发展能力　　B. 收益发展能力　　C. 收入发展能力　　D. 负债发展能力

264

3. 下列不属于增长能力指标的有（　　）。
A. 产权比率　　　B. 资本积累率　　　C. 总资产增长率　　　D. 资本收益率
4. 对于收入增长率，下列表述中正确的有（　　）。
A. 它是评价企业成长状况和发展能力的重要指标
B. 收入增长率不会受到一些偶然的和非正常因素的影响
C. 企业应收账款增长率高于企业收入增长率，表明企业应收账款管理存在问题
D. 收入增长率为正数，则说明企业本期销售规模增长；收入增长率为负数，则说明企业销售规模减小，销售情况较差
5. 一个发展能力强的企业，表现为（　　）。
A. 资产规模不断扩大　　　　　　　B. 营运效率不断提高
C. 股东财富持续增长　　　　　　　D. 盈利能力不断增强
6. 下列表述中正确的有（　　）。
A. 如果企业的营业收入增长，但利润并未增长，那么从长远看，它并没有增加股东权益
B. 如果企业的营业利润增长率高于企业的营业收入增长率，则说明该企业为成长型企业
C. 如果企业的营业利润增长率低于企业的营业收入增长率，则说明该企业盈利能力并不强，营业利润发展潜力受限，此时企业产品进入成熟期或衰退期
D. 应将企业连续多期的净利润增长率和营业利润增长率进行对比分析

三、判断题

1. 与传统财务报表分析从静态角度分析盈利能力、营运能力以及偿债能力不同，发展能力分析是从动态角度分析这三种能力的。（　　）
2. 企业能否持续增长对投资者、经营者至关重要，但对债权人而言相对不重要，因为他们更关心企业的变现能力。（　　）
3. 企业的存货增长率超过了企业的收入增长率，表明企业库存开始积压。（　　）
4. 总资产增长率越高，说明企业的资产规模增长势头越好。（　　）
5. 盈利能力强的企业，其增长能力也强。（　　）
6. 在正常情况下，企业的收入增长率应高于其资产增长率，只有这样才说明企业在销售方面具有良好的效益性。（　　）
7. 评价企业发展能力，只需要对企业单项发展能力进行分析即可。（　　）
8. 对企业股东权益、利润、营业收入和资产等增长能力指标的分析是对企业未来的发展能力的评价，与企业过去无关，因此最重要的是分析增长能力指标的当期实际值。（　　）

四、计算分析题

A 公司 2022 年财务报表的有关资料如表 8-4 所示。

表 8-4　A 公司 2022 年财务报表的有关资料　　　金额单位：万元

资产负债表项目	年末数	年初数
资产总额	23 000	18 980
负债总额	6 500	5 880
所有者权益总额	16 500	13 100
利润表项目		
营业收入	2 400	1 800
营业利润	600	360
净利润	400	240

要求如下。

（1）根据上述资料，计算该公司的销售（营业）增长率、总资产增长率、资本积累率、资本保值增值率、净利润增长率和营业利润增长率。

（2）分析该公司的整体发展能力。

五、案例分析题

【案例资料】引用项目二、项目三、项目四练习题中 ZSJ 地产控股股份有限公司的资产负债表、利润表、现金流量表资料，如表 8-5～表 8-7 所示。

该公司 2021 年年初有关财务资料如下：资产总额为 25 107 163 682.00 元，所有者权益总额为 9 144 744 728.00 元，营业收入总额为 4 111 644 668.00 元，营业利润为 1 327 211 067.00 元，净利润为 1 195 130 888.00 元。

表 8-5 资产负债表

编制单位：ZSJ 地产控股股份有限公司　　2022 年 12 月 31 日　　金额单位：元

资产	期末数	期初数	负债和股东权益	期末数	期初数
流动资产：			流动负债：		
货币资金	9 489 490 935.00	7 389 133 547.00	短期借款	1 372 929 609.00	3 613 956 278.00
交易性金融资产	6 437 479.00	97 331 980.00	交易性金融负债	12 829 413.00	
衍生金融资产			衍生金融负债		
应收票据			应付票据	257 896 108.00	143 287 841.00
应收账款	118 962 896.00	107 177 879.00	应付账款	2 705 521 285.00	1 863 688 472.00
预付款项	8 747 313.00	28 316 856.00	预收款项	9 498 461 291.00	2 731 472 693.00
其他应收款	1 926 509 243.00	778 506 128.00	应付职工薪酬	162 832 982.00	121 900 048.00
存货	30 461 181 900.00	23 869 301 251.00	应交税费	589 859 453.00	270 545 613.00
持有待售资产			其他应付款	5 964 954 292.00	3 204 399 025.00
一年内到期的非流动资产	26 754.00	40 129.00	持有待售负债		
其他流动资产	624 800 651.00	227 596 742.00	一年内到期的非流动负债	1 303 501 721.00	1 180 099 402.00
流动资产合计	42 636 157 171.00	32 497 404 512.00	其他流动负债	1 843 563 001.00	459 072 398.00
非流动资产：			流动负债合计	23 712 349 155.00	14 218 421 770.00
可供出售金融资产	4 898 240.00	1 743 773.00	非流动负债：		
持有至到期投资			长期借款	5 720 303 012.00	6 807 315 907.00
长期应收款	1 062 146 037.00	971 960 034.00	应付债券		
长期股权投资	616 512 618.00	771 232 269.00	长期应付款	46 469 703.00	33 285 411.00
投资性房地产	2 787 842 250.00	2 632 975 770.00	预计负债	108 052 194.00	90 466 298.00
固定资产	299 615 954.00	284 573 922.00	递延收益		
在建工程	19 254 007.00	39 614 982.00	递延所得税负债	731 713.00	34 300.00
生产性生物资产			其他非流动负债	7 218 243.00	7 984 305.00
油气资产			非流动负债合计	5 882 774 865.00	6 939 086 221.00

续表

资产	期末数	期初数	负债和股东权益	期末数	期初数
无形资产	54 121.00	94 212.00	负债合计	29 595 124 020.00	21 157 507 991.00
开发支出			股东权益：		
商誉			股本	1 717 300 503.00	1 717 300 503.00
长期待摊费用	180 194 127.00	196 539 294.00	其他权益工具		
递延所得税资产	290 485 972.00	40 876 227.00	资本公积	8 487 926 904.00	8 548 544 784.00
其他非流动资产			减：库存股		
非流动资产合计	5 261 003 326.00	4 939 610 483.00	其他综合收益		
			盈余公积	1 662 259 085.00	1 269 001 482.00
			未分配利润	6 434 549 985.00	4 744 660 235.00
			股东权益合计	18 302 036 477.00	16 279 507 004.00
资产总计	47 897 160 497.00	37 437 014 995.00	负债和股东权益总计	47 897 160 497.00	37 437 014 995.00

表 8-6　利润表

编制单位：ZSJ 地产控股股份有限公司　　2022 年度　　　　　　　　　　　　金额单位：元

项目	2022 年度	2021 年度
一、营业收入	10 137 701 049.00	3 573 184 200.00
减：营业成本	5 961 738 151.00	2 097 773 113.00
税金及附加	1 623 223 320.00	264 980 117.00
销售费用	285 334 726.00	226 715 702.00
管理费用	208 542 650.00	203 223 524.00
研发费用		
财务费用	−15 356 044.00	30 913 643.00
资产减值损失	484 187.00	407 654 635.00
加：其他收益		
投资收益	304 569 607.00	802 815 289.00
其中：对联营企业和合营企业的投资收益	176 731 790.00	176 812 461.00
公允价值变动收益	−103 663 503.00	145 469 305.00
资产处置收益		
二、营业利润	2 274 640 163.00	1 290 208 060.00
加：营业外收入	29 522 960.00	24 173 367.00
减：营业外支出	30 433 088.00	12 516 456.00
三、利润总额	2 273 730 035.00	1 301 864 971.00
减：所得税	519 264 184.00	209 864 866.00
四、净利润	1 754 465 851.00	1 092 000 105.00
五、每股收益：		
（一）基本每股收益	0.96	0.94
（二）稀释每股收益	0.96	0.94

表 8-7 现金流量表

编制单位：ZSJ 地产控股股份有限公司　　2022 年 12 月 31 日　　　　　　　　　　　　金额单位：元

项目	2022 年	2021 年
一、经营活动产生的现金流量		
销售商品、提供劳务收到的现金	15 926 683 850.00	6 195 335 331.00
收到的税费返还	598 706.00	25 520 015.00
收到其他与经营活动有关的现金	3 542 739 117.00	887 926 560.00
经营活动现金流入小计	19 470 021 673.00	7 108 781 906.00
购买商品、接受劳务支付的现金	8 370 247 406.00	9 374 818 057.00
支付给职工以及为职工支付的现金	561 496 643.00	515 097 597.00
支付的各项税费	1 426 342 512.00	802 008 011.00
支付其他与经营活动有关的现金	2 057 203 779.00	336 701 916.00
经营活动现金流出小计	12 415 290 340.00	11 028 625 581.00
经营活动产生的现金流量净额	7 054 731 333.00	-3 919 843 675.00
二、投资活动产生的现金流量		
收回投资收到的现金	—	40 702 142.00
取得投资收益收到的现金	413 971.00	12 870 616.00
处置固定资产、无形资产和其他长期资产收回的现金净额	251 567.00	2 772 549.00
处置子公司及其他营业单位收到的现金净额	13 304 811.00	681 912 273.00
收到其他与投资活动有关的现金	485 915 710.00	—
投资活动现金流入小计	499 886 059.00	738 257 580.00
购建固定资产、无形资产和其他长期资产支付的现金	75 630 570.00	83 837 658.00
投资支付的现金	870 044 567.00	1 013 522 765.00
取得子公司及其他营业单位支付的现金净额	—	5 252 240.00
支付其他与投资活动有关的现金	—	54 886 338.00
投资活动现金流出小计	945 675 137.00	1 157 499 001.00
投资活动产生的现金流量净额	-445 789 078.00	-419 241 421.00
三、筹资活动产生的现金流量		
吸收投资收到的现金	338 613 350.00	6 444 200 352.00
取得借款收到的现金	5 612 106 753.00	8 943 642 350.00
收到其他与筹资活动有关的现金	—	—
筹资活动现金流入小计	5 950 720 103.00	15 387 842 702.00
偿还债务支付的现金	10 044 491 466.00	6 329 137 678.00
分配股利、利润或偿付利息支付的现金	1 095 366 405.00	894 253 290.00
支付其他与筹资活动有关的现金	—	—

续表

项目	2022 年	2021 年
筹资活动现金流出小计	11 139 857 871.00	7 223 390 968.00
筹资活动产生的现金流量净额	−5 189 137 768.00	8 164 451 734.00
四、汇率变动对现金的影响	−2 200 526.00	−12 294 446.00
五、现金及现金等价物净增加额	1 417 603 961.00	3 813 072 192.00
加：年初现金及现金等价物余额	7 358 057 106.00	3 544 984 914.00
六、期末现金及现金等价物余额	8 775 661 067.00	7 358 057 106.00

要求如下。

（1）计算并填列表 8-8 中的发展能力指标（保留两位小数）。

表 8-8　发展能力指标　　　　　　　　　　　　　　　　　　　　　%

指　标	2021 年		2022 年	
	ZSJ 地产	行业平均值	ZSJ 地产	行业平均值
销售（营业）增长率		16.9		16.4
总资产增长率		13.5		12.5
资本积累率		10.8		9.8
资本保值增值率		105.8		105.5
净利润增长率		20.92		23.76
营业利润增长率		17.3		17.0

（2）结合房地产行业平均值，对 ZSJ 地产控股股份有限公司的发展能力进行分析评价。

项目八习题参考答案

财务综合分析与业绩评价

学习目标

知识目标：
(1) 了解企业财务综合分析的特点与意义。
(2) 掌握杜邦财务分析体系的基本原理和主要指标。
(3) 掌握沃尔评分法的基本原理和分析步骤。

能力目标：
(1) 培养学生能够熟练运用杜邦财务分析体系对企业进行财务综合分析。
(2) 培养学生能够对企业进行综合评价。
(3) 培养学生能够熟练操作大数据平台工具对目标企业财务能力进行综合分析与评价。

素养目标：
(1) 培养学生的大局意识和全局视野。
(2) 培养学生客观公正、实事求是、踏实肯干的工作作风。

任务导入

2014年苹果公司和国际商业机器公司（IBM）建立长期合作关系，作为共同开发企业级iOS应用合作协议的一部分。根据协议，苹果公司将专门为IBM公司提供iPhone和iPad等设备，而IBM公司将为这些设备配上IBM Mobile First应用，然后提供给医疗保健、银行、保险、零售、旅游和运输等行业厂商。2020年，苹果公司的合作阵营中又增加了思科公司，双方携手为企业网络中的iOS产品打造一个"快车道"。苹果公司预计会有更多公司采用原生iOS应用，这将影响专业人士的工作方式，以及他们为客户提供服务的形式。2021年5月，苹果公司宣布与德国SAP公司建立合作，双方共同开发一些应用，以便在苹果手机和平板电脑上运行SAP公司的商业软件。苹果公司与这些企业建立合作关系，目的是销售更多产品，提升自己的业绩表现。

请思考：除了外部合作伙伴，还有哪些内部或者外部因素会影响企业的业绩？

知识学习

第一讲　财务综合分析与业绩评价概述

一、财务综合分析的意义

财务综合分析就是将有关财务指标按其内在联系结合起来，系统、全面、综合地对企业的财务状况和经营成果进行剖析、解释和评价，从而说明企业总体运行中存在的问题，以及企业在市场竞争中具有的优势，为相应的后续投资与经营决策提供可利用的财务支持，这也是财务综合分析的最终目的。

每个企业的财务指标都有很多，而每个单项财务指标本身只能说明问题的某一方面，且不同财务指标之间可能有一定的矛盾或不协调性。例如，偿债能力很强的企业，其盈利能力可能很弱；偿债能力很强的企业，其营运能力可能较弱。因此，只有将一系列财务指标有机地联系起来，作为一套完整的体系，相互配合，对其进行系统的评价，才能对企业经济活动的总体变化规律做出本质的描述，才能对企业的财务状况和经营成果得出总括性的结论。财务综合分析的意义也正在于此。

二、财务综合分析的特点

财务综合分析是相对于财务报表整体分析而言的。与财务单项分析相比，财务综合分析具有以下特点。

（一）整体性和系统性

财务单项分析通常把企业财务活动的总体分解为各具体部分，认识每个具体的财务现象可以对财务状况和经营成果的某一方面做出判断和评价；财务综合分析则是通过把个别财务现象在财务活动的总体上进行归纳综合后，着重从整体概括财务活动的本质特征。因此，单项分析具有实务性和实证性，是财务综合分析的基础；财务综合分析是对财务单项分析的抽象和概括，具有高度的抽象性和概括性，如果不把具体的问题提高到理性高度去认识，就难以对企业的财务状况和经营业绩做出全面、完整和综合的评价。因此，财务综合分析要以各财务单项分析指标及其要素为基础，要求各财务单项指标要素及计算的各财务单项指标一定要真实、全面和适当，所设置的评价指标必须能够满足企业盈利能力、偿债能力和营运能力等方面总体分析的要求。只有把单项分析和财务综合分析结合起来，才能提高财务分析的质量。

（二）主辅关系分明

财务单项分析的重点和比较基准是财务计划、财务理论标准，而财务综合分析的重点和基准是企业整体发展趋势。因此，财务单项分析把每个指标放在同等重要的地位来处理，它难以考虑各种指标之间的相互关系，而财务综合分析强调各种指标有主辅之分，一定要抓住主要指标。只有抓住主要指标，才能抓住影响企业财务状况的主要矛盾。只有在主要指标分析的基础上对其辅助指标进行分析，才能分析透彻、把握准确。各主辅指标功能应相互协调匹配，财务分析人员在利用主辅指标时，还应特别注意主辅指标间的本质联系和层次关系。

（三）分析目的明确

财务单项分析的目的是有针对性的，侧重于找出企业财务状况和经营成果某一方面存在的问题，并提出改进措施；财务综合分析的目的是全面评价企业的财务状况和经营成果，并提出具有全局性的改进意见。显然，只有通过财务综合分析获得的信息才是最系统、最完整的，财务单项分析仅涉及一个领域或一个方面，往往达不到这样的目的。

三、财务综合分析的方法

自沃尔创建综合系数分析法以来，财务评价问题一直是国外财务学界研究的热点，出现了诸多财务综合评价方法，如杜邦分析法、平衡计分卡、经济增加值、供应链绩效量和雷达图分析法等，并运用于我国众多企业。

我国在这方面的研究较晚，近年来理论界和实务界也研究出了适合我国国情的企业绩效评价指标体系，并在实践中逐步完善。只有将企业偿债能力、获利能力和营运能力等各项指标联系起来，相互配合使用，才能从整体上把握企业的财务状况和经营状况，从而对企业做出综合评价。

财务综合分析的方法有很多，这里主要介绍杜邦财务分析体系、沃尔评分法以及企业综合绩效评价。

第二讲　杜邦财务分析体系

微课 30：财务综合分析

一、杜邦财务分析体系的基本原理

杜邦财务分析体系是利用相关的财务比率的内在联系构建的一个综合的指标体系，用于考察企业的整体财务状况和经营成果。由于这种分析体系由美国杜邦公司在 20 世纪率先采用，故称杜邦财务分析体系。

杜邦财务分析体系的核心指标是净资产收益率，这是评价盈利能力最有效的指标。杜邦财务分析体系根据企业相关财务数据的特性，以净资产收益率为核心，对指标进行层层分解，将净资产收益率首先分解为总资产净利润率和权益乘数；然后根据总资产净利润率的特点，将其分解为销售净利润率和总资产周转率；最后将每个指标分解到基本的财务数据中，以揭示企业的盈利能力、营运能力以及偿债能力。因此，运用杜邦财务分析体系能够评价企业整体的经营活动情况，使企业在发展中出现异常情况时能够及时发现其影响因素以便进行改进。

权益的游戏：杜邦财务分析体系还原泰禾真实负债水平

由于净资产收益率是综合性最强的指标，企业财务活动的方方面面都会最终影响净资产收益率，所以杜邦财务分析体系能够分析企业经营活动的各个方面，对企业财务状况做出全面、综合的评价。

二、杜邦财务分析体系的主要指标

（一）杜邦财务分析体系的核心比率

净资产收益率是杜邦财务分析体系的核心比率，它具有较强的综合性。

其中几项主要财务指标的关系如下：

$$净资产收益率 = \frac{净利润}{平均净资产} = \frac{净利润}{总资产平均余额} \times \frac{总资产平均余额}{平均净资产}$$
$$= 总资产净利率 \times 权益乘数$$

而

$$总资产净利润率 = \frac{净利润}{总资产平均余额} = \frac{净利润}{营业收入} \times \frac{营业收入}{总资产平均余额}$$
$$= 营业净利润率 \times 总资产周转率$$

即

$$净资产收益率 = 营业净利润率 \times 总资产周转率 \times 权益乘数$$
$$= \frac{净利润}{营业收入} \times \frac{营业收入}{总资产平均余额} \times \frac{总资产平均余额}{平均净资产}$$

从上述公式可以看到，无论提高哪个比率，净资产收益率都会提高。其中，"营业净利润率"是利润表的概括，净利润与营业收入两者相除可以概括全部经营成果；"权益乘数"是资产负债表的概括，表明资产、负债和股东权益的比例关系，可以反映最基本的财务状况；"总资产周转率"把利润表和资产负债表联系起来，使权益净利率可以综合整个企业经营活动和财务活动业绩。

（二）杜邦财务分析体系图

杜邦财务分析体系主要反映了以下几种主要的财务比率关系。

（1）净资产收益率。净资产收益率是综合性最强的财务比率，是杜邦财务分析体系的核心。它反映了所有者投入资本的获利能力，同时反映企业的筹资、投资、资产运营等活动的效率。它的高低取决于总资产收益率和权益乘数的水平。决定净资产收益率高低的因素有三个方面，即营业净利润率、总资产周转率和权益乘数。这三个指标分别反映了企业盈利能力、资产管理水平和负债比率。

（2）总资产净利润率。资产净利润率是反映企业获利能力的一个重要的财务比率，它揭示了企业生产经营活动的效率，综合性也极强。它是营业净利润率与总资产周转率的乘积。因此，财务分析人员要进一步从销售成果和资产营运两个方面来分析。影响总资产净利润率的因素主要有产品的价格、单位成本、产量和销售量、资金占用量等，可以利用它来分析经营中存在的问题，提高营业净利润率，加速资金周转。

（3）营业净利润率。营业净利润率反映企业净利润与营业收入的关系。提高该指标的途径有扩大销售收入、降低成本费用。扩大销售收入有利于提高营业净利润率与总资产周转率；降低成本费用是提高营业净利润率的重要因素，从杜邦财务分析体系图可以看出企业成本费用的结构是否合理，并从中找到降低成本费用的途径和控制成本费用的具体方法。提高营业净利润率是提高企业盈利能力的关键，企业应通过获得产品优势、市场细分等抢占市场份额，还应采用先进的方法严格控制变动成本。

（4）总资产周转率。总资产周转率揭示的是企业对资产的利用效率。它反映了企业资产占有与营业收入的关系，揭示出企业资产实现营业收入的综合能力。资产周转越快，说明企业营运能力越强，资产利用效率越高。为了使总资产周转率达到合理水平，就要保持流动资产和长期资产的结构合理。分析企业的资产结构是否合理，即流动资产与非流动资产的比例是否合理。它们之间的结构合理与否将直接影响资产周转速度。一般而言，流动资产直接体现了企业的偿债能力和变现能力，非流动资产体现了企业的经营规模与发展潜力，两者之间要有一个合理的比例关系。分析流动资产利用效率时，应重点关注货币资金的使用情况、存货是否合理、应收账款的回收情况；关注固定资产是否被充分利用是分析非流动资产利用效率的关键。

（5）权益乘数。负债比率越高，权益乘数越高，说明企业有较高的负债程度，给企业带来较多的财务杠杆效益，同时也给企业带来了风险。在资产总额一定的情况下，企业适当开展负债经营，可以减少所有者权益资金的份额，从而提高净资产收益率。

杜邦财务分析体系图如图9-1所示。

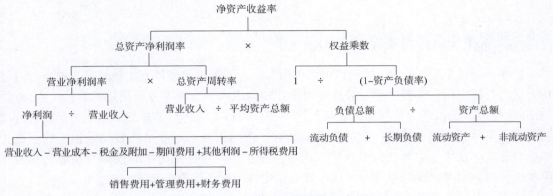

图9-1 杜邦财务分析体系图

总之，从杜邦财务分析体系图可以看出，企业的获利能力涉及生产经营活动的方方面面。净资产收益率与企业的筹资结构、销售规模、成本水平、资产管理等因素密切相关，这些因素构成了一个完整的系统，系统内部各因素之间相互作用。只有协调好系统内部各因素之间的关系，才能使净资产收益率得到提高，从而实现股东财富最大化的企业目标。

（三）杜邦财务分析体系的局限性

杜邦财务分析体系虽然被广泛运用，但也有一定的局限性。从企业绩效评价的角度来看，杜邦财务分析体系只包括财务方面的信息，不能全面反映企业的实力，在实际运用中必须结合企业的其他信息加以分析。

（1）企业对从股东处筹集来的资本必须承担相应的资本成本，即企业可以从现有资产获得符合投资人期望的最低收益率。如果企业在经营过程中仅以净利润作为衡量股东财富的标准，而忽视资本成本的存在，就会导致企业为追求短期利润而盲目投资，给企业的长期发展带来不利影响。企业如果过分重视短期财务结果，则会忽略长期的价值创造。

（2）杜邦财务分析体系只分析了企业的盈利能力、营运能力和偿债能力，缺乏对企业的发展能力和资产增值能力的分析。特别是对某些新兴行业，在现代市场经济日益重视可持续发展能力的环境下，只分析盈利能力、营运能力和偿债能力是远远不够的。原有体系揭示的只有企业的收益情况，并没有体现这些收益是否使企业的资产价值有所增长。因此，企业很可能虽然拥有正的利润，但是股东的利益却受到损害。于是，企业越来越关注其可持续发展能力。杜邦财务分析体系几乎没有涉及评价企业的可持续发展能力的项目。

（3）杜邦财务分析体系没有考虑现金流量数据，仅分析了企业的利润表和资产负债表。但是，现金流量所能提供的财务信息比利润指标可靠，因此现金流量成为财务分析人员，尤其是房地产行业财务分析人员判断企业财务状况的重要依据。通过深入剖析企业的现金流量信息，可以评价企业获得现金的能力以及资产的经营效率。杜邦财务分析体系没有考虑企业的现金流量，因此不能对企业的财务状况进行全面、准确的分析。

（4）在激烈的市场竞争中，企业的经营风险是不可避免的，而经营风险还可能引起财务风险，严重时将导致企业破产。但是，杜邦财务分析体系中没有用来反映企业经营风险的指标，缺乏对经营风险的分析，不能对企业所面临的风险进行预警。

第三讲　沃尔评分法

一、沃尔评分法的基本原理

沃尔评分法最早是在 20 世纪初由亚历山大·沃尔提出的，该方法是其在对财务综合评价方法进行研究时，选择 7 项财务比率对企业的信用水平进行评分所使用的方法。在 20 世纪 20 年代末，沃尔在《信用晴雨表研究》一书中对该方法进行了详细的阐述。沃尔评分法首先赋予某些关键财务比率一定的权重；其次，依据相应的行业平均数确定相应的标准比率，并将实际比率与之相比，得到相对比率；最后，将各财务比率的权重与相应的相对比率相乘，得到财务状况的总评分。沃尔评分法也称为财务比率综合评分法。

沃尔评分法使用的指标有 7 个，包括流动比率、产权比率、固定资产比率、存货周转率、应收账款周转率、固定资产周转率、自有资金周转率。其权重分别为 25%、25%、15%、10%、10%、10%、5%，将这些权重乘以相应的相对比率，就能得出企业信用总评分。

财务比率反映了企业财务报表各项目之间的对比关系，以此揭示企业的财务状况。但是，一项财务比率只能反映企业某一方面的财务状况。为了进行综合财务分析，可以编制财务比率汇总表，将反映企业财务状况的各类财务比率集中在一张表中，使其能够一目了然地反映企业各方面的财务状况。并且，在编制财务比率汇总表时，可以结合比较分析法，将企业财务状况的综合分析与比较分析结合。

沃尔评分法在实际运用中也有不足之处。首先，尽管所选择的 7 个指标能说明有关企业信用能力的各个方面，但这 7 个指标是相互关联的，它们所揭示的信息有很多重叠的部分，并且沃尔评分法没有从理论上说明一定要选择上述 7 个指标的原因，也没有说明一定要按照上述权重对这 7 个指标赋予权重的原因。其次，如果其中某个指标值偏离正常值的程度很高，则综合得分会受到重大影响。因此，综上所述，沃尔评分法虽然是一种很好的财务综合分析方法，但是它没有系统地整合各财务指标，没有综合分析企业的营运、盈利、偿债、发展等情况，即没有系统、整体地评价企业的经营管理状况。

二、沃尔评分法的分析步骤

根据我国相关政策，采用沃尔评分法进行企业财务综合分析，一般要遵循如下步骤。

第一步，选定评价企业财务状况的财务比率。所选择的财务比率一要具有全面性，能够反映企业的偿债能力、营运能力和盈利能力的三大类财务比率都应当包括在内；二要具有代表性；三要具有变化方向的一致性，即当财务比率提高时财务状况改善，财务比率降

项目九　财务综合分析与业绩评价

低时财务状况恶化。

财政部在 1995 年采用新的企业经济效益评价指标体系,并提出了十大指标体系。其中,销售净利润率、总资产收益率、投资收益率、资本保值增值率 4 项为盈利能力指标,资产负债率、流动比率或速动比率为偿债能力指标,应收账款周转率、存货周转率为营运能力指标,社会贡献率和社会积累率为社会贡献指标。

第二步,根据各财务比率的重要程度,确定其标准评分值,即重要性系数。各财务比率的标准评分值之和为 100 分。一般来说,财务分析人员应根据企业经营活动的性质、企业的生产经营规模、市场形象和财务分析人员的分析目的等因素来确定各财务比率的重要程度。

第三步,确定各财务比率的标准值。财务比率的标准值是指财务比率在本企业现时条件下最理想的数值,即最优值。财务比率的标准值通常可以参照同行业其他企业的平均水平经过调整后确定。

第四步,计算企业在一定时期内各财务比率的实际值。

第五步,计算各财务比率实际值与标准值的比率,即关系比率。关系比率等于财务比率的实际值除以标准值。

第六步,计算各财务比率的综合系数。各财务比率的综合系数是关系比率和标准值的乘积,所有财务比率实际得分的合计数就是企业财务状况的综合得分。企业财务状况的综合得分反映了企业综合财务状况是否良好。如果综合得分等于或接近 100 分,则说明企业的财务状况是良好的,达到了预先确定的标准;如果综合得分大大低于 100 分,就说明企业的财务状况较差,应当采取适当的措施加以改善;如果综合得分高于 100 分,就说明企业的财务状况很理想。

案例演练

【案例演练(一)】

根据 M 公司相关数据计算杜邦财务分析体系相关指标,如表 9-1 所示。

表 9-1　M 公司杜邦财务分析体系相关指标计算表

项目	2022 年	2021 年
营业收入/元	9 449 455.91	9 086 249.65
净利润/元	570 183.42	689 282.03
净资产平均余额/元	7 191 663.12	6 781 782.97
总资产平均余额/元	24 890 466.61	23 458 949.81
净资产收益率/%	7.93	10.16
总资产净利润率/%	2.29	2.94
总资产周转率/%	38	39
营业净利润率/%	6.03	7.59
权益乘数	3.461	3.459

277

根据表 9-1 绘制 M 公司 2022 年杜邦财务分析体系图，如图 9-2 所示。

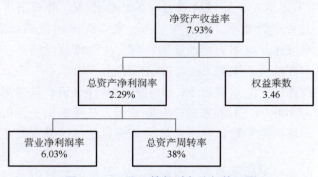

图 9-2　M 公司杜邦财务分析体系图

净资产收益率的总差异＝2022 年净资产收益率－2021 年净资产收益率＝－2.23%

根据公式和表 9-1 中的数据，用连环替代法分析关键指标对总差异的影响（以 2021 年数据为基期，以 2022 年数据为报告期）。

净资产收益率＝营业净利润率×总资产周转率×权益乘数

（1）营业净利润率的影响。其计算公式如下：

营业净利润率的影响＝（报告期的营业净利率－基期的营业净利率）×

基期总资产周转率×基期的权益乘数

＝（6.03%－7.59%）×0.39×3.46

≈－2.08%

（2）总资产周转率的影响。其计算公式如下：

总资产周转率的影响＝报告期的营业净利润率×（报告期的总资产周转率－

基期的总资产周转率）×基期的权益乘数

＝6.03%×（0.38－0.39）×3.46

≈－0.15%

（3）权益乘数的影响。其计算公式如下：

权益乘数的影响＝报告期的营业净利润率×报告期的总资产周转率×

（报告期权益乘数－基期的权益乘数）

＝6.03%×0.38×（3.461－3.459）

≈0

净资产收益率的总差异＝营业净利润率的影响＋总资产周转率的影响＋权益乘数的影响

＝－2.08%＋（－0.15%）＋0

＝－2.23%

初步分析如下。

第一，可以看出 M 公司 2022 年净资产收益率下降 2.23%，这主要是营业净利润率下降 2.08% 引起的，总资产周转率也下降了 0.15%，而权益乘数的上升微乎其微，可以忽略不计。

第二，2022 年 M 公司营业收入增长，但是营业净利润率却下降，其主要是净利润减少所致，而对于净利润的减少还需要进一步分析非经营性损益和成本费用中的问题。

第三，综上分析，在企业资本结构均无大幅调整的情况下，M 公司需要提高净资产收益率，应控制总的成本费用，同时加速资产周转。

【案例演练（二）】

本案例以东方公司为分析背景，通过杜邦财务分析体系，利益相关者对该公司的财务状况进行系统的分析。截至本年 12 月 31 日，东方公司的总资产接近 1 亿元。东方公司准备在 A 股上市融资，并披露了招股说明书。利益相关者主要通过东方公司所公布的招股说明书的相关数据对其财务状况进行分析。东方公司本年成长性良好，财务稳健。前年、上年各项盈利指标均为正数，这说明东方公司一直保持相对较好的盈利发展模式。上年到本年，东方公司的净利润、总资产、股东权益有所增长，呈现上升的变化趋势。通过对东方公司近三年的财务数据进行计算，财务分析人员能够准确地得到其资产负债率、权益乘数等财务指标结果。在采用杜邦财务分析体系进行分析以前，需要对财务报表中的数据进行筛选，选取杜邦财务分析体系中需要的数据，如资产总额、负债总额、所有者权益、净利润等。通过对相关财务指标进行计算，得出表 9-2 和表 9-3 所示的财务指标数据。

表 9-2 近三年东方公司基本财务数据　　　　　　　　　　　金额单位：元

项目	前年	上年	本年
资产总额	75 136 800	86 193 500	95 255 800
净利润	11 542 300	12 002 400	12 597 900
销售收入	45 210 300	48 523 100	52 799 900
负债总额	24 373 400	28 453 200	30 213 900
全部成本	122 996 600	139 053 500	151 067 700
所有者权益	50 763 400	57 740 300	65 041 900

表 9-3 近三年东方公司杜邦财务分析体系数据

项目	前年	上年	本年
资产负债率/%	32.44	33.01	31.72
权益乘数	1.48	1.49	1.46
销售净利率/%	25.53	24.74	23.86
资产净利率/%	15.36	13.92	13.23
净资产收益率/%	22.73	20.74	19.32
总资产周转率/%	60.17	56.30	55.43

1. 对净资产收益率的分析

从表 9-2 和表 9-3 可以看出，东方公司净资产收益率呈逐年递减的趋势，为了更好地了解这一递减趋势产生的原因，需要对净资产收益率进行分解。

东方公司净资产收益率＝权益乘数×资产净利润率

前年：22.73%＝1.48×15.36%

上年：20.74%＝1.49×13.92%

本年：19.32%＝1.46×13.23%

通过分解可以看出，东方公司净资产收益率的变动是资本结构（权益乘数）变动和资产利用效率（资产净利润率）变动两个方面共同作用的结果。从资产净利润率来看，其近三年呈逐渐下降的趋势，这说明东方公司的经营效率较低，应该加强对资产的管理，提高资产的利用效率。

2. 对权益乘数的分析

东方公司权益乘数＝总资产÷所有者权益

前年：1.48＝75 136 800÷50 763 400

上年：1.49＝86 193 500÷57 740 300

本年：1.46＝95 255 800÷65 041 900

从基本财务数据可以看出，东方公司资产的增长幅度和所有者权益的增长幅度是逐年降低的，但是资产的减少比所有者权益的减少要多，所有者权益的变动相对平稳。这说明东方公司对股权资本的运用比对资产的运用效率高。因此，权益乘数的减少是资产总额的减少和所有者权益的减少共同作用的结果。再将其与资产负债率结合比较，说明东方公司负债是很低的，承担的风险也相对比较低。

3. 对资产净利润率的分析

东方公司资产净利润率＝销售净利润率×总资产周转率

前年：15.36%＝25.53%×60.17%

上年：13.92%＝24.74%×56.30%

本年：13.23%＝23.86%×55.43%

通过分解可以看出，东方公司近三年的总资产周转率有所提高，说明资产的利用得到了比较好的控制，表明东方公司利用总资产创造销售收入的效率在提高。虽然总资产周转率有所提高，但销售净利润率的降低阻碍了资产净利润率的提高。

4. 销售净利润率的分析

东方公司销售净利润率＝净利润÷销售收入

前年：25.53%＝11 542 300÷45 210 300

上年：24.74%＝12 002 400÷48 523 100

本年：23.86%＝12 597 900÷52 799 900

东方公司本年大幅提高了销售收入，但是净利润的增长幅度却很低，分析其原因是成本费用增多，从数据可知，全部成本从前年的 122 996 600 元增加到本年的 151 067 700 元，比销售收入的增长幅度略高。

通过对杜邦财务分析体系的各项目进行层层分解及分析，可以看出导致净资产收益率降低的主要原因是全部成本过高，也正是因为全部成本的大幅提高导致了净利润增长幅度不高。从销售净利润率来看，逐年降低的销售净利润率显示东方公司销售盈利能力减弱。虽然东方公司的销售收入大幅增长，但主要是业务收入的增长带来的销售收入的增长，因此最终仍导致销售净利润率降低。目前来看东方公司的盈利能力仍然处于增强的趋势，但面对市场竞争的瞬息万变，东方公司应该及时加强对成本的控制管理，加快总资产周转，避免净资产收益率呈现下滑的趋势。

【案例演练（三）】

下面采用沃尔评分法，对 A 公司本年财务比率进行综合评分，如表 9-4 所示。

表 9-4　A 公司本年财务比率综合评分

财务比率	评分值 （1）	标准值 （3）/%	实际值 （4）/%	关系比率 （5）=（4）/（3）	综合系数 （6）=（1）×（5）
销售净利率	15	10	12	1.2	18
总资产收益率	15	15	18	1.2	18
投资收益率	15	14	15	1.07	16.05

续表

财务比率	评分值 (1)	标准值 (3)/%	实际值 (4)/%	关系比率 (5)=(4)/(3)	综合系数 (6)=(1)×(5)
资本保值增值率	10	9	10	1.11	11.11
资产负债率	5	50	30	0.6	3
流动比率	5	2.5	3	1.2	6
应收账款周转率	5	5	4	0.8	4
存货周转率	5	3	2	0.67	3.35
社会贡献率	10	25	20	0.8	8
社会积累率	15	30	20	0.67	10.05
综合得分	100				97.56

A公司财务状况的综合得分为97.56分，接近100分，这说明A公司的财务状况整体水平接近行业水平，但有待进一步提高。观察各财务比率的评分值，发现其数值大小相差并不大，最终导致综合得分较低的原因是A公司偿债能力和营运能力相关指标的实际值较低。

【案例演练（四）】

任务资料：已知某公司本年财务报表的有关资料如表9-5所示。

表9-5 某公司本年财务报表的有关资料   金额单位：万元

资产负债表项目	年初数	年末数
资产	8 000	10 000
负债	4 500	6 000
所有者权益	3 500	4 000
利润表项目	上年数	本年数
销售收入净额	（略）	20 000
净利润	（略）	500

任务目标：根据上述资料，计算杜邦财务分析体系中的净资产收益率、总资产净利润率、销售净利润率、总资产周转率和权益乘数，用文字列出净资产收益率和其他指标的关系式，并加以验证。

具体任务实施过程如下。

(1) 净资产收益率=500/(3 500+4 000)÷2×100%=13.33%。

(2) 总资产净利润率=500/(8 000+10 000)÷2×100%=5.56%。

(3) 销售净利润率=500/20 000×100%=2.5%。

(4) 总资产周转率=20 000/(8 000+10 000)÷2=2.222(次)。

(5) 权益乘数=(10 000+8 000)÷2/(3 500+4 000)÷2=2.4。

净资产收益率=销售净利润率×总资产周转率×权益乘数
　　　　　　=2.5%×2.222×2.4=13.33%

或

净资产收益率=总资产净利润率×权益乘数
　　　　　　=5.56%×2.4=13.33%

实验操作

【任务描述】

通过发展能力、盈利能力、盈利质量、营运能力、风险管理能力五个方面的指标得分，对比分析2020年拉菲公司和七小福珠宝有限公司的财务综合表现。

【任务实施】

（1）观察数据源。

观察"拉菲公司经营数据"库中所包含的企业指标信息数据表：a12 指标数值。

（2）提出问题。

明确分析范围和分析目标为"拉菲公司与七小福珠宝有限公司2020年财务综合表现对比分析"。通过与对标企业进行财务能力指标综合对比，可以找出差距，发现本企业存在的问题，进而采取措施加以改善。

（3）获取数据。

确定数据源，选择"a12 指标数值"。

（4）清洗数据。

① 字段选择：指标类别名称、所属期、评分标准、企业名称、指标得分。

② 过滤条件：（企业名称="拉菲首饰有限公司" or 企业名称="七小福珠宝有限公司"）and 所属期=2020（图 9-3）。

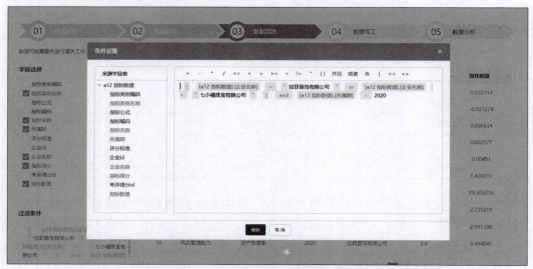

图 9-3 拉菲公司与七小福珠宝有限公司财务综合分析数据清洗

（5）加工数据。

① 数据合并：无。

② 自定义列：拉菲公司指标得分率=if(企业名称="拉菲首饰有限公司",指标得分/评分标准,0),七小福公司指标得分率=if(企业名称="七小福珠宝有限公司",指标得分/评分标准,0)（图 9-4、图 9-5）。

（6）分析数据。

① 制作图形：图形：雷达图；分类：指标类别名称；值：拉菲公司指标得分率、七小福公司指标得分率。

② 预览图形：直观地观察数据的特征（图 9-6）。

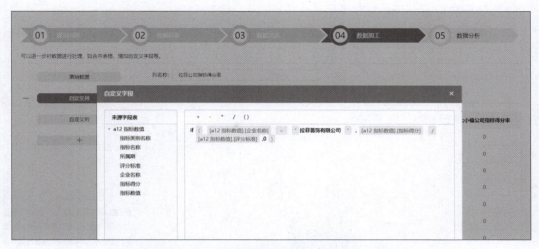

图 9-4　新增"拉菲公司指标得分率"自定义列

图 9-5　新增"七小福公司指标得分率"自定义列

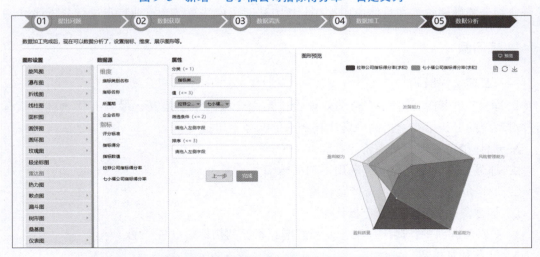

图 9-6　拉菲公司与七小福珠宝有限公司财务综合分析雷达图

283

（7）分析看板。

设计看板，对企业财务综合表现进行分析洞察。参考图9-7，对看板进行排版设计，添加文本框编写分析结论，将看板命名为"财务综合分析"，保存并提交看板。

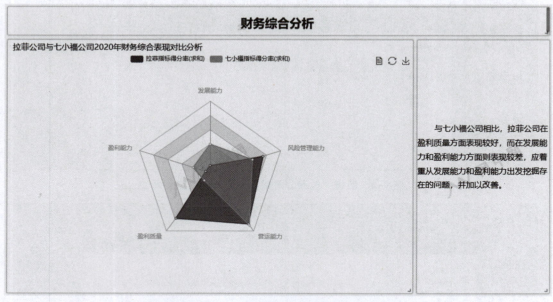

图9-7　拉菲公司与七小福珠宝有限公司"财务综合分析"看板

 项目小结

财务综合分析是财务单项分析的深化。为了全面地评价企业的财务状况和经营成果，必须将企业偿债能力、资产营运能力和获利能力等指标的分析纳入一个有机的分析系统，对财务报表进行综合分析，以便财务报表使用者对企业进行全面、综合的了解和评价。本项目主要介绍了财务综合分析的各种方法，包括常用的杜邦财务分析体系、沃尔评分法以及企业综合绩效评价，在具体应用这些分析方法时，应注意结合行业特点进行分析评价。

 练习题

一、单项选择题

1. 净资产报酬率在企业综合绩效评价中是综合收入水平最高、最具有代表性的指标，通过对系统的分析可知，提高净资产报酬率的途径不包括（　　）。

　　A. 加强销售管理，提高营业利润

　　B. 加强资产管理，提高其利用率和周转率

　　C. 加强负债管理，降低资产负债率

　　D. 加强负债管理，提高产权比率

2. 下列各选项中，属于反映企业经营增长状况的指标是（　　）。

　　A. 已获利息倍数　　　　　　　　B. 技术投入比率

　　C. 利润现金保障倍数　　　　　　D. 资本收益率

3. 下列各选项中，可能导致企业资产负债率变化的经济业务是（　　）。
A. 收回应收账款　　　　　　　　B. 用现金购买债券
C. 接受所有者投资转入的固定资产　D. 从银行提取现金

二、多项选择题

1. 下列分析方法中，属于财务综合分析方法的有（　　）。
A. 因素分析法　　B. 沃尔评分法　　C. 杜邦分析法　　D. 雷达图分析法
2. 影响净资产收益率的因素有（　　）。
A. 营业净利率　　　　　　　　　B. 资产负债率
C. 流动负债与长期负债的比率　　D. 总资产周转率
3. 下列各选项中，可能直接影响企业净资产收益率指标的措施有（　　）。
A. 提高营业净利润率　　　　　　B. 提高资产负债率
C. 提高总资产周转率　　　　　　D. 提高流动比率
4. 如果某公司的资产负债率为60%，则可以推算（　　）。
A. 全部负债占资产的比重为60%
B. 产权比率为1.5
C. 所有者权益占资金来源的比重低于50%
D. 在资金来源构成中，负债占60%，所有者权益占40%

三、判断题

1. 在其他条件不变的情况下，权益乘数越高，则财务杠杆系数越高。（　　）
2. 杜邦财务分析体系的最核心指标是净资产报酬率。（　　）
3. 沃尔评分法为综合评价企业的财务状况提供了一种非常重要的思路，但它在理论上存在一定缺陷。（　　）
4. 若产权比率为3/4，则权益乘数为3/4。（　　）
5. 在总资产利润不变的情况下，资产负债率越高，净资产报酬率越低。（　　）

四、计算分析题

1. 某企业2022年12月31日资产负债表（简表）如表9-6所示。

表9-6　某企业2022年12月31日资产负债表（简表）　　金额单位：万元

资产	年末数	负债及所有者权益	年末数
流动资产：		流动负债合计	300
货币资金	90	非流动负债合计	400
应收账款净额	180	负债合计	700
存货	360	所有者权益合计	700
流动资产合计	630		
非流动资产合计	770		
总计	1 400	总计	1 400

该企业2022年度营业收入为840万元，税后净利润为117.6万元。已知该企业2021年销售净利润率为16%，总资产周转率为0.5次，权益乘数为2.2，净资产收益率为17.6%。

要求如下。

（1）计算该企业2022年的销售净利润率、总资产周转率、权益乘数和净资产收益率。

（2）利用因素分析法分析销售净利润率、总资产周转率和权益乘数变动对净资产收益率的影响（涉及资产负债表的数据均采用期末数）。

2. 某公司净资产收益率指标资料如表9-7所示。

表9-7 某公司净资产收益率指标资料　　　　　　　　　金额单位：万元

项目	2020年	2021年
平均总资产	46 780	49 120
平均净资产	25 729	25 051
营业收入	37 424	40 278
净利润	3 473	3 557

要求：根据上述资料，按照杜邦财务分析体系对净资产收益率变动原因进行分析。

五、案例分析题

【案例资料】引用项目二、项目三、项目四练习题中ZSJ地产控股股份有限公司的资产负债表、利润表、现金流量表资料，如表9-8~表9-10所示。

表9-8 资产负债表

编制单位：ZSJ地产控股股份有限公司　　　2022年12月31日　　　　　　　　金额单位：元

资产	期末数	期初数	负债和股东权益	期末数	期初数
流动资产：			流动负债：		
货币资金	9 489 490 935.00	7 389 133 547.00	短期借款	1 372 929 609.00	3 613 956 278.00
交易性金融资产	6 437 479.00	97 331 980.00	交易性金融负债	12 829 413.00	
衍生金融资产			衍生金融负债		
应收票据			应付票据	257 896 108.00	143 287 841.00
应收账款	118 962 896.00	107 177 879.00	应付账款	2 705 521 285.00	1 863 688 472.00
预付款项	8 747 313.00	28 316 856.00	预收款项	9 498 461 291.00	2 731 472 693.00
其他应收款	1 926 509 243.00	778 506 128.00	应付职工薪酬	162 832 982.00	121 900 048.00
存货	30 461 181 900.00	23 869 301 251.00	应交税费	589 859 453.00	270 545 613.00
持有待售资产			其他应付款	5 964 954 292.00	3 204 399 025.00
一年内到期的非流动资产	26 754.00	40 129.00	持有待售负债		
其他流动资产	624 800 651.00	227 596 742.00	一年内到期的非流动负债	1 303 501 721.00	1 180 099 402.00
流动资产合计	42 636 157 171.00	32 497 404 512.00	其他流动负债	1 843 563 001.00	459 072 398.00
非流动资产：			流动负债合计	23 712 349 155.00	14 218 421 770.00
可供出售金融资产	4 898 240.00	1 743 773.00	非流动负债：		
持有至到期投资			长期借款	5 720 303 012.00	6 807 315 907.00
长期应收款	1 062 146 037.00	971 960 034.00	应付债券		
长期股权投资	616 512 618.00	771 232 269.00	长期应付款	46 469 703.00	33 285 411.00
投资性房地产	2 787 842 250.00	2 632 975 770.00	预计负债	108 052 194.00	90 466 298.00
固定资产	299 615 954.00	284 573 922.00	递延收益		
在建工程	19 254 007.00	39 614 982.00	递延所得税负债	731 713.00	34 300.00

续表

资产	期末数	期初数	负债和股东权益	期末数	期初数
生产性生物资产			其他非流动负债	7 218 243.00	7 984 305.00
油气资产			非流动负债合计	5 882 774 865.00	6 939 086 221.00
无形资产	54 121.00	94 212.00	负债合计	29 595 124 020.00	21 157 507 991.00
开发支出			股东权益：		
商誉			股本	1 717 300 503.00	1 717 300 503.00
长期待摊费用	180 194 127.00	196 539 294.00	其他权益工具		
递延所得税资产	290 485 972.00	40 876 227.00	资本公积	8 487 926 904.00	8 548 544 784.00
其他非流动资产			减：库存股		
非流动资产合计	5 261 003 326.00	4 939 610 483.00	其他综合收益		
			盈余公积	1 662 259 085.00	1 269 001 482.00
			未分配利润	6 434 549 985.00	4 744 660 235.00
			股东权益合计	18 302 036 477.00	16 279 507 004.00
资产总计	47 897 160 497.00	37 437 014 995.00	负债和股东权益总计	47 897 160 497.00	37 437 014 995.00

表 9-9 利润表

编制单位：ZSJ 地产控股股份有限公司　　　2022 年度　　　　　　　　　　金额单位：元

项目	2022 年度	2021 年度
一、营业收入	10 137 701 049.00	3 573 184 200.00
减：营业成本	5 961 738 151.00	2 097 773 113.00
税金及附加	1 623 223 320.00	264 980 117.00
销售费用	285 334 726.00	226 715 702.00
管理费用	208 542 650.00	203 223 524.00
研发费用		
财务费用	-15 356 044.00	30 913 643.00
资产减值损失	484 187.00	407 654 635.00
加：其他收益		
投资收益	304 569 607.00	802 815 289.00
其中：对联营企业和合营企业的投资收益	176 731 790.00	176 812 461.00
公允价值变动收益	-103 663 503.00	145 469 305.00
资产处置收益		
二、营业利润	2 274 640 163.00	1 290 208 060.00
加：营业外收入	29 522 960.00	24 173 367.00
减：营业外支出	30 433 088.00	12 516 456.00
三、利润总额	2 273 730 035.00	1 301 864 971.00
减：所得税	519 264 184.00	209 864 866.00
四、净利润	1 754 465 851.00	1 092 000 105.00
五、每股收益：		
（一）基本每股收益	0.96	0.94
（二）稀释每股收益	0.96	0.94

表 9-10 现金流量表

编制单位：ZSJ 地产控股股份有限公司　　　2022 年 12 月 31 日　　　金额单位：元

项目	2022 年	2021 年
一、经营活动产生的现金流量		
销售商品、提供劳务收到的现金	15 926 683 850.00	6 195 335 331.00
收到的税费返还	598 706.00	25 520 015.00
收到其他与经营活动有关的现金	3 542 739 117.00	887 926 560.00
经营活动现金流入小计	19 470 021 673.00	7 108 781 906.00
购买商品、接受劳务支付的现金	8 370 247 406.00	9 374 818 057.00
支付给职工以及为职工支付的现金	561 496 643.00	515 097 597.00
支付的各项税费	1 426 342 512.00	802 008 011.00
支付的其他与经营活动有关的现金	2 057 203 779.00	336 701 916.00
经营活动现金流出小计	12 415 290 340.00	11 028 625 581.00
经营活动产生的现金流量净额	7 054 731 333.00	-3 919 843 675.00
二、投资活动产生的现金流量		
收回投资收到的现金	—	40 702 142.00
取得投资收益收到的现金	413 971.00	12 870 616.00
处置固定资产、无形资产和其他长期资产收回的现金净额	251 567.00	2 772 549.00
处置子公司及其他营业单位收到的现金净额	13 304 811.00	681 912 273.00
收到的其他与投资活动有关的现金	485 915 710.00	—
投资活动现金流入小计	499 886 059.00	738 257 580.00
购建固定资产、无形资产和其他长期资产支付的现金	75 630 570.00	83 837 658.00
投资支付的现金	870 044 567.00	1 013 522 765.00
取得子公司及其他营业单位支付的现金净额	—	5 252 240.00
支付的其他与投资活动有关的现金	—	54 886 338.00
投资活动现金流出小计	945 675 137.00	1 157 499 001.00
投资活动产生的现金流量净额	-445 789 078.00	-419 241 421.00
三、筹资活动产生的现金流量		
吸收投资收到的现金	338 613 350.00	6 444 200 352.00
取得借款收到的现金	5 612 106 753.00	8 943 642 350.00
收到的其他与筹资活动有关的现金	—	—
筹资活动现金流入小计	5 950 720 103.00	15 387 842 702.00

续表

项目	2022 年	2021 年
偿还债务支付的现金	10 044 491 466.00	6 329 137 678.00
分配股利、利润或偿付利息支付的现金	1 095 366 405.00	894 253 290.00
支付的其他与筹资活动有关的现金	—	—
筹资活动现金流出小计	11 139 857 871.00	7 223 390 968.00
筹资活动产生的现金流量净额	−5 189 137 768.00	8 164 451 734.00
四、汇率变动对现金的影响	−2 200 526.00	−12 294 446.00
五、现金及现金等价物净增加额	1 417 603 961.00	3 813 072 192.00
加：年初现金及现金等价物余额	7 358 057 106.00	3 544 984 914.00
六、期末现金及现金等价物余额	8 775 661 067.00	7 358 057 106.00

要求：根据前面的计算和分析，对 ZSJ 地产控股股份有限公司的整体财务状况进行综合分析和评价。

项目九习题参考答案

参考文献

[1] 高翠莲，安玉琴，陈强兵．财务大数据分析［M］．北京：高等教育出版社，2022．

[2] 张立军，李琼，侯小坤．大数据财务分析［M］．北京：人民邮电出版社，2022．

[3] 张先治．财务分析（数智版）［M］．大连：东北财经大学出版社，2021．

[4] 鲁学生，赵春宇．企业财务报表分析（微课版）［M］．2版．北京：人民邮电出版社，2021．

[5] 曹军．财务报表分析［M］．4版．北京：高等教育出版社，2021．

[6] 王倩，曹婷．财务报表分析［M］．上海．立信会计出版社．2021．

[7] 夏利华．财务报表分析［M］．2版．北京：清华大学出版社，2021．

[8] 池国华．财务报表分析［M］．4版．北京：北京交通大学出版社，2021．

[9] 黄雪雁，黄兰君，赵冉．大数据财务分析［M］．北京：北京邮电大学出版社，2023．

[10] 于久洪，宋磊．财务报表分析［M］．大连：东北财经大学出版社，2021．

[11] 国务院国资委考核分配局．企业绩效评价标准值2021［M］．北京：经济科学出版社，2021．